爆款文案卖货指南

兔妈 / 著

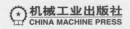
机械工业出版社
CHINA MACHINE PRESS

作者把自己从卖货小白到卖货文案高手的经验，通过 150 多个爆款案例，归纳了打造爆文的步骤——爆款标题、开场白、唤醒欲望、赢得信任、快速成交，并且总结了卖货文案写作的底层逻辑以及五分钟拆解爆文的方法论。全书按照打造爆文的准备工作、写爆文的五个步骤、实操案例、爆文拆解、文案变现这一逻辑，全面拆解爆文写作的方法，帮助更多小白轻松成为卖货高手。

图书在版编目（CIP）数据

爆款文案卖货指南／兔妈著．—北京：机械工业出版社，2020.1（2020.5重印）
ISBN 978-7-111-64727-0

Ⅰ.①爆⋯　Ⅱ.①兔⋯　Ⅲ.①广告文案–写作　Ⅳ.①F713.812

中国版本图书馆 CIP 数据核字（2020）第 024130 号

机械工业出版社（北京市百万庄大街22号　邮政编码100037）
策划编辑：曹雅君　　责任编辑：曹雅君
责任校对：郭明磊　　封面设计：马书遥
责任印制：孙　炜
保定市中画美凯印刷有限公司印刷
2020 年 5 月第 1 版第 3 次印刷
170mm×242mm・23.5 印张・1 插页・355 千字
标准书号：ISBN 978-7-111-64727-0
定价：69.00 元

电话服务　　　　　　　　网络服务
客服电话：010-88361066　　机　工　官　网：www.cmpbook.com
　　　　　010-88379833　　机　工　官　博：weibo.com/cmp1952
　　　　　010-68326294　　金　书　网：www.golden-book.com
封底无防伪标均为盗版　　机工教育服务网：www.cmpedu.com

业内赞誉

（排名不分先后）

兔妈的这本书很有实操性，内容深入浅出，零基础文案新手也能理解。有方法论梳理，有对不同领域产品和目标群体的分析，更有丰富的案例剖析和解读。所以，无论是对于文案工作者、中小企业创业者，还是新媒体营销运营者、想要打造个人品牌影响力的人而言，都有指导意义。

成交教练、《爆款文案》作者　关健明

兔妈是卖货文案写作高手，身边总有人时而提及，亲眼看到她的粉丝买爆她的电子书致使系统瘫痪，她的书值得你看一看哦！

腾讯原 BD 经理、百胜中国市场总监、《影响力变现》作者　徐悦佳

人的一生，重大的选择不多，做对选择就能掌控人生。决定写作，是我做过的最明智的选择之一。写作已经成为一个人表达自己和持续升值的重要方式，对于想通过文案写作变现的人，相信兔妈这本系统的文案卖货与变现的书，一定能够帮你。

畅销书《学习力》《副业赚钱》作者、Angie 同名公众号创始人、央视和深圳卫视特邀采访嘉宾　Angie

产品、流量和内容是自媒体卖货的铁三角，缺一不可。我认为影响转化的最直接因素还是内容。只有持续不断的好内容才能增强和粉丝之间的粘性，提升流量转化率，把好产品卖给更多人。兔妈把打造爆款的经验和方法全部写进这本书里，实操性非常强。对于想要提升产品推文转化率的商家和文案从业者，特别值得学习。

有赞头部爆款商家、有间全球购 COO　魏宁

兔妈是我认识的专注在卖货文案这件事上的高手，这本书的内容来源于她长期服务于各行各业客户的实践经验总结以及拆解案例的精华。她把卖货文案这件事详细分解，将卖货文案的技巧、干货倾囊相授，有理论，有案例，还会带你举一反三，读起来非常过瘾。它将是决胜文案卖货下半场的秘密武器，诚意推荐给大家！

干货帮创始人、百万爆款课策划人　肖邦德

兔妈这本书为读者提供了很多鲜活的案例，一步一步地给从事文案的人或想要靠文案变现的人提供实实在在的指引。把别人案例讲得头头是道的"文案大神"有很多，技巧再多也只是表层功夫，但兔妈用数据说话，半年写文案卖货7000多万元，一场社群发售收款10多万元，肯定是有真功夫的，她的书值得一看。

畅销书《轻创业》作者　施有朋

在产品过剩的当下，如何在消费者碎片化时间里，通过消费者喜闻乐见的内容，高效触达用户的心智，激发消费者购买行为，已成为品牌商绕不开的事。一篇销售型文案已经成为爆款产品的标配。兔妈在打造爆款文案方面非常有实战经验。她把自己在一线的卖货实操经验总结成这本书，非常值得学习。尤其对文案初学者和中小企业创业者来说，是不可多得的，它可以帮你提高转化率！

有赞深圳商盟秘书长、新零售操盘手俱乐部发起人、社群公社合伙人　西子英

操盘产品多年，我深知一篇好文案对产品转化率的影响，它能让企业业绩惨淡，也能救活一家企业。而兔妈这本书，是国内少有的实战型销售文案操作指南。她通过大量爆款案例，总结出打造爆文的逻辑和方法，非常接地气，可以帮文案新手少走很多弯路。

首家美国纽交所上市财富管理企业、腾讯被投互金企业新媒体营销负责人，喊食创始人、财神椰、红薯鲜生、青岛崂山水蜜杏等爆款操盘手　孙正钊

兔妈写的不是一本简单的文案写作书，而是给文案小白的一个快速提升为卖货高手的成长指南。她每天都坚持更新卖货文案的拆解和提炼，累积了300多篇实打实的干货，超过50万次点击阅读。她半年内通过5篇卖货文案，创下7 000多万元销售业绩，让业界为之一惊。现在她把在卖货营销上的所有心血精华，历经十多次易稿，都凝聚在这本书里。如果你也想通过文案获得变现机会，无论是赚钱还是升职，它都将是你的首选，毋容置疑。

有赞爆款第一人、有赞金牌讲师、帮商家卖货 2 亿元　雨涛

非常实战的一本书！我们和兔妈合作很久了，从文案经验上来说，兔妈绝对是实战派人物。我们公司最火爆的两款产品都是兔妈操盘的。每款产品的销售额都在千万以上。值得大家学习！

有赞爆款商家、臻旭良品创始人　杨小强

讲营销的书籍有很多，课程更是不少，囫囵吞枣地学了五花八门的内容，却不能学以致用，这成了常态。对于一个产品人或策划人而言，实战比理论知识更为重要。我强烈推荐这本能在短期内提高大家实战能力的好书。

伍亩田 CEO　朱育哲

兔妈是打造卖货爆文的高手。她的这本书以大量的实操爆款案例贯穿，对于文案学习者来说，就是一个很有料的素材库，再加上详细的拆解、分析、通用技巧总结，无论对初学者还是进阶者，都有很强的参考价值。

500 多家企业的营销顾问、《文案爆炸》作者　赵慧

时代在变，写作已成为每个职场人应该具备的技能。兔妈靠写作成功塑造了个人品牌，对案例的拆解、逻辑的分析透彻易懂，可操作性强，我会把这本十级干货的书，作为公司文案的培训教材。

收钱吧新媒体运营负责人　宋十一

在流量越来越贵的今天，无论是商家还是运营人，每天都在围着流量焦头烂额。兔妈通过精细化的文案运作，拼命提升流量转化率，同时还每天坚持给别人分享心得。我欣赏兔妈死磕拼命和乐于分享的态度，希望团队也能向她学习。

阅农部落 CEO、黑芝麻丸爆款操盘人　陈恒杰

兔妈是我认识的人当中第一个敢用浅显到俗气的方式把卖货艺术解读出来的人。不管是文案新人，还是资深高手，都能从书中找到属于自己的所需养料。这应该是每位文案人必备的一本书，诚意推荐给大家。

张爷爷空心挂面操盘手　谢磊

作为多年的运营人,我想很有必要向你推荐兔妈这本新书!它完全就是"文案界的新华词典"!你只要对照书中案例分析,就更容易建立属于自己的卖货底层逻辑,甚至轻松解决你80%的工作烦恼!

切糕王子&悟空家创始人、执行董事、产品中心总经理、
悟空家爆品学院创办人　吴凡

兔妈将深奥难懂的实战套路提炼成可复制的标准流程,简易得犹如一张A4纸大的执行清单,只要模仿,无需烧脑,非常适合零基础的文案小白。

灵魂有香气的女子电商文案总监　若卉

兔妈是我见过不多的能把卖货文案拆解、演绎到浅白分明,同时还有好几个千万级爆款实操案例在身的大咖,我希望团队小伙伴能多跟敢于拼命死磕的兔妈学习。

北京赞先科技文化有限公司创始人兼CEO　三良

一开始就是随意看看,慢慢会感觉讲解得挺到位的,理论与实战技巧相结合,对于我们新媒体工作者来说帮助太大了。原来文案卖货的套路真的这么简单。

简营科技市场部负责人、A股上市公司獐子岛营销顾问　大友

兔妈是我认识的卖货高手之一,她在钻研产品、洞察用户心理、制定文案策略上很专业。她把走过的弯路和操盘经验总结成这本文案卖货指南,非常有借鉴意义。

独立文案人　安顿

看到兔妈这本书,第一感觉是惊喜!很多文案小白都说刚学文案时无从下手,兔妈把文案的写法拆解成策略、框架、技巧、细节,让每一个文案人看得懂,学得会,用得上!通过这本书,你可以直接掌握文案写作核心方法,少走几年弯路。

2 000万级知识付费课程操盘手　何小慧

论写卖货文案，我还是很佩服兔妈的，她绝对是我见过的最会写卖货文案的人之一。她的营销功底扎实，文案的卖点抓取深入，让人看完总有购买欲望。这本卖货文案书，值得所有卖货人拥有。

深圳静水流深有赞运营负责人　张哲珲（八哥）

一直在看兔妈在星球上的爆款文案拆解。没想到这次兔妈更直接，更接地气地把打造爆款的所有经验和方法，以及被业界称道的很多案例都写进这本书里。系统化之余，更具实操性了，非常适合我。

胡庆余堂操盘手　包子哥

好产品自己会说话？非也。好产品也得是你自己让它说话。兔妈的这本书，就是系统地教会你怎么打造爆款产品文案，实操性强，值得认真学习。

阿里巴巴前资深经理、唐小姐好甜创始人　李桂华

兔妈是我卖货文案的启蒙老师。两年前，在知识星球上，她毫无保留地传授给每位学员卖货文案方法体系，跟着她学习的人无一不醍醐灌顶。

兔妈的《爆款文案卖货指南》拥有大量的把产品卖爆的实战案例，非常值得想要通过文案把产品卖爆的企业和个人学习。

BTV 暖暖的味道品牌营销总监　晶朵

人生无非一场文案。你不总结，别人也替你总结。

兔妈这本书，不仅教你怎么写作文案，更教会你方法论和拆解技巧，文案在营销过程中起到的作用不一般，学习兔妈这本书能极快地缩短你的变现之路。

钛赞科技创始人、圣元集团荷兰乳牛项目单日增粉 60w + 操盘手　张洋

如果你也在被这个问题困扰——怎样找到高手教你即学即用的卖货文案套路，那么，我觉得兔妈这本书可能是你非常不错的选择！

上海同路聚副总经理兼董事、上海触电会会长　龙菲

推荐序1

文案赚钱——你必须知道的三个行动指南

卖货文案写作是直接与顾客对话的销售技能，它能让顾客看了无动于衷，也能让顾客看完就忍不住购买你推荐的产品。所以，一篇好的卖货文案相当于100个甚至1 000个销售员。

很多人心目中的文案，是用文字把产品介绍清楚就可以了，买与不买，要看顾客的需求和品牌偏好。但兔妈眼里的文案则不同，她是用文字把顾客的潜在需求转化成刚需，让顾客看完就觉得必须要买，而且是现在就要买。

写文案难在隐含的两个要素：让顾客感觉自己需要，让顾客信任。而这两个要素的前提都是你要懂顾客、理解顾客，也就是营销界常说的"用户思维"。

翻阅这本书的目录，可以看到本书将用户思维拆解开，通过产品测评、痛点挖掘、卖点打造、逻辑思考、框架搭建、分析流程和工具，逐步达成"顾客需要"和"顾客信任"的两个目标。

我翻开了本书，文字直白流畅，深入浅出，零基础文案新手也能理解。这是一本工具书，一本实战指南。有方法论梳理，有对不同领域产品和目标群体的分析，更有丰富的案例剖析和解读。所以，无论是对于文案工作者、中小企业创业者，还是新媒体营销运营者、想要打造个人品牌影响力的人而言，都有指导意义。

对于这些朋友，我觉得从这本书里可以获得至少三条至关重要的行动指南：

首先，打造卖货文案要明确的前提是，具有拟人化人格的产品或品牌在和他的朋友们交流。这不再是传统时代的单向推送，而是和朋友们坐在一起平等的聊天。在这里，"说人话"的核心是有趣、有价值。

其次，打造爆文的卖货逻辑，也是很多文案工作者容易忽略的底层问题。

研究不同产品的本质、不同群体的喜好，以及梳理卖点排序，制定完整、严谨的证据链，然后针对不同情况定制不同的内容。此功夫需耗时耗力，但对最终成交起到重要作用。

最后，想要把文案变成"印钞机"，不仅要懂得如何帮商家卖产品，更要懂得如何用卖货思维把自己更好地"卖出去"，也就是打造个人品牌影响力。兔妈践行用"卖货思维"打造个人影响力，此历程对各位IP打造者将有所启发。

想要学好文案是需要时间积累的，但如果掌握了正确的方法，则能缩短这个过程，少走弯路。期待读者阅读本书后，能实现文案能力的突破。

成交教练、《爆款文案》作者　关健明

2019年10月写于深圳

推荐序 2

从 0 到 7 000 万元，兔妈逆袭的经验总结

初识兔妈于知识星球时，对兔妈的印象是：兔妈真的好拼，一手家庭带娃，一手文案赚钱，还能每天准点更新知识星球，拆解的干货特别满！

但是认识久了，却发现兔妈其实在写作方面的天赋真的不怎么样，放在文案界，真的是一般水准而已。然而兔妈文笔差，她写不出风花雪月，却讲出了最贴近读者用户们内心温度的大白话；兔妈没有宏大的格局，她弄不来高屋建瓴，却能把市井俚语娓娓道来，让人看得非常舒服；兔妈没做过销售，她在崇尚卖货转化的商圈里毫无名声，但是不影响她屡屡创造文案卖货神话。

目前，在她手上就有好几个千万级别的爆款案例，这就足以让大部分人不得不正视这个没什么天赋却极度拼命死磕的她。

作为兔妈的师傅，我对她的经营方式极其了解。她非常注重价值创造，尤其是为了回报那一大半都属于小白、却依然默默支持她的 5 000 多名社群成员，她为这本书付出了极大的心血！一晚又一晚，哄小孩睡觉后，强打着精神，咬着牙一字一句斟酌修改。

这不仅是一本书，它融合了兔妈近年来经过实践验证的文案卖货赚钱流程和运作方式，还可能是一个足以改变你未来收入的秘方和指南。它把文案卖货公式分解成若干部分，可以教你如何从零起步，从最基础的小案例起标题学起，一直到两个月卖出上千万销售额的爆款卖货模式，最终你极可能会因为这本书在短短几天内发生别人不敢相信的进步。

当然这个过程要花费你一些功夫和时间，但你只需按照书中的流程认真着手去拆解案例、去做内容，几乎就可以把内容变现赚钱的技能学到手，并且能长期保持稳定上升的势头！

为什么我这么敢肯定它对你一定有帮助？这是因为我和我的学生们正是亲身得益于兔妈的实践经验，而不断融合提升自己，持续创造爆款案例啊！

而我和你一样，都是兔妈的忠实支持者！

如果你想在文案方面一鸣惊人、赚取财富的话，我强烈推荐你细细品味此书，最起码来说，它比你参加过的各种昂贵训练班更具有性价比，让你学了马上就能套用！

有赞爆款第一人、一年用文案卖货 2 亿元 雨涛

执笔于 2019 年 6 月 18 日

推荐序 3

一篇好文案真的胜过 1 000 个金牌销售总监

一、文案写作有章可循

如果你也在被这个问题困扰——怎样才能学到极其容易上手的文案卖货套路,那么作为一个资深从业者,我一定会向你推荐兔妈!

兔妈是我见过不多的能把卖货文案拆解、演绎到浅白分明,同时还有好几个千万级爆款实操案例在身的老师。

毋庸置疑,在好文案等于赚钱能力的时代,一篇文案真的能决定产品的生死。

在着手写这篇序之前,恰好有一位商家发来一份稿子:"若卉,这是我今年主打的一款祛湿茶,渠道编辑估计是个新手吧,这文案写的怪怪的,看完一点也不想买,但具体哪里怪我也说不清,你们专业的人给瞅瞅……"

二、零基础文案小白最容易犯的毛病

我跟兔妈交流这篇推文,一致认为:他虽然很努力,却努力错了方向。

其实,他犯了 90% 的文案人都会犯的两大常见错误:

1. 脱离目标用户生活场景,沦为自嗨。他把产品包装成为包治百病的神药,罗列了一堆祛湿、驱寒、健脾的卖点,讲的相当专业详细,可惜完全脱离生活,沦为街边看完就丢的产品硬广单页。

2. 行文没有清晰的卖货逻辑,为写而写。没有逻辑框架的文案想到哪就写到哪,看似随心所欲,实则极容易被读者所不喜。

原因在于,对他和很多想靠文案写作赚钱的新人来说,最难迈过去的门槛,莫过于是没掌握卖货文案的套路精髓——如何打动用户、感动用户。

三、文案小白赚钱指南

恰好兔妈这本书能解决这个问题!兔妈的这本书真的非常适合零基础文案小白。

推荐理由有三：

第一个理由是，将看似深奥难懂的实战套路，取其精华，简化成可复制的标准流程。简易得犹如一张 A4 纸大的执行清单，只要模仿，无需烧脑，先写什么，再写什么，最后临门一脚写什么，对照去做，起码 70~80 分的卖货文案就可以出炉了。

第二个理由是，每一个套路都有相对应的案例做辅助注解，让人一目了然。兔妈把拆解出的每一部分框架都用爆品案例的形式，手把手教会你，变成你看了就能上手的销售技巧。

无论是爆款标题、勾魂开场、激发欲望、建立信任，还是快速成交，每一步都有真实的爆款案例，让你学了就能马上用。

第三个理由是，案例库数量丰富，通俗易懂。你甚至都不用看完整本书，随便就能从书中找到不同的产品、不同的用户，不同销售节点的对照案例，去快速找到自己的写作灵感。

所以，照着兔妈卖货的步骤做，你会惊喜地发现写文案真的没那么难。

哪怕你只是想学一个赚钱技能，对比可能要花费成千上万元的文案训练课，这本书实在是再划算不过的小成本投资，却让你有极大机会跟随兔妈开启文案赚钱的大门，并改变人生！

灵魂有香气的女子电商文案总监 若卉

执笔于 2019 年 6 月 16 日

前　言

如何零基础写出卖货千万的爆文，每月多赚5万元

平时讲课时，学员常常告诉我："兔妈，没想到听你的文案课这样酣畅淋漓！""以前上过很多文案写作课，这次终于开悟了。"

我知道他们说的都是实话，其实我自己就是亲身经历过文案带来的震撼和快感，因此才渴望把它再传递出去的。先给大家聊聊文案带给我的转折吧。

2018年9月，一位客户找到我，说有一款产品转化不理想，能不能帮着重写一篇。周日我们第一次沟通，周四早上6点就要上线测试。他说压了很多库存，公司十几号人等着发工资，天天急得睡不着。我接了。

周四早上6点15分客户发来消息，"10分钟100多次阅读，卖出11单，比平时高了三四倍"。9点，卖出52单。截至12点，客户发来最新数据，卖了91单，远超原来推文一周的销量。

第五天，客户要投某大号头条，广告费17万元，说实话我既兴奋又紧张，中午12点推，午休都没睡着。下午4点，客户发来消息说："爆了，销售额已经突破130万元了。"

4小时，130万元的销售额，这是多少公司一个月，甚至一个季度都很难突破的业绩指标。说实话，我第一次见识到文案有如此大的威力。

也许你会说，兔妈，你好像一开始就会写文案啊！其实，我的起点比大多数人都要低。我从小在农村长大，大学只考了一个专科，学的又是和文案不相关的编程专业，入行前没读过一本文案书，也没有老师带。毕业后费尽了周折，我才找到一份月薪800元的文字编辑工作，当时一份300字的豆腐块通稿就被领导要求改了20多次。我第一次写卖货推文，更是被客户骂了半小时，说没法用，害他们错过了推广黄金期。

之所以能短期做出爆款，主要是因为我这个人喜欢死磕。我拆解了市面

上日化、护肤、食品、教育、服饰、养生和黑科技等各领域的爆文，总结出一些爆款的共性，并在实际操作中创新迭代出自己的一套爆款方法论。我就是用这套方法，半年帮商家打造了五个千万级爆款。而且很多学员用这套方法，也快速做出了自己的爆款。

可能你会怀疑："兔妈，我买过很多文案书、写作课，一看就懂、一写就懵，我是不是不适合学文案？"关于这个问题我可以告诉你，**原因就是你学习和练习的方法不对。**

写不好卖货文案的人主要存在以下三大致命问题：

问题一：凭感觉写文案，忽视用户，容易自嗨

很多人写文案总是讲自家产品多好，罗列出一二三四很多卖点，其实这样对读者根本就没有吸引力。

写卖货文案不但要了解产品的核心卖点，更要了解你的目标用户。他们有哪些喜好和软肋，以及在购买过程中容易受哪些因素影响。只有真正了解目标用户内心想要什么，才能轻而易举地做到把产品卖给他。

问题二：生搬文字套路，忽视逻辑和案例拆解

在文案圈有个非常不好的习惯，就是很多人喜欢照抄一些爆文句式。就像我的很多案例公开后，有人就会照那个句式去套，结果往往是转化很惨！为什么？因为你的产品和用户不一样，需要论证的要点和方式也不一样。

很多人会说，写文案不就是从模仿开始吗？的确，模仿能让你更快上手，但就像学生造句一样，如果你只停留在造句阶段，就永远都学不会写作文。

模仿不是生搬文字套路，而是要拆解它的卖货逻辑。论点是什么？如何论证的？这样相当于你间接操盘了一遍，才能事半功倍。

问题三：每天无效练习，忽视复盘和素材积累

很多人非常用功，甚至有些人哄睡孩子都12点了，还要练习写作。但坚持一段时间后就跑来问我："兔妈，我这么努力，为啥还是写不好？"

其实，很多人都陷入了一个误区，误把重复劳动当努力。如果仔细观察，就发现他写一个月、两个月，水平还和第一篇一样，没啥进步。

看似埋头苦练，实际上只是感动了自己。努力的真正含义是，每一次练习都比上次好一点。重要的不是你写了多少篇，而是每次练习有没有复盘。

那么，真正有效的训练方式是什么呢？

不管学什么技能，你首先要研究的是这个整体技能。就拿卖货文案来说，你首先要搞清楚拿到一个产品要从哪一步开始，查哪些数据、搜哪些素材，写文案时如何搭框架、要注意哪些细节等。然后根据这个流程，把它拆分成细小的项目，分项目进行针对性练习。最后，再做整合训练。我就是通过这样的方法，短时间从小白逆袭成卖货高手的。我把打造卖货爆文拆分成了11个细节，分别是**产品测评、顾客分析、痛点诊断、超级卖点、素材搜集、框架搭建、吸睛标题、勾魂开场、塑造信任、成交下单和优化自检等**，这也是本书的核心内容。

其实，这个灵感来源于我的一次意外思考：我曾接了一个多功能锅的推文写作。这个锅非常万能，可以吃火锅、做早餐饼、做爱心煎蛋，还能做烧烤、比萨和蛋糕等。写文案前要做评测，我就做了一次蛋糕和培根金针菇卷，结果烤煳了。当时我失望地给客户反馈："这个锅不好控制时间。"她说："你是对照菜谱做的吗？"我说："不是。"然后，我又对照一起寄来的菜谱试了一遍。严格执行上面的操作步骤、烹饪时长，结果成功了。

当时我就在想：对于厨艺小白的我，既然可以参照食谱做出好吃的美食，一定也可以把自己操盘爆款的经验做成一本类似菜谱的卖货文案教材，让文案小白对照步骤和方法就能写出爆款文案。所以，最终有了这本《爆款文案卖货指南》。

阅读这套可直接对照操作的卖货文案方法，可以帮你达到以下提升。

第一：帮你实现文案技能的提升

如果你是大学生、宝妈等零基础的文案小白，可以让你掌握卖货文案的整个操作流程，教给你10万+标题、勾魂开场、引导下单的爆文写作方法，帮你快速入门。

如果你是刚入门的新媒体写作者，可以带你完成从入门到高手的进阶，更快提升。

如果你是商家，让你知道普通文案和卖货千万文案的区别，找出转化率增长的关键点。

第二：帮你实现副业赚钱和职场提升

首先，卖货文案是所有写作中最赚钱的，掌握文案卖货就相当于拥有一台印钞机了。

其次，提升你的职场竞争力，实现升职加薪。

再次，打造个人影响力，实现时间和财务自由。

另外，在写作本书时，我定了个标准，就是：即便没有任何基础的文案小白也要能看得懂、学得会、用得上。所以，最终选择呈现的形式是：经验总结和案例拆解。而且你会发现，在案例实操部分都是完整的案例拆解。也许有学员会觉得各个板块的案例之间没有太大差别，但其实这是经过我教学验证了的。比如标题章节的案例，打开率比平时平均高 $1.5 \sim 5$ 倍。开场章节的案例集中了最能引人兴趣和注意力的，正文章节的案例则集中了逻辑最严密的。

其实，这种形式比单独把标题、开场、引导下单的方法和案例简单罗列出来要增加很多工作量。但它能教你具体的方法和技巧，更会教你框架逻辑的搭建和梳理，这也是小白快速入门的高效学习方式。

本书集合了 30 个爆款案例，涉及护肤、美食、黑科技、养生、日化和知识付费等不同领域。当你把这些案例研究透彻，就会发现在拿到一个新品时大脑中能够快速建立一套清晰的模式，更快厘清思路。

在写作本书前，我做过一次调研，92% 的文案写手面临的两个最大困惑是：第一，不知道如何谈客户。经常是报完价就没了下文，很郁闷。第二，不懂得打造影响力。只能被动地等客户去翻牌，有时候运气好可能会接到一单，但下一单就不知道在哪里，收入很不稳定。

针对大家普遍存在的两个困惑，我也用专题章节来分享了自己的谈单经验，教你如何成交和打造个人影响力。

文案进阶的路很难，它需要你刻意练习、长期坚持，并不断总结、优化。但我相信，本书可以让你走得更轻松。

目　录

业内赞誉
推荐序 1　文案赚钱——你必须知道的三条行动指南　关健明
推荐序 2　从 0 到 7 000 万元，兔妈逆袭的经验总结　雨　涛
推荐序 3　一篇好文案真的胜过 1 000 个金牌销售总监　若　卉
前言　如何零基础写出卖货千万的爆文，每月多赚 5 万元

第 1 章　卖货基本功 / 1

1.1　产品测评：20 分钟测评你的产品，让文案套准顾客心中欲望 / 2
1.2　用户画像：一个技巧、三个步骤，给目标顾客群照 X 光 / 9
1.3　深挖痛点：三招深挖顾客极痛点，写出有说服力的购买理由 / 15
1.4　用 "3+5" 模型打造产品超级卖点，"滞销品" 也能让用户尖叫 / 21
1.5　搜集素材：两个技巧、三个步骤解决写稿没思路的难题 / 27
1.6　搭建框架：教你 5 分钟搭建顺滑文章框架，解决 80% 的推文类型 / 33

第 2 章　爆文写作篇 / 45

2.1　爆款标题：四大要素、六个模板，轻松搞定 80% 的标题类型 / 46
2.2　勾魂开场：如何写出吸引顾客眼球的开场白，让他 10 秒上瘾戒不掉 / 54
2.3　塑造信任：玩转六个技巧、两大要点，让顾客完全信任你推荐的产品 / 61
2.4　快速成交：六个引导式成交奇招，让顾客看了秒付款 / 71
2.5　优化自检：按这五步快速优化你的推文，转化率至少翻两倍 / 79

第 3 章　案例实操篇：简单四步，小白也能写出 80 分卖货爆文 / 91

3.1　爆款标题：完爆点击率——30 分钟写出阅读量 10 倍飙升的标题 / 92
　　3.1.1　《还原兔妈 900 万元爆款案例的打磨细节，手把手教你做爆款！》/ 92
　　3.1.2　《全网热销 300 万元的洗面奶，靠这招快速抓住顾客眼球，打开率提升 200%》/ 103

3.1.3 《这样聊八卦，你也能写出阅读 10 万 +、转化率 7.6%、销售额 75 万元的爆文！》/ 111

3.1.4 《3 个月卖出 8.7 万件，连文案高手都惊叹的 T 恤推文，我总结了它的标题公式》/ 117

3.1.5 《一晚上卖出 1.4 万单，这款毛巾如何做到让顾客非买不可》/ 121

3.1.6 《2 个月 149 万元销售额！"英语学霸"的传奇故事如何转换成高销量》/ 130

3.2 勾魂开场：勾魂夺心术——开场 3 秒就吊足顾客胃口的绝招 / 138

3.2.1 《30 天近 400 万元销售额，这款冷门课程如何靠蹭热点引爆开头？》/ 138

3.2.2 《35 天 206 万元销售额！瘦身仪如何用"视觉开场"提升 10 倍转化》/ 147

3.2.3 《手把手教你 SCQA "万能爆款开头"，99% 的推文都能这么套》/ 154

3.2.4 《单篇推文 30 多万元销售额！"黑科技除味剂"如何吊足顾客胃口，提升 50% 转化？》/ 162

3.2.5 《线下滞销品如何起死回生？一上线热销 3.5 万单，销售额 310 多万元？》/ 170

3.2.6 《7 天 100 万元销售额！防弹咖啡打造勾魂开场的四大要诀》/ 179

3.3 高潮正文：不自嗨、不生硬，零基础写出通顺又引爆销量文案的秘密 / 186

3.3.1 激发欲望：让顾客 3 分钟就跳入你设计的"欲望陷阱"/ 186

3.3.2 快速信任：教你不自嗨、不生硬，让顾客 100% 信任你 / 226

3.4 快速促成交易：让"铁公鸡"也能 3 分钟心动爽下单 / 275

3.4.1 《5 个月销售额 4 000 万元，芝麻丸如何打造"超高性价比"，10 倍提升复购率？》/ 275

3.4.2 《3 天销售额 51 万元，包界黑科技让"抠门顾客"爽快下单的秘招》/ 282

3.4.3 《单篇推文 73.5 万元销售额，这款酵素"起死回生"的文案秘诀竟是……》/ 289

3.4.4 《冷门菜罩 9 天卖出 1.5 万单，就凭这三招》/ 295

3.4.5 《3 个月狂销 10 万单，导航支架巧用人性爆单的"小心机"！》/ 300

3.4.6 《3 小时 22.5 万元销售额，马桶贴 15 秒攻破顾客心理防线的两套猛拳》/ 305

第 4 章　爆文拆解篇：教你 5 分钟高效拆解爆文，零基础小白也能快速进阶高手 / 313

4.1　拆解文案要牢记的三大误区和三个前提 / 314

4.2　高效拆解爆文的五个步骤和要点 / 317

4.3　四个渠道，让你每天不缺好素材 / 321

第 5 章　进阶变现篇：如何靠文案赚到第一桶金 / 323

5.1　朋友圈卖货：三大狠招让朋友圈潜在顾客纷纷下单，转化翻倍 / 324

5.2　社群卖货：三个核心、六个步骤，零基础小白也能做一场收款 10 万元的社群发售 / 332

5.3　文案谈判表达：如何用卖货思维提升 60% 的客户成交率，涨薪 3~5 倍 / 340

5.4　一套影响力模型，教你打造吸金网红 IP，订单源源不断 / 346

第 1 章

卖货基本功

1.1 产品测评：20分钟测评你的产品，让文案套准顾客心中欲望

说到产品测评，最常见的是下面这三种情况。

第一种是不做测评，商家说啥就是啥。商家说：这个产品用的是最好的原料、最先进的工艺、最环保的包装，获得过很多奖项。你听完就开始动笔，反正是怎么高大上怎么来，结果写成了自嗨的产品说明书。

第二种是简单试用，描述粗浅的感受。比如"口感很好""闻起来很香"等，不走心，消费者看了完全没感觉。

第三种是忽视对比，仅凭感觉判断。随便看了看，觉得和市面上同类产品都差不多，没啥特别之处。然后上网百度一下，东拼西凑一篇文案，可想而知，转化效果很惨！

在你抱怨转化率上不去、顾客不买单时，你有没有和你的产品谈过恋爱？

圈里有位很要好的朋友涛哥，他也是我的导师，现在一篇推文收费10万元起。他曾接了一个卫生巾的案子，对于商家来说，发一份详细的产品报告就行了。他不！坚持要测试，而且还要和其他品牌对比。他的一句话让我印象很深刻："只有和产品谈过恋爱，才能抓到产品的尖叫点，写出那个感觉。"

花一些时间研究产品，可以帮助我们获得以下三大好处。

第一，测评产品过程中更容易让你代入顾客的角色，发现一些非常棒的场景和灵感。

第二，对产品实际效果有了清晰的认知，这种真实体验能让你把卖货文案写得更加吸引人。

第三，准确分析产品和竞品的优缺点，找出差异化卖点，更容易与顾客建立有价值的信任感。

也许你会说："我每次也都亲自试用产品啊！"但你可能大多时候往往只停留在产品颜色、大小、口感、功能等基本信息的层面，而忽略了更重要的一个信息——竞品。

大家先来思考一下：我们做产品测评的核心是什么呢？

其实，做产品测评不仅仅是为了写出那段试用体验，商家找个顾客写一段使用心得就行了啊。具体来说，产品测评的核心是寻找产品的价值锚。

这里，先给大家解释一下什么是价值锚。

心理学上有个词叫"沉锚效应"，指的是人们在对某人某事做出判断时，容易受到第一印象或第一信息的支配，就像沉入海底的锚一样，把人们的思路固定在某处。

价值锚就是从用户的角度出发，从产品功能、竞品对比、试用体验等多个维度，寻找他们对一款产品做出判断的价值锚点。

这样说可能还是有点抽象，我来举个大家都非常熟悉的例子。

小米手机刚刚推出的时候，品牌不强，渠道也不强，怎么办呢？小米的撒手锏只有一招——跑分，就是通过第三方测评软件来"跑分"，让用户直接感知到小米手机比其他手机运行速度快。这就是"价值锚"，它是通过产品测评来实现的。

之所以说寻找产品的价值锚是产品测评的核心，就是因为我们需要通过测评自家产品和市面上的竞品，找出产品的差异化卖点，就是所谓的产品尖叫点，并通过用户可直接感知的方式，比如相应的测评和试验，证明差异化卖点的真实可靠性。

在下笔写卖货文案之前，你必须考虑清楚一个问题："为什么顾客要购买我的产品，而不是竞争对手的？"

如果你没有仔细研究、测评过，在实际的文案写作当中就会遇到很大的困难，写不出差异化和真实感，无法打动顾客，让其掏钱购买。

那么，我们到底要如何正确地做产品测评呢？

首先，你要清楚做产品测评的步骤。我根据自己的操作经验，总结出了以下五个步骤。

第一步，了解产品品类。

很多人会告诉你，想象自己刚刚购买了这个产品，让自己像一个兴奋好奇的孩子，打开包装、观赏产品、开始使用，然后记录下你的体验全过程就可以了。

但这样你会发现：每一个细节都记下了，却很难把握准要凸显的核心点。更糟糕的是，如果是你完全不了解、不熟悉的产品，体验起来是无感的，就像很多人第一次喝红酒会觉得"怎么会这么难喝"是一样的道理。那么，我们应该怎样去描述其中的韵味和美感呢？我就有一次这样的经历：

我曾经接了一个黄酒的案子，对从不喝酒的我来说，面对客户寄过来的一箱黄酒，我连喝了两杯，完全是无感的。客户说的手工酿造、有糯米的甜香，我是完全感知不到的。怎么办？我只能先去了解黄酒这个品类，了解它的工艺、原料以及流传的故事等。

当我了解了这些内容，再倒一杯去品尝，就找到那种感觉了。所以，了解产品的品类，把自己培养成半个产品专家是第一步。

第二步，确定评测指标。

产品测评的核心是找到产品的价值锚，这个价值锚一定是可直接感知的，而不能仅仅是笼统的描述。

现在的消费者越来越理性，你要通过理性、严谨、有逻辑的方式支撑你的主观体验。所以在了解产品品类后，你还要确定核心的评测指标。

还是黄酒的案例，当时我就确定了两个评测指标：一是摇杯的时候是否挂壁；二是涂抹在手上晾干了之后是否粘手。

再比如，你测评的是一款T恤，根据产品属性和顾客群的偏好，就可以确定评测指标：①透气性。用加湿器穿透折叠4层的T恤，看雾气的大小。

②吸汗性。滴上几滴水，看吸收的快慢程度。

第三步，记录测评内容。

准备一个本子、一支笔，记录下你每一步的感官体验，包括你看到的、听到的、闻到的、尝到的、触摸到的、内心感受到的等。

比如，测评完黄酒后我的记录就是：琥珀色的金黄，晶莹剔透，香气浓郁却不苦，喝到嘴里有点类似陈皮、香草、巧克力的复合味道，不辣口，胃里暖暖的，像个温润的江南少女。

另外，还要记录下来核心指标的测评过程和结果。

第四步，列出替代竞品。

这也是在做产品测评时，容易被很多文案人忽略的一点。

很多人会说："我做好自家产品测评不就行了吗？"但别忘了，顾客在进行购买决策时，面对的除了你家的产品，还有其他形形色色的竞品。所以，你要列出顾客常用的替代竞品，一般是市面上同品类、同价格区间的前2~3名竞品。比如，对于黄酒，就有绍兴黄酒、北方小米黄酒和广东客家黄酒等。

然后，根据你确定的评测指标，去了解替代竞品的情况。通过与竞品的横纵向对比，找出产品的差异化卖点。

这时候可能有小伙伴会说："兔妈，我写一篇推文可能就收几百元，如果把竞品都买回来，岂不是倒贴钱。"所以，这里我说的是"列出替代竞品，了解竞品指标情况"。

你不需要把竞品一一买回来，具体可以通过两个方式来操作：一是去和身边使用过同类竞品的人聊聊，去超市同类竞品柜台和售货员或者前来购买的顾客聊聊。另外，还可以去竞品的官方页面看看，了解它们的具体情况，比如配方、工艺和原料等。二是列出竞品清单，让合作方去买，并沟通清楚需要如何测评和对比。

第五步，填写测评分析表。

做完以上几个步骤，最后一步就相对容易了。你可以把如表1-1所示的产品测评分析表保存下来，方便以后做产品测评时帮你理清思路。

表 1-1　产品测评分析表

产品名称：			测评人员：	
产品品类：			测评日期：	
产品评测内容				
测评项目		记录	直接可感知方式	星级评分
（一） 基础信息	大小		拳头对比	
	重量		鸡蛋对比	
	厚度		A4 纸对比	
（二） 特色功能	水果：甜度、水分等		比西瓜还甜	
	护肤品：滋润度、遮瑕度、持久度、吸收度等		大太阳下，楼下跑一圈，也没有花妆	
	服装：材质、塑形		穿上显瘦 5 斤	
	养生：××天，某症状的改善程度		7 天，嗓子滑滑的	
（三） 使用体验	视觉	颜色、质地等		
	听觉	耳朵听到什么		
	嗅觉	产品香气		
	味觉	滋味表达		
	触觉	口感、触感		
	心理感受	内心感受到的		
（四） 测评实验	抗污实验			
	承重实验			
	安全实验			
	燃烧实验			
（五） 替代竞品情况				
（六） 小结及评测分析	1. 产品差异化卖点： 2. 产品体验的感官描述： 3. 测评素材清单：			

为了帮助你更好地掌握，结合产品测评分析表，我再强调四个要点。

第一个要点：在评测基础信息时，比如大小、重量、厚度等，不仅是通过尺子、电子秤等测量出精确的数据，更要通过与拳头、鸡蛋、A4 纸等顾客熟知的事物进行对比，让顾客更容易直接感知到。

另外，就是通过具体的场景测评，来给出直接可感知的效果描述。比如你测评的产品是粉底液，差异化卖点是防汗、防水效果好，你在测评时就可以代入顾客日常生活的场景，比如游泳、跑步的时候，测评是否花妆。但这里可能会有个问题，就是商家催的比较急，你真的抽不出时间去体验，怎么办？这时候有两种解决方法：第一，将这个需要测评的场景列出清单，让商家辅助完成；第二，根据产品的属性和确定的评估指标做挑战实验。

例如，你要测评粉底液的防水性，就可以把粉底液涂在手上或脸上，然后用小喷壶喷水，测评是否脱妆。测评卫生巾的吸水性，可以用蓝墨水倒在上面，和其他品牌对比吸收度。测评强力粘钩是否粘得牢，也没必要等上一周看是否掉落，只需把一桶水挂上去，看承受能力。

第二个要点：关于表格第二项——特色功能，需要说明的是，不同产品的特色功能是不一样的，比如水果是甜度、水分等，护肤品是滋润度、遮瑕度、持久度、吸收度等，服装是材质、塑形效果，养生保健类的产品则是××时间针对某症状的实际改善程度。

另外，基础属性和特色功能不同，对应第三项测评内容——使用体验的侧重点也不同。比如，水果要侧重描写视觉、味觉和触觉，服饰类产品要侧重视觉和触觉，养生保健类则要侧重味觉和内心感受的描述。

如果是课程类的产品，特色功能就是课程内容设计方式、方法易操作度、案例丰富程度、讲师授课特点等。

第三个要点：表格第四项的测评实验，有些简单易操作的，你可以自己来完成。有些需要借助专业设备，比如苹果的甜度测试仪等，你就要根据测评指标列出测评实验，让商家辅助完成。

第四个要点：最后一项测评总结和分析，主要包含三个内容：①产品差异化卖点；②试用体验的感官描述；③测评素材清单（这一项最容易被人忽视）。不管是和拳头的大小对比，还是相关的测评试验，重要的是要把照片或实验 gif 图存下来，以便推文中使用。

比如，食品类的需要颗粒特写，膏状要挤压出来，液体状、粉末状的要盛容器拍摄。玩具类的，要拍摄孩子玩耍的过程、安全测试等。

如果你在处理图片、动图方面不是很精通，也可以列出测评素材清单给商家，让他们找专业的人处理，但这个工作是文案人要梳理的。

总之，产品测评不外乎包装、细节以及产品对比等，加上自己对产品体验的真实感受。不过分夸大自己的产品功能，也不抹黑竞品，而是通过具体的感官体验和有理有据的对比试验，让读者感受到你和产品的真诚。

下面，通过一个案例带你示范产品测评的流程。

假如你要给一个商务笔记本写推文，商家给你一份样品，从哪里着手呢？

第一步，你要简单了解一下商务笔记本这个品类，毕竟商务笔记本和普通笔记本不一样。

第二步，要根据产品的特色功能确定核心的评测指标，比如是否好书写、是否挑笔、便携性，以及内页设计是否便于商务人士记录日程等。

第三步，记录试用体验。

第四步，了解竞品情况，并通过相关实验进行对比。比如，通过水笔、钢笔进行"油墨测试"对比，呈现产品不挑笔、好书写的差异化卖点。

第五步，填写产品测评分析表。关于产品的大小、颜色、厚度等基本信息，可以用顾客熟知的ipad、商务包进行直观化对比呈现。另外，最重要的一点是列出产品测评素材清单。

兔妈总结

第一个知识点——产品测评的三大好处：①更容易让你代入顾客角色，发现新灵感。②真实的评测体验能让你把卖货文案写得更加吸引人。③准确分析产品和竞品，找出差异化卖点。

第二个知识点——产品测评的五个步骤：了解产品品类、确定评测指标、记录测评体验、列举竞品情况、填写测评分析表，并提供给大家一份万能的产品测评分析表。当你把产品测评做到位，你就会发现写卖货推文更顺畅。

1.2 用户画像：
一个技巧、三个步骤，给目标顾客群照 X 光

曾经一位商家找我做咨询，他是 70 后，做了一款面向 90 后的熬夜面膜，花 1 000 元找人写了篇推文，然后拿 30 万元投了 500 多万粉丝的大号头条，结果卖了不到 10 万元。他非常郁闷，但聊到一半，我就发现了问题症结。他每次都说"我认为，我觉得……"最后我实在忍不住了，给他提了一个醒。我说："你有没有去了解过你的用户？"他说："有啊，就是 90 后啊。而且我是首席产品体验官，每天都在体验产品，我觉得非常符合 90 后的个性。"问题就出在这里：他只知道 90 后这个笼统的信息，并理所当然地站在自己的角度去臆测 90 后的心思，这中间就产生了代沟。

这也是在做顾客画像时普遍存在的一个误区：**笼统、不具体**。

很多人对目标顾客群的了解就是：想变美的女性、职场人士、宝妈等，总之非常宽泛。但问题是，想变美的女性是多大年纪的，她们有什么阅读习惯和喜好、消费观念是什么、经常出现在哪些场合。如果没搞清楚这些，你根本无从下手。

例如，我们卖面膜，锁定的是想要变美的女性。如果要推一个活动，活动主题是"2 折面膜"。当推送后，报名的用户可能寥寥无几。

是用户不想占便宜吗？是女性不想变美吗？肯定都不是。问题就出在"没有清晰的用户画像"。

比如，20 岁左右的小女生，她们渴望变白、去痘，对价格接受度偏中低端。30 岁的白领经常熬夜加班，想要去黑眼圈、预防皱纹。而宝妈生育后有了妊娠斑、皮肤暗哑松弛，更想去斑、变紧致，因为有稳定的收入，对品牌也有更高的要求。

所以，不要臆测你的用户，知道谁是精准顾客比什么都重要。

常见的第二个误区：停留在工具和数据层面。

经常有学员说他收集到的调研数据非常详细，各个百分比也很精确，但数据找来后就放在那里，似乎没起什么作用。然后写文案时还是没有方向，不知道用户有哪些需求，抓不到用户的痛点和爽点。

什么是用户画像？用户画像对卖货文案有什么用？

用户画像是根据目标顾客的社会属性、生活习惯和其他行为等信息，抽象出的一个标签化的用户模型。接下来我来讲两个小案例。

第一个案例：我给一个养生店做过文案顾问，店里有两个实习生，每天给他们同样的任务就是发200张引流传单，结果却是一个人的传单到店率总比另一个人高25%左右。问他怎么做的，他说："发之前，我都想一下哪些人会对养生感兴趣、他们有什么特征，见到符合这些特征的人我才发。"而另一个人则是逢人就发。

这个实习生勾画出来的符合用户特征的人，就是用户画像。

第二个案例：你有没有想过，老板为啥要把早餐铺开在居民区到写字楼的路上？学校旁边的小卖部为什么要卖零食和文具，而不是卖化妆品和鲜花？

在早餐铺老板的眼里，每天早上必定有一个饥肠辘辘的人从这里经过，因为赶时间上班，没空在家吃早餐，所以他要买包子、油条、豆浆、茶叶蛋。而在小卖部老板眼里，每天必定有一个学生路过这里，他上学要用笔和本，他贪玩也贪吃，每天的零花钱不多，但可以买一些小零食解解馋。

买早餐的上班族、用零花钱解馋的小学生就是用户画像。他是这个群体的虚拟代表，身上有这个群体的全部标签。

这里需要注意的是，用户画像应该是单个人，而不是一群人。你要揣摩购买者在想什么、在做什么，经常去哪些场合，他对什么文字、什么仪式有着高度的敏感。只有是单个人，你才能够清晰地看到他、了解他。

事实上，对于我们文案人来说，没有精力和专业工具做精细化的用户统计和分析，也没有必要做这么仔细。而单数法则能让我们更高效地做好顾客画像。具体怎么做呢？就是：**为你的顾客设定角色，不再说"顾客"，而是直呼其名。**

例如，你的目标群体是新中产女性，你就可以描述：Lily是一位30岁的白领，211大学毕业，现在在一家新媒体公司做主编，月入2万元，居住在北京四环。她属于一手带娃、一手工作的职场宝妈。**这说明了她的年龄、学历、职业、收入水平和生活状态。**

她把"妈妈是孩子的榜样"作为座右铭，喜欢阅读，渴望有更大的提升。平时她会和闺蜜逛商场，也会参加一些成长社群、去国外旅游。**这句话表明了她经常出入的场所，以及兴趣和价值观。**

她对新事物充满好奇，愿意尝试。但有自己的判断原则，比如性价比，对于能让自己体现更好生活水准的东西都会毫不犹豫。她不愿意随大流，却容易被身边优秀的人影响。**这句话说明了她的消费观念和购物决策因素。**

通过角色设定，你能了解到这个人对哪个仪式和场景敏感，影响她购买决策的因素有哪些等，从而揣摩她对这些词、场景所产生的心理活动。这样就更容易与她对话，你也会比针对一群人更有办法。如果你能把产品卖给她，也更容易卖给她代表的这个群体。

那么，用户画像对我们卖货有什么用呢？能帮我们解决什么问题呢？这也是最关键的。它能帮你摸透用户心理和需求，了解用户的痛点和渴望，以及影响他们购买决策的因素有哪些，这样你才能找准切入点、引发共鸣来卖货。

如何高效地做用户画像，并巧妙地用在卖货推文中呢？

我总结了四个步骤。第一步：搞清产品功能，按图索骥找用户。第二步：提炼关键标签，描述角色设定。第三步：借助大数据工具，锁定切入点。第四步：梳理卖点排序，做好攻坚对策。

下面，我通过实操一个案例来详细讲解一下。

这是一款鼻炎喷雾，当时市面上鼻炎产品非常多，至少有二三十种，为何我能做到三个月卖破10万多单、销售额1 000多万元呢？其中最重要的一点就是，我把这个群体摸透了。具体我是怎么做的呢？

第一步，搞清产品功能，按图索骥找用户。

做顾客画像的目的是为了卖货，所以分析顾客画像也应该先从产品入手，考虑清楚产品能够满足客户的什么需求，反向推导出顾客有哪些特征。

比如，鼻喷的特色功能是疏通鼻塞、缓解鼻炎，那我就可以反向推导出哪些人是鼻塞、鼻炎的高发人群、他们有什么样的特征。也许你会问：兔妈，如果对这个群体不了解怎么办？答案是：借助数据工具。

这里常用的工具有百度指数、微信指数、生意参谋、互联网数据资讯中心等。

以百度指数为例,你在百度搜索栏输入"百度指数",就会出来百度指数的数据查询界面。然后输入你要查询的关键词"鼻炎""鼻塞"等,并点击菜单栏的"人物画像",就会查到鼻炎这个群体的相关信息,包括性别比例、年龄分布、地域分布、兴趣分布等。

这样你就有了一个大概轮廓,然后再根据数据最集中的信息对应到身边某个鼻炎患者,比如老公、同事,这样你就看到了一个活生生的人。

第二步,提炼关键标签,描述角色设定。

抽取顾客群的典型特征,提炼出关键标签,主要包括:①基本属性,如身高、性别、教育程度、体型、子女、文化、婚姻等。②兴趣爱好,如运动爱好、旅游爱好、电影爱好等。③消费属性,如差旅人群、境外游人群、3C控、母婴用户、理财人群等。④社交属性,如经常出现的社交场所、日常动态等。

这里需要注意的是,产品不同,敏感标签也不同。例如,美容行业对身高并不敏感,理财行业对身高、体质都不敏感。所以,在顾客分析过程中要把握颗粒度,不能太小也不能太大。要具体问题具体分析,不需要面面俱到,只需要提炼关键标签即可。

例如,针对鼻炎顾客群我就提炼了角色设定的名字、年龄、性别、职业、生活状态、消费观念、爱好以及经常出现的场合等几个维度的标签(见表1-2)。

表1-2 关于提炼关键标签示例

分析维度	产品目标用户(鼻喷)
角色设定	林子
年龄	20~39岁
性别	男:51% 女:49%
职业	较为广泛,两个标签:上班族、学生
生活状态	生活节奏快,工作忙碌,学业繁重
消费观念	收入中等或稍偏高,能不去医院就不去医院
爱好、习惯	兴趣杂,但比较务实,大多会喜欢八卦、追剧、追星等
频繁出现的场合	出现场景:自己家、办公室、商务谈判、地铁 社交平台:微博、朋友圈(代购)、淘宝
购物关注的问题	担心产品有激素,但又渴望找到安全的解决方案

但这时候你会发现，面对这些冷冰冰的基础数据，你是没有任何感觉的，怎么办？就要通过"角色设定"的方法，赋予顾客画像具体的角色，让其鲜活、立体起来。

我描述的角色设定就是：林子是一位 31 岁的白领，现在在一家互联网公司做销售主管，月薪 12 000 元，居住在广州四环，每天挤地铁上下班。他正处于打拼事业的关键期，对身体的小状况抱着"能忍就忍"的心态。

关于角色设定要注意的是，产品的顾客群体不同，可能会有 2~4 个角色原型，你只需把最有代表性的两三个描述出来就可以了。

第三步，借助大数据工具，锁定切入点。

有鼻炎的人很痛苦，但通过顾客画像了解到，这个群体普遍是"能拖就拖"的心态，如何让他们采取行动呢？这时就要借助大数据，找到切入点，刺激他立马行动。否则，鼻炎的痛苦没有被激活，永远只是潜在需求。

通过百度指数发现，每年的 2、3 月和 9、10 月份鼻炎都有明显增长。为什么？2、3 月份入春，柳絮满天飞；9、10 月份入秋，降温降雨。这两点都是诱发鼻炎的重要因素，而我接这个案子时恰好是入秋。

所以，我锁定"入秋"这个切入点，触发顾客群对鼻炎的恐惧开关，让潜在需求成为不得不解决的刚性需求。

其中，"同事林子""部门开会""上班挤地铁"等，就是通过角色设定找到的灵感。而且它是目标群的综合原型，也更容易引发共鸣。

原文：

秋天来啦！没那么燥热了，但对于有鼻炎的朋友来说，痛苦才刚刚开始……鼻子不通气，一会左鼻孔，一会右鼻孔，一会两个鼻孔都塞住了。

一入秋鼻炎就加重，就像神奇的开关。

同事林子是个老鼻炎患者，每年 9 月前后鼻炎就加重，尤其阴天下雨，打喷嚏、流鼻涕不说，鼻子不通气，说话也嘟嘟囔囔，就像感冒永远好不了，部门开会时他永远在揉鼻子、擤鼻涕……

"一天一包纸巾都不够，鼻子擦的又红又疼。"

"流鼻涕、打喷嚏，夜里一家人都没法好好睡。"

"上班挤地铁忘带纸巾，一路憋下来差点缺氧。"

"严重起来,头上像戴个紧箍咒,脑袋要炸开。"

第四步,梳理卖点排序,做好攻坚对策。

用户画像是为卖货服务的,但这里有个问题:顾客有了共鸣就一定会买你的产品吗?不一定!他还有其他替代方案,比如鼻炎膏、生理盐水等。根据用户画像,我了解到目标人群主要关注三类问题:①效果:担心产品没效果;②安全:担心产品有激素;③使用体验:担心用起来麻烦、痛苦。

针对以上顾客分析就可以制定卖点排序的攻坚对策,通过系列收益证明逐一解决他担心的问题,引导成交。

最后的卖点排序就是:功效佐证>权威意见>安全性>使用体验>产品原料>产品价格(性价比)(见表1-3)。

表1-3 产品卖点

产品相关点	逻辑重要性	驱动购买理由重要性
功效佐证	高	★★★★★
权威意见	高	★★★☆☆
产品原料	中	★★★
用户案例	高	★★★★
气味体验	中	★★★☆
产品价格	中	★★

兔妈总结

第一个知识点——新手、老手做顾客画像的两个常见误区:①笼统不具体。②停留在数据和工具层面。

第二个知识点——高效地做好顾客画像和应用的四个步骤:①搞清产品功能,按图索骥找用户。②提炼关键标签,描述角色设定。③借助大数据工具,锁定切入点。④梳理卖点排序,做好攻坚对策。顾客分析是写卖货文案的第一步,做好这一步,你的文案更容易引发共鸣和成交。

1.3 深挖痛点：
三招深挖顾客极痛点，写出有说服力的购买理由

奥美广告创始人大卫·奥格威说过："推销灭火器的时候，先从一把火开始。"对火的恐惧，能强烈激发人们对灭火器的购买欲望。那作为卖货文案人，我们如何点燃顾客心中的这把火呢？答案是找痛点。

"要找到顾客的痛点"，这是无数营销人、文案人每天都在说的问题。但为什么用了同样的技巧，别人的产品卖爆了，顾客看完你的推文却无动于衷呢？问题到底出在哪里？

其实，很多时候你认为的痛点大多都是伪痛点，或者说不是顾客最痛的那个点。一句话，你的痛点找错了！

要找准痛点，首先你要知道什么是痛点。

在告诉你答案之前，先给你聊聊发生在我身上的一件小事。

由于工作原因，长期久坐，我有严重的颈椎病，六七年了，很难受。那么，颈椎病是我的痛点吗？事实上，刚开始，偶尔难受一下不影响生活，我也没采取任何行动，每天还是习惯性地低头看手机，在电脑前一坐就是几小时。所以，它并不是我的痛点。

但时间长了，疼得严重了，一低头就头晕，晚上疼得觉也睡不好，已经超出了我的忍受程度。而且不是一天睡不好，是每天都睡不好，严重影响了我的正常生活。这时候，颈椎病才成了我的痛点。我开始放下手机、坐一小时就起来运动几分钟，还办了按摩卡、买了颈椎枕和颈椎仪。

所以，痛点首先要满足四个要素：第一，它是顾客生活中实实在在存在的问题。**第二**，这个问题超出了顾客的忍受程度，让他害怕面对。**第三**，这个问题持续或反复出现，对顾客的正常生活产成了严重影响。**第四，匹配。**

其中，我们要特别强调匹配这一点。挖掘痛点的目的是为了卖货，但不能挖出来一个对顾客很痛的点，你的产品却无法解决。这时候，这个痛点并

不能达成卖货的目的。所以，你的产品提供的解决方案一定要与目标顾客的痛点相匹配。也就是说，**你的产品是顾客解决痛点的最佳选择**。

曾经一位客户拿着刚推出的美白饮品来找我，当时此产品主打的是"好喝到逆天的新国货"，但我收到样品发现，它并不好喝，又酸又苦，而客户还在吐槽竞品的味道难喝。"难喝"确实是用户的痛点，但问题是你的产品也不好喝。你也解决不了顾客的这个痛点。

所以，只有满足以上四个要素，才能触发顾客购买产品的动机，点燃顾客的购买欲望。

这时候很多学员会说：兔妈，痛点不就是恐吓吗？我用过，根本没效果！我分析了大多数人的情况，发现在挖掘痛点上，99%的人都错了。**常见的有以下四个误区。**

第一个误区，痛点太多。

想象一下，如果你批判一个人又脏、又黑、又懒、又笨……他会是什么反应？立马翻脸对不对。因为改变的门槛太高了，所以干脆老样子好了。这时候，你也不能唤起他对脏、懒这些问题的重视。痛点太多也是一样。

第二个误区，用力过猛。

这个也是最普遍的。夏天的时候，驱蚊产品扎堆出现，其中很多产品所打的痛点是"叮几个小小的包，看起来可能没啥大事，但分分钟让你生命垂危"。如果是你，你会买单吗？我想大部分人不会吧！你会觉得这种事的概率太低了。

那么，如何拿捏力度呢？有个关键点是：关联消费者高频发生的生活场景。同样是驱蚊产品，你就可以这样说："刚刚去过厕所、爬过垃圾桶的苍蝇、蚊子有可能飞上你的餐桌，爬上你的面包，溜进你的水杯，然后把它那根携带着千千万万病菌的针扎进宝宝娇嫩的皮肤。"这样说，是不是就比"生命垂危"让人更痛了呢。

第三个误区，不够紧急。

减肥产品什么时候最好卖？入春入夏！为什么？因为脱掉了厚重的棉衣，换上短裙单衣，肥肉藏不住了，减肥迫在眉睫。所以，要学会巧用热点，让你的痛点看起来更紧急。

第四个误区,与你的顾客无关。

曾经看到一个无磷洗衣粉的推文,它的痛点是:普通洗衣粉中含有磷,排入地下水后,会污染饮用水。而一位70多岁的院士老爷爷历经几年研发,终于研究出了不污染地下水的无磷洗衣粉。故事很匠心,但顾客会为"污染地下水"的痛点买单吗?也许会,但大部分人都是俗人,他们更关心自己的切身利益。

如果你改成"洗衣粉中的磷残留在衣服上,伤害宝宝娇嫩的皮肤,还会导致钙质流失,出现软骨病",相信这样更能激发妈妈们买单。

搞懂了痛点的定义,了解了痛点的误区,那么在写推文时如何用痛点提升文案的销售力呢?**我通过实际操盘的两个案例,详细讲解一下:热点×痛点爆单模型。**

第一个案例还是鼻炎喷雾的案例(见图1-1)。

图1-1 鼻炎喷雾的痛点描述

鼻炎引发的症状有十多种,比如鼻塞、鼻痒、流鼻涕、浑身乏力、脸部变形、牙齿变形,还有嗅觉减退等。当时很多产品打的痛点是:鼻炎导致脸部牙齿变形、嗅觉丧失,还有的列出各种鼻咽癌的新闻。这就陷入了四个误区,转化惨淡。

我是如何做到3个月销售额突破1000万元的呢?秘诀就是:**聚焦高频痛点,直击要害**。当时我锁定了四个高频痛点,分别是鼻塞、鼻痒、打喷嚏和流鼻涕。

但光刺痛痛点还不行,因为大多数人意识不到表面问题引发的后果,也不清楚这些痛苦经常发生会给他们的生活造成什么样的影响。所以，我就指出鼻炎不治疗，会影响工作和睡眠，发展成鼻窦炎，还会遗传给下一代。如果是孩子的话，则会导致记忆力减退，影响学习成绩。很成功，内测转化率15.7%，复推一天的销量比原来一周还要高。

这里要强调的是，如果是针对孩子专用的盐水喷雾，脸部变形这个点就可以作为核心痛点。因为孩子的形象有非常大的可塑性，而每个家长都不希望孩子出现形象缺陷和社交障碍。这时候，脸部变形就是个极痛点。

第二个案例是清肺片，上线 3 个月卖破 17 万单，单品销售额 2 500 多万元。但你知道吗？刚开始客户并不看好。

初步分析后，我决定操盘这个产品。但初稿出来，客户与我有了分歧，他建议主打雾霾，理由是：人们为了防雾霾，买几千元的空气净化器，买上百元的防霾口罩，所以雾霾是个极痛点。

事实上，这就是典型的需求和痛点不匹配。雾霾的最佳选择是防霾口罩，这是几年市场教育的结果。当时我就问他："如果你早上推开窗，能见度只有 50 米，你会干啥？"他说："戴口罩。"我又问："如果告诉你不用戴口罩，只需吃清肺片就能把吸进去的雾霾清除。你会不会这样做？"他说："不会。"

所以，雾霾并不是痛点，它只是激发人们对某个问题在意的触发因素，是导火索。

当时是 11 月份，咳嗽非常普遍，最遭罪的是有的人患有咽炎，再遇上雾霾，嗓子干痒难受。所以，最终我采取的策略是，主打咽炎、咳嗽的痛点，而雾霾是个痛点触发器。通过雾霾这个热点，把治疗咽炎、干咳的潜在需求转化成用户不得不立马解决的刚需。结果是，产品上线就特别火爆。当时客户问我："你怎么想到咽炎、咳嗽这个点？"**其实，只有三个思维方法和两个验证工具。**

挖掘痛点的第一个方法是用户思维。

用户思维又有三个步骤：第一步，角色代入。第二步，关联用户 24 小时生活场景。第三步，锁定用户在不同的场景可能遇到的困难或不便。

首先，什么是角色代入呢？

身边有孩子的朋友肯定发现了：现在的婴儿车都很高，而且推杆可以前后调节，但最初并不是这样的。原来的婴儿车很矮，推杆也不能调节，但上市后卖得不好，去调查宝妈，她们说婴儿不愿意坐。厂商很纳闷，就让研发人员去找问题。

然后，研发人员就坐到婴儿车里，让另一个人推着在街上走。走了几圈，他们就吐槽："换作是我，我也不愿意坐这样的车。因为看到的全是脚，空气也不好。更重要的是，看不到妈妈的脸，没有安全感。"

角色代入也是一样，你要站在对方的立场去理解他的处境。

第二步，关联用户24小时生活场景。

这里给你个好用的场景坐标分析模型（见图1-2），横轴是时间轴，纵轴是空间地点。这样就可以发散出很多场景，比如7点在家吃早饭、8点挤地铁、9点在办公室开会、周末在家追剧等。

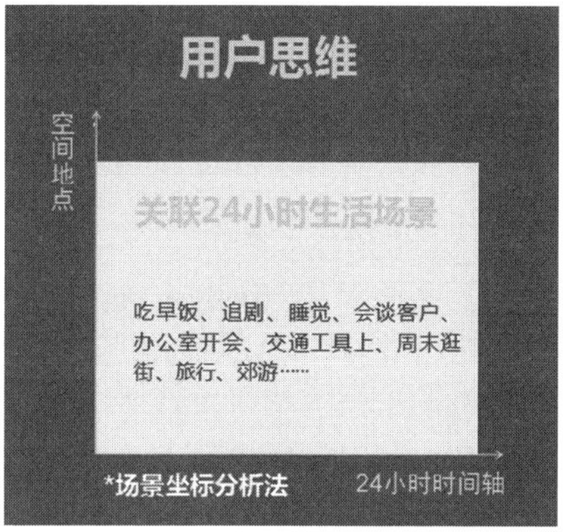

第三步，锁定用户在不同场景下可能遇到的困难或不便。

比如，挤地铁时流鼻涕没带纸巾、开会流鼻涕很尴尬等。这就很容易引发顾客共鸣，因为我写的就是他自己。

图1-2 场景坐标分析模型

挖掘痛点的第二个方法是吐槽思维。

这个方法说的就是要善于捕捉目标顾客的吐槽。你可以去门店的竞品柜台与目标顾客聊天，听听他们使用竞品中的不满。另外一个被用到最多的途径是去电商平台，比如京东、天猫、淘宝等，搜集竞品的负面评论，了解目标顾客哪些问题没有得到解决，以及好评里反馈被解决最多的问题。这些就是顾客最在意的点。

挖掘痛点的第三个方法是社交思维。

就拿知乎来说，提问就代表需求，话题的关注数和点赞数就代表普遍性。比如，失眠这个话题的关注数、浏览数都很高，说明失眠就是个普遍痛点。同样，还有天涯、贴吧等，通过话题的参与讨论数来判断痛点的普遍性。每条回答还会有很多关于失眠的痛苦描述，这些都是挖掘顾客痛点的灵感来源。

通过以上三种方法,你会搜集到很多痛点。那么,如何选出顾客的极痛点呢?接下来,教你两个验证工具。

第一个方法是工具验证。

这里的工具主要有百度指数、微信指数。输入你搜集的痛点关键词,查看指数排序,越靠前的痛点就越高频、越普遍、越痛。

举个例子:

如果公司上新一款面膜,老板让你写一篇卖货推文。老板说产品效果很好,可以美白、去黄,还能去掉脸上的小细纹、淡化法令纹。你搜集了顾客的痛点,发现美白、去黄、去法令纹这些都是女性非常在意的点,怎么办呢?你就可以把这些痛点关键词输入百度指数,发现最近这两年法令纹的搜索指数呈攀升趋势,你就可以考虑把法令纹作为一级痛点。当然,这只是个参考,你还要通过本节所讲的系统方法进行判断。

第二个方法是圈子调研。

其实,圈子调研也是我写推文常用的方法。当时我做鼻喷和清肺片时,为了验证对痛点的初步判断,我在朋友圈发起红包调研,发了8个红包,得到30多条有效评论,排名前四位的是鼻塞,鼻痒,打喷嚏、流鼻涕和头疼,这和我的推断一致。

所以,通过这两个方法,能够快速筛选出顾客的极痛点,还可以给痛点进行优先级排序。

兔妈总结

第一个知识点——痛点必须满足的四个元素。①顾客生活中实实在在存在的问题。②超出顾客忍受阈值。③问题持续出现,影响顾客的正常生活。④你的产品是解决这个问题的最佳选择。

第二个知识点——挖掘痛点的三个思维方法和两个验证工具。首先,通过用户思维、吐槽思维、社交思维三个方法列出目标顾客可能存在的痛点。然后,通过百度指数、微信指数等数据工具和圈子调研这两个验证工具筛选顾客极痛点,并做好痛点的优先级排序。痛点是撬动顾客欲望的支点,通过以上方法可以轻松找准痛点,让顾客的购买欲望提升2~3倍。

1.4 用"3+5"模型打造产品超级卖点,"滞销品"也能让用户尖叫

平时经常有客户问我:"兔妈,怎样把产品卖爆呢?"相信这也是所有商家和文案写作者一直在找寻的答案。我复盘了市面上所有爆款,发现它们都满足了三大要素。

第一,必要性。人们只有在认同产品必要性的前提下,才有可能对产品感兴趣。

第二,紧急性。人们都喜欢拖延,所以你要为顾客找到立即购买产品的理由。

第三,不可替代性。如果全世界只有你拥有饮用水资源或者是攻克某项疾病的专利技术,其他地方都没有,可以想象你会将它卖到什么价格。

其中,必要性和紧急性可以通过深挖顾客极痛点和热点×痛点爆单模型来实现。那么,如何让产品具有不可替代性呢?答案是:打造产品差异化的超级卖点。

什么是超级卖点?我来通过一个小案例进行解释。

一款洗面奶能清除毛孔污垢,请问这是超级卖点吗?不是!因为市面上清洁性强的洗面奶很多。这时候,你为了提高竞争力,升级成了氨基酸配方。与普通洗面奶相比,它不仅清洁力足够,而且温和不伤肤。这时候氨基酸配方的洗面奶是超级卖点吗?刚推出时,的确能火一阵。但这种特色很容易被模仿,且成本不高。所以,也不算超级卖点。

这时候,有个品牌在氨基酸配方的基础上加入2%的烟酰胺,不仅洗得干净,还越洗越白。更重要的是,它的氨基酸和烟酰胺是和SK-Ⅱ同一个供应商,价格却不到大牌的1/10。区别于一般的氨基酸洗面奶,它越洗越白,大牌成分,却是平民价格。这就是一个超越同行的超级卖点。

一句话总结就是，人无我有，人有我优，人优我质优价廉/我服务好/我性价比高。

这也是为什么很多产品表面上面面俱到，卖点很多，转化成交却远远达不到预期的原因。因为竞品也是这样写的，甚至比你卖的还便宜，顾客为什么要买你推荐的产品呢？

有人可能会说：兔妈，我家产品很普通，和市面上的同类产品差别不是很大，怎么办？

首先，打造产品卖点一定要掌握**一个非常重要的思维模式——用户思维**。

我遇到很多客户非常焦急地拿着新品来找我：兔妈，我需要你帮我打造一篇爆文。如果问他卖什么，产品有何亮点，他就说"面膜"，顶多加上补水面膜或是美白面膜。然后会接着说，原料有多好、得了多少大奖等。

你肯定发现了，他一直在说产品的好，却从未考虑用户为什么要买他的面膜。这就是典型的产品思维。

但这里我告诉你一个真相：你用100%的精力来策划产品的卖点，其实只有20%的顾客会看到，因为80%的用户只会关注卖点与自己的直接关系。只有卖点打动顾客的核心利益，才会促使其下单。不从顾客的核心需求出发的卖点文案，无法达成转化。

所以，正确的方法就是从目标顾客出发，针对顾客的痛点给出解决方案。这是文案人必须修炼的用户思维，也是打造卖点的前提。

拿鼻喷的案例来说，原来只罗列了清洁鼻腔、修复鼻黏膜等产品功能，但这些和用户有什么关系呢？竞品也是这样说的，顾客为什么要买你推荐的呢？所以，我就站在顾客的立场，针对他的痛点替他着想。

比如，考虑他感冒鼻塞时，能帮他10秒通气。晚上睡觉时，不打喷嚏、不流鼻涕，能让一家人都睡个好觉。见客户时，不用反复揉鼻子，也不会被扣印象分。

建立了用户思维，如何提炼产品的超级卖点呢？通过操盘多个爆款，我总结了一个打造超级卖点的取交集模型。它很简单，也非常有效，只要按这个方法去做，你也可以轻松找到产品的超级卖点。

什么是取交集模型呢？就是在一张空白纸上画三个正圆，分别列出用户痛点、竞品缺点和产品卖点，然后取三者的交集（见图 1-3）。简单理解就是，竞品解决不了或者解决不完美的顾客痛点通过你的产品却能达到完美结果，这也是超级卖点遵循的基本策略。

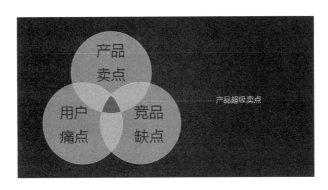

图 1-3 取交集模型

比如，鼻炎顾客的核心痛点是鼻塞鼻痒、打喷嚏、流鼻涕、头疼。

竞品的缺点主要有三个：第一，生理盐水只能清洁，不能有效缓解症状。第二，激素类产品，一天要反复喷 10 多次，很麻烦，长期用还会产生药物性鼻炎，不安全。第三，中医偏方产品的味道刺激性强，使用体验很差。

鼻炎喷雾的卖点主要有：第一，植物配方，安全；第二，能清除引起鼻炎反复发作的细菌，从根本上缓解鼻炎；第三，喷一次，鼻塞就通了，效果比较明显；第四，无色无味，使用温和；第五，安全无依赖等。

三者重合的点，也就是竞品解决不了或者解决不完美的点是什么呢？起效慢，不安全。

所以，这款产品的超级卖点就是针对竞品"起效慢，不安全"的解决方案。用一句话总结就是：10 秒疏通鼻塞，喷一次鼻子舒服一整天，小孩也能用。这是推文的主线，也是要论证的核心观点。使用体验、无色无味等是辅助卖点。

但你会发现，有些产品的超级卖点很独特，但推文投放出去转化还是很差。问题出在哪里呢？

当你看它的文案时就会发现，内容很干巴，专业术语扎堆，很难让人有读下去的欲望，这也是心理学上有名的"知识的诅咒"现象。我们在写文案时，常常会陷入一个误区，以为顾客和我们一样懂产品，导致写的文案读者理解不了，很难读下去。

所以，要站在顾客的角度，用他们喜欢的语言风格、用他们更易理解的表达方式，让他们能秒懂卖点的优势和好处。

举个大家都熟悉的案例：

在小米手机 2 发布时，核心卖点是性能翻倍，全球首款四核。"快"是核心关键词，也是它的超级卖点。但如何用一句话让顾客秒懂呢？据说他们当时出了十几个方案，有"唯快不破""性能怪兽"等，但最后选择的是"小米手机就是快"。因为够直接，能让顾客秒懂。

如何写出既让顾客秒懂又不俗气的产品卖点呢？答案就是：3＋5 **卖点直白翻译模型**。

这里的 3 指的是三步关联消费者，找到顾客的价值利益点。5 指的是五种常见的文案表达方式，把价值量化，让顾客秒懂。

什么是三步关联呢？就是通过产品卖点、卖点解决了顾客什么问题、给顾客带来了什么好处（见表 1-4），三步翻译，找到这个卖点带给顾客的价值利益点。

具体如何用呢？你拿出一张白纸，画上一个四列表格，分别写下产品卖点、解决什么问题、带来什么好处。最后一列是认知表达，就是通过哪种文案表达方法写出来。

举例来说，如果你卖的是胶原蛋白，就可以按以下步骤来写。

第一步，卖点是：有效成分含量高，能迅速补充皮肤流失的胶原蛋白。

第二步，帮顾客解决的问题是：害怕皮肤衰老、想拥有水嫩肌。

第三步，给顾客带来的好处是：让肌肤变得水嫩嫩，气色变好。

最后如何用文案表达出来呢？可以说：坚持一段时间，感觉皮肤就"pong"起来了，变得饱满有弹性，手感好到自己都爱不释手，娇嫩的像剥了壳的鸡蛋般吹弹可破。

表1-4 三步关联表

产品卖点	解决什么问题	带来什么好处	认知表达
安全、无副作用	消除产品含激素,产生依赖的恐惧	放心	关联法：小孩也能用
效果维持时间长	反复喷的麻烦	一天只需喷一次	场景具象：喷一喷，鼻子舒服一整天，白天工作效率高，晚上一家人都能睡好觉
喷雾超细	解决喷完从鼻腔反流嘴里的尴尬	喷起来很舒服，药效得到最大程度发挥	拟人：细腻的雾化喷雾，就像给鼻腔穿上一层保护膜，把病毒真菌挡在外面，减少鼻炎反复发作
喷完鼻子立马通气	解决鼻塞不适	呼吸畅通	数字具象：10秒疏通鼻塞

下面着重分析一下常见的五种认知表达方法。

第一种方法：关联法。

简单理解就是与顾客大脑中已有的事物建立关联，常用的方式有类比、对比、比喻、媲美第一等。

举个例子：鼻炎喷雾"安全"这个卖点解决的问题是，消除顾客对激素产生依赖的恐惧。带来的好处是放心。对于文案认知表达，我这里用的是"小孩也能用"，这就是媲美第一。因为大家有个共识，孩子用的东西安全检测级别是最高的。当然，这个产品确实是4岁以上小孩能用的。

再举个例子：假如你卖一款运动鞋，它的卖点是很轻，解决了鞋子重、穿着累脚的问题，带来的好处是"走路很轻便。"如果你只说很轻，消费者的感知就会很模糊，不知道到底有多轻。但如果你通过类比的方法用"轻如鸡蛋"来凸显鞋子的轻，就能让顾客秒懂，不需要多余的解释。

第二种方法：数字具象化。

假如你开了一家水果店，如果说店里的水果非常新鲜，都是果园直采的，虽然也能凸显水果的新鲜，但新鲜到什么程度顾客是感知不到的。如果通过数字具象化的方法，你就可以说："清晨5点采摘，下午4点送到你手中。"

第三种方法：利益具象化。

如果女朋友问你爱不爱她，你只说一句"爱"，她会觉得你是在敷衍她。但如果你说："爱！我愿意把工资卡交给你，每天早上做好早餐端到你面前，然后送你上下班，她就会很感动。

比如卖洗碗机，卖点是全自动洗碗。但自动到什么程度呢？能给顾客带来什么好处呢？这是个很模糊的概念。如果通过利益具象化的方法，你就可以说："自动洗碗，每天让你多陪孩子1小时。""每天多陪孩子1小时"就让顾客看到了购买产品后实实在在得到的利益。

第四种方法：场景具象化。

场景具象化也是非常有效的方法。很多时候顾客明白了这个产品的好处，但不知道能给他的生活带来什么具体的改变，想来想去干脆就不买了。这时候，你要帮他构建一个清晰的场景，让他在大脑中能够看到购买产品后给生活带来的变化和美好体验。

比如卖美白面膜，如果你只说"让你白一个度"，就不如说"和闺蜜拍照时，你就是反光板"更有冲击力。因为她脑海中会想象自己与闺蜜在一起时，比闺蜜更美的快感。

如何挖掘巧妙的场景呢？ 你可以从三个维度找灵感：第一个维度是在时间上，就是工作日、节假日、周末等。第二个维度是在地点上，比如公园、家里、办公室、地铁、车里等。第三个维度是在顾客糟心的症状上，比如一个鼻炎患者入秋后他在家里有哪些糟心症状，在办公室会有哪些困扰等。

第五种方法：体验具象化。

先来看一个发汗服的案例：

穿上它，我在跑步机上，配速为10分钟一公里，跑了8分钟的时候，汗就开始从我的额头和脸颊流了下来。30分钟时，我已经汗流浃背，手里捏着毛巾边跑边擦。又坚持了10分钟，40分钟时我从跑步机上下来，正常垂下手在身体两侧，汗水会自己从袖子里流出来。

这段文案就比你单一强调"发汗效果超级棒"更有感染力和冲击力。因为它满足了两个要点：第一，细节。他不说"出去跑一圈，汗就出来了"，而是说"跑了8分钟"。第二,画面感。"手里捏着毛巾边跑边擦""汗水自己从袖子里流出来",顾客就像亲眼看到你试穿后流汗的画面,让他觉得更真实,而不是忽悠他。

> **兔妈总结**
>
> **第一个知识点**:如何打造产品的超级卖点?首先,要建立用户思维。站在顾客的立场,思考产品能带来什么好处、解决什么问题。其次,通过找到用户痛点、竞品缺点和产品卖点的交集,挖掘出产品不可替代性的超级卖点。
>
> **第二个知识点**:用3+5卖点直白翻译模型,写出让顾客秒懂的走心文案。首先,三步找到产品对顾客的核心利益点。其次,通过五种常见的文案表达方法——**关联法、数字具象化、利益具象化、场景具象化、体验具象化**,把对顾客的利益价值量化出来,让顾客秒懂。当你掌握了打造产品卖点的这两个模型以后,就能避开自嗨、生硬的文案写作误区,轻松写出让顾客秒懂、忍不住下单的卖货推文。

1.5 搜集素材:
两个技巧、三个步骤解决写稿没思路的难题

写不好卖货文案的人有三个致命问题,其中一个就是:**忽视复盘和素材积累。**

懂得搜集素材的人,他们总能找出恰当的案例,用巧妙的表达把复杂的问题简单地讲清楚。而素材少的人,经常有种弹尽粮绝的感觉,没案例可用,也不知道用什么表达方法,半天憋不出一句话,只能干巴巴地讲道理,这样的文案,阅读体验肯定不会太好。

我们先看一个案例:

学习即兴伴奏真的很重要吗?如今,会弹钢琴的孩子非常多,但真正能

够将技巧变为能力的却不多。我们经常会遇到这样的情况：有些孩子已经能够弹奏八、九级的曲子了，但如果给他一首非常简单的歌曲时，他却不能在钢琴上弹出伴奏来。

这其中的一个重要原因就在于学习弹钢琴的孩子往往疏忽了一项非常重要的技能——即兴伴奏。学习即兴伴奏可以使孩子的声乐学习变得更加丰富有趣，学习声乐与练习钢琴即兴伴奏可以齐头并进、互相促进！

这是一位客户写的即兴伴奏课程推文，主要讲的是学习即兴伴奏的重要性。但因为通篇只讲道理，读起来干巴巴的，很枯燥，让人读不下去，阅读体验非常不好。

我帮他重新写时，就对这段内容进行了简单加工，再加上学员素材，变成了下面这样：

毫无创造力的学法，让大部分学员掌握了看谱弹琴，但却不会即兴伴奏，就像复印机一样，只会复制前人作品，手上做的只是没有感情的机械运动。

在今天，你发现还有很多学员，甚至培训老师在用这种传统教学模式，但越来越多的人已经意识到即兴伴奏的重要性，连著名钢琴家都在积极推广。

上海音乐学院教授孙维权说："中国学琴者的长项在手头上，这在世界上都是有名的，一听弹得十分熟练清晰就知道是中国来的。但弹琴时动脑动耳不够，音乐里缺乏情感。我在全国范围内推广钢琴即兴伴奏教学，就是要扭转这个局面。"

曾经一个学习一年的学员，为了打好基础，坚持不学即兴伴奏，总觉得即兴伴奏会影响她的 299 计划，但现在已经按部就班地开始即兴伴奏学习了。问她怎么想通了？她说："……那一刻我醒悟了，弹钢琴绝对不应该只会照着谱子弹。"

加入素材前后，两个案例的差别主要有以下三个方面。

第一，语言表达。我用到一个比喻，不会即兴伴奏就像复印机，让读者认识到学习即兴伴奏的重要性。

第二，权威引用。我引用上海音乐学院教授的话，而不是干巴巴地大喊

"你要学即兴伴奏"。

第三，案例素材。我通过一位学员的案例，间接告诉读者"想弹好钢琴就要学即兴伴奏。"

有学员说：兔妈，你对钢琴很有研究呀？其实在写推文之前，我对钢琴一无所知。灵感来自哪里呢？就两个字：素材！

可能大多数人意识到了素材的重要性，但就是不知道去哪里找素材。其实并不难，找素材主要有以下四个步骤。

第一步，明确自己的核心领域，时刻准备着。

很多时候，你找不到素材，不是因为搜集方法不对，而是没有意识到哪些内容能成为自己写推文的素材。

所以，你要先明确自己的核心领域，这样才能提升对素材的敏感性。需要说明的是，核心领域有两层含义。**第一，是个人定位层面**。比如，你主要写护肤推文，就可以多留意时尚节目、权威大号，以及闺蜜对皮肤保养的方法和吐槽，宝妈对保养的观点等。如果写个人提升类的课程推文较多，就留意身边人对工作的焦虑、对现状的不满，以及他们想要提升的理由。

就拿我来说，平时写的推文类型主要集中在养生、功能食品、母婴、护肤等，就会多关注养生类的综艺节目、新闻以及垂直大号。

第二，是需要加强的板块。拿我来说，不管是养生类还是护肤类，这些推文成败的关键是：痛点是否找得准。所以，我就特别留意痛点素材的搜集。比如前段时间，我刷朋友圈看到一位好友发了换房的无奈，将中年人上有老、下有小的焦虑描述得淋漓尽致，很有情境感，我就截屏放入素材库。

过了几天，恰好有位客户要写一篇教人买房的课程推文，来咨询我痛点怎样写，我就把这个素材给他发过去，他觉得很有用。

课程大多是用讲师故事描述痛点、打造信任，如果你写课程推文较多，就可以多留意故事类素材，比如人物采访新闻、传记等。

另外，我们都有个弱点，就是本能地抗拒那些复杂的、不习惯的内容。比如写护肤推文，除了要关注轻松的护肤节目、听闺蜜的护肤杂谈，还要了解一些皮肤结构、护肤成分和原理等。

第二步，挑选适合自己的工具，养成随时随地记录的习惯。

我们都是普通人，看过的东西很快就会忘记。所以，我们要把有价值的素材存储起来。如何存储呢？可以通过一些工具，主要有以下三类。

第一类是图文笔记，比如石墨、有道云笔记、印象笔记。

第二类是语音类app，比如讯飞语记、录音宝等。如果你在等地铁或公交时，突然看到或想到某个灵感，打字太慢又不方便，怎么办呢？就可以用讯飞语记录下来，它会自动转换成文字，非常方便。

第三类是扫描类app，比如pdf阅读器、微信小程序迅捷文字识别、萝卜书摘等。假如你看到一本书的人物故事非常巧妙，可以用在课程推文中，就可以打开萝卜书摘，框选你要选的内容，它会自动转换成文字。

存储类的工具有很多，重要的是要选择适合自己的。下面简单分享一下我常用的几个方法。

第一个方法是把灵感发给自己。 我会把自己的小号置顶，在等地铁或等人时，突然有了灵感，就会记下来发给自己。然后，到办公室整理进素材库。

第二个方法是微信收藏。 比如在微信公众号看到不错的素材，我就会收藏起来。这里要说两点：第一，微信收藏一般用于短暂性素材的存储，比如最近正在写母婴产品推文，就可以把相关素材收藏到微信里。用完觉得没价值了，就删掉。第二，留下来的内容一定要做好标签分类，比如干货、养生、课程、护肤、母婴等，还可以根据功能分，比如失眠、咳嗽、咽炎、祛湿等。

第三个方法是拍照、截屏。 很多时候，我们看到的一些文章并不需要全篇收藏，只是开头、痛点描述、场景画面等感觉不错，这时就可以拍照、截屏保存下来，然后整理进素材库。

第四个方法是公众号存储。 我会把一些优秀案例存在公众号。首先，备注清楚价格、销售数据和自己的拆解思考。然后，根据产品名称，设置关键词自动回复清单。这样在写同类产品时，回复关键词就会自动弹出来，非常方便。

第三步，做好归类和标注，把好素材库第一关。

素材库的重要属性就是分类清晰、便于查找。否则，找起来太费时间，也就失去了意义。怎样分类和标注呢？

我是按照写推文的核心要点和素材来源划分的，主要有顾客分析、痛点挖掘、秒懂卖点、标题、开场、激发欲望、信任背书、引导下单，以及公众号关键词清单、聊天启发等。

其中，在大类下面还会有二次细分。比如标题，根据素材类型分为灵感、案例等。

案例又进行细分，根据领域分为养生、母婴、食品等；根据渠道分为海报标题、信息流标题等；根据套路分为故事类、实用锦囊标题等。

总之，分类越精准，找素材的效率也就越高。

第四步，定期对素材进行复盘、加工、删减。

很多人做了搜集、分类工作，但写稿时还是没思路、找不到切入点，问题就出在缺乏对素材的定期复盘和加工上。他只是存进去，把素材库变成了冷宫。

所以，完成素材的搜集和分类后还要养成一个习惯，就是定期对素材进行复盘、加工，必要时对没用的素材大胆删减。

一篇有新意的、有共鸣的卖货推文，并不是靠单一的某个素材，而是需要很多素材的重组、叠加，再加上自己的深度思考。

比如我经常拆解案例，就会定期去素材库看一看。如果拆解标题，就会挑选几个案例，把不同方法提炼出来，进行重组、加工，然后举一反三，写出1~3个延伸案例，并标注清楚什么样的产品适合这个方法。

自己用过两三次的方法，我就会删除掉。因为它已经内化成我自己的一部分了，就没必要占用内存了，时刻保持素材库的精简。

可能有学员会说，兔妈，这些方法确实很实用。但刚接了一篇推文，素材库还没搭建起来，怎么办？**结合我的经验和方法，教你两个技巧，让你快速高效地找到有用的素材。**

第一个技巧，锁定核心渠道，检索特定关键词。

搜集素材的渠道有很多，比如微信、微博、行业网站、百度、知乎、论坛、贴吧、问答平台、媒体新闻、视频和书籍等。

但如此多的信息，要一一看完吗？其实根据二八法则，80%的优秀素材主要集中在20%的核心渠道。我每次必看的是知乎、微信搜一搜、媒体新闻和论坛这四个渠道。知乎、媒体新闻具有专业性，论坛则能看到目标顾客的故事和心声。

那么，具体怎么找呢？就是用特定关键词检索

专家+主题关键词检索：拿减肥产品举例，先通过自媒体、书籍排行等找到领域专家，再用"专家+主题"关键词进行检索。这里的专家可以是人，也可以是权威机构，比如可以搜"丁香医生+主题"。

原理+主题关键词检索：推文肯定不能乱写，要有科学的理论依据，所以可以用健康瘦身原理来检索，也可以继续延展，加上成分，比如酵素健康瘦身原理等。

痛苦体验/误区+主题关键词检索：不管卖什么产品，想要顾客下单，必须让他主动放弃竞品。所以，你要了解竞品有哪些、痛苦体验是什么。可以搜索减肥误区或减肥的痛苦体验。

这只是一个思路，你可以根据推文类型，扩展延伸不同的关键词。不管是在知乎还是微信搜一搜，这个方法都能帮你快速筛选到有价值的素材。

第二个技巧，拆解、借鉴同行案例。

你可以借鉴素材库里的案例，或者通过新媒体排行榜、西瓜公众号助手等第三方工具，查到各领域公众号排行榜，这些号一般都有同行的卖货推文。

切记：不能照抄，否则可能会被投诉。正确的做法是，拆解同行案例，看哪些点是你没想到的，挖掘他们的思路为你所用。另外，记得把优秀案例存入你的素材库，以便下次查找应用。

兔妈总结

第一个知识点：打造素材库的四个步骤。第一步：明确自己的核心领域，时刻准备着。主要针对常写的推文领域和要加强的板块。第二步：挑选适合自己的工具，养成随时随地记录的习惯。第三步：做好归类和标注，把好素材库第一关。第四步：定期对素材进行复盘、加工、删减。

第二个知识点：如果临时接到一篇推文，你可以采用以下两个技巧：第一，锁定核心渠道，检索特定关键词。第二，拆解、借鉴同行案例，快速筛选出有用的素材。

1.6 搭建框架：
教你 5 分钟搭建顺滑文章框架，解决 80% 的推文类型

很多文案新手，甚至资深文案人都很容易陷入的一个误区，就是忽视底层框架——逻辑。比如，你有没有感觉脑子里有一大堆想法，到写的时候却不知道如何下笔。就算写出来也条理不通，自己都读不下去。抑或是洋洋洒洒写了一堆理由，也写了很有共鸣的故事，却没有明确的结论，更给不出足够有力、强关联的论据支撑。这样的文案，即便戳中了顾客痛点，也不能成为顾客购买你的产品的理由。

文案人就像一位辩论高手，你要知道从什么角度切入、核心论点是什么、通过什么样的论据佐证你的论点，并且知道如何把论点和论据严丝合缝地链接起来。只有这样，你写出来的推文逻辑才能是清晰、顺畅的，才能说服用户下单。

那么，如何从 0 快速搭建清晰的推文框架呢？

不同类型的推文有不同的框架，我通过拆解市面上 300 多篇卖货爆文，总结出三种类型，分别是论述型推文、种草型推文和故事型推文。掌握这三种框架结构，基本上能搞定 80% 的卖货推文。

第一种类型：论述型推文。

论述型推文主要是以顾客的痛点和产品的价值点为切入点，提出论点（也就是产品能帮你解决什么问题）。然后通过一系列证据，证明产品是解决痛点的最佳选择，从而激发顾客的购买欲望，提高下单转化率。

这种结构是一环套一环、层层递进的，也是最普遍、最容易爆的。但如果你按照正常的论述文逻辑，"提出论点—摆出证据—进行论述"，读者还没看就知道是广告，往往就没了兴趣。

那么，怎样才能写好论述型卖货推文，让顾客不但想看还会产生购买欲

呢？关于这个问题，我提炼了以下五个步骤。

第一步，借势热点或事件，戳中痛点或焦虑。

就是用热点或新闻事件作为切入点，引起顾客对某个问题的痛苦或焦虑。

第二步，给出大的解决方案＋论据1、2、3。

针对这个问题给出一个大的解决方案，比如"裙子拉不上拉链"戳中你对胖对丑的痛苦，这时他会先告诉你"没事，减肥后你也可以很美"，并且通过成功减肥的案例对比，激发你对减肥的欲望。

为什么不直接引到产品上呢？试想一下，如果推销员一上来就告诉你某个产品很适合你，你的第一反应是什么？拒绝，抵触，对吧？

所以，你要先跟顾客聊，聊到他心坎里了，再告诉他，其实有一款产品可以帮你成功减肥，这样他才有兴趣了解。

第三步，引出具体产品＋论据1、2、3。

减肥的方法有很多，为什么要选你呢？这时候，你要通过论据1、论据2、论据3，让顾客相信你的产品是最佳选择。

第四步，化解异议，坚定信心。

你讲的很有道理，但顾客会担心：安全吗？没效果怎么办？所以，你要主动化解他的担忧，让他坚信真能帮他减肥成功。

第五步，利益说明，引导下单。

在做决定时，人是很犹豫的。如果没有明确的行动指引，即使你超级信任一款产品，也会犹豫。利益引导，就是让顾客知道你的产品非常值得，而且非得现在买不可。

下面通过一个案例来讲解一下。这是一篇儿童乐高玩具的推文，玩具单价998元，卖出5 700多单，销售额500多万元。

第一步，它首先通过清华大学校长讲话的热点事件，引发父母对孩子"学什么才有竞争力，才不会落伍"的教育焦虑。

原文：

自从有了孩子以后，有一个问题就经常在我脑海里徘徊：世界变化这么快，该给孩子怎样的教育，才能让他们在未来的竞争中不落后？

以后的世界什么样,谁都无法准确预测。有人甚至认为,现在的小学生,大概有三分之二会在未来从事目前尚未发明出来的工作。

这就给我们的教育出了个难题:让孩子学点什么,才会不落伍,真正受益一生?

你在培养 A 型孩子,还是 X 型孩子?

清华大学前校长陈吉宁曾提出过一个观点:清华校园里有很多"A 型学生",但未来社会最需要的是"X 型学生"。

所谓"A 型学生",是指传统观念里的那些"好学生",他们的成绩总是能得"A"。

而"X 型学生"则与之不同,他们的成绩并不一定拔尖,但愿意承担创新风险,勇于尝试新鲜事物。

两者最重要的差别,在于创造力。

第二步,他没说乐高可以提升孩子创造力,而是引出大的解决方案——编程。

原文:

好在,创造力虽然没法教,却可以培养。

雷斯尼克的解决办法是,教给孩子们一种有创造可能的"游戏",他们就可以像拿着积木一样,亲手把脑海里的想法变成现实,创造出此前不存在的东西。

这种特别的"游戏",就是编程。

并通过"论据 1:广东中山 13 岁小孩学习编程后,研发出喂鸡投食器。

论据 2:教育部把编程列为必修课。

论据 3:16 岁少年学习编程被保送清华。

论据 4:成绩平平的高三学生,从小接触编程,被北大破格录取。

论据 5:编程小天才获得 56 万元奖学金。"来佐证学习编程可以提高孩子的创造力和竞争力。

第三步,引出具体产品"机械玩具"。

原文：

不懂编程的家长，如何为孩子选择编程课程呢？

在这里，我要特别给大家推荐学乐高机器人就是学编程+学机械。

编程呢，是抽象思维，乐高机器人的编程还是比较复杂的，如果完全没有老师或者大人教，单靠孩子自己去摸索，100个孩子里面大概也只有10个孩子能开始尝试，这10个孩子里面可能只有1个孩子能上手入门，而这1个孩子我们往往称之为天才。

相比编程，机械就比较具象了，看得见，摸得着，通过图纸拼搭零件，学习结构，然后尝试改造、创造结构，这更像是"玩"，这是可以在家就能学的。

并通过"论据1：玩乐高的顶尖高手写的书。

论据2：乐高教育参赛选手培训教材。

论据3：国内最高水准代工厂生产。"来证明这个产品是权威的、质量靠谱的，是你的最佳选择。

第四步，化解异议。家长会担心：大神级别的书太难，挫伤孩子的积极性怎么办？他告诉你：5岁的孩子都能很快拼出。

第五步，通过成本算账，以及与淘宝同标准乐高的价格对比，让你看到究竟有多值，进而冲动下单。

总之，论述型推文就是通过痛点铺垫激发需求，给出解决方案，然后用一系列论据证明方案的可靠性，逻辑非常严密。这种类型的推文一般用于价格偏贵，目标顾客又比较严谨的产品，比如健康类、功能类产品。

第二种类型：种草型推文。

什么是种草型推文呢？就像现在很多网红达人会告诉你：他与某个产品如何结缘，为何百里挑一选了它，用后的体验是什么，然后给你讲产品有这个好处、有那个好处，最后得出结论"这个产品很好，你值得拥有"，这就是种草推文的惯用套路。

种草型推文有三个典型特点：第一，多讲使用产品的美好体验，让顾客看完有种欲罢不能的感觉。第二，产品卖点是并列式结构，没有明显的主次之分。第三，图片精致，对比明显，动图非常有感染力，自带一万个非买不可的理由。

写作种草型推文，大致框架有以下五步。

第一步：通过小事，比如熬夜长痘了、很多人让推荐某类产品等切入，快速引出产品。

第二步：大家都说好，无论是明星、网红还是社交平台的草根素人用了都说好。

第三步：卖点1论据1＋卖点2论据2＋卖点3论据3……

第四步：大厂生产，品质可靠。

第五步：得出结论——这个产品很好，你值得拥有。

下面通过拆解一款防晒喷雾推文来讲解，这款防晒喷雾客单价79元，卖出10多万单。

首先，它用一个开篇金句引出产品：

如果说这世界上有一种东西能让人敢于直面暴晒的，那一定是防晒霜。要说比防晒霜使用起来更爽、更任性的，那一定就是防晒喷雾。

紧接着，放出产品的使用体验，而且通过顾客的高频场景——早上赶不及要迟到、暴晒的中午临时出门，凸显产品的方便。

原文：

"呲"，喷一喷，喷得相当均匀。

"早上赶不及要迟到，

暴晒的中午要临时出个门，

在外活动一整天，

带上一罐防晒喷雾，

"呲""呲""呲"喷几下，

没有比这更有安全感的事了。"

其实，这个套路你也可以用在自己的文案开头。有个爆款榴莲千层，开头就是这样写的：

如果说这个世界上有一种东西，能让人像着了魔一样疯狂爱吃的，那一定是榴莲了。要说比榴莲还让人嘴馋的，那只能是榴莲千层了。

假如你卖青汁片，就可以说：

如果说世界上有一种东西，能让明星和普通人都像着了魔一样用它来减肥排毒的，那一定是大麦青汁了。

要说比青汁吃起来更爽、更方便，口感也更好的，那一定是青汁片了。

"咔嘣""咔嘣"嚼一嚼，就像吃奶片，

清肠排毒又美白，

出门放在包包里，

吃完火锅小龙虾嚼一片，

不长小肚子、不爆痘。

然后来一小段科普，告诉你不好好防晒就会变老、长皱纹，戳中目标顾客怕老的痛点。

第一步：大家都说好。Ins 和小红书的网红达人都在用。

第二步：摆出论据，证明产品好。

论据 1：高强度防晒，防晒时效长。

论据 2：含有珍珠成分，越喷越白。

论据 3：清爽不黏腻。

论据 4：防水防汗不脱妆。

论据 5：清香好闻。

而且论证的方式也非常简单，就是和竞品对比，然后摆出事实证明的动图、对比图，让顾客眼见为实。一句话总结就是，小编是经过认真测评才敢推荐的，品质是可靠的。

第三步：大厂生产，品质可靠。

此产品是韩国美容院的"扛把子"，由兰蔻、植村秀等大牌厂家独家生产。

第四步：得出结论——这个产品十分好用，顾客买货太疯狂以至于经常断货，所以你要赶紧抢啊！

当然，这只是种草文的典型框架，有时候号主会根据产品的具体情况调整顺序。一般适合那些号主粉丝凝聚力比较强、客单价较低的产品。美图、美好体验，让顾客看得欲罢不能，冲动下单。

第三种类型：故事型推文。

故事型推文就是卖人设，以某个人物为核心，通过他的一系列经历，包括困难、抉择、努力等，让读者产生情感上的共鸣，并不露痕迹地把这种情感转嫁到产品上，最终达成转化。

这种推文的核心看似在故事上，实则在顾客的痛点和产品上。故事、痛点、产品就像缠在一起的三股麻花辫，是螺旋式诱导顾客一步步对产品产生兴趣的。这也是故事型推文成败的关键。

但很多新手写故事型推文，经常是将故事和产品割裂开，故事写了1 000多字才引出产品，非常生硬，转化也很惨。

那么，如何快速搭建一个有销售力的故事型推文框架呢？我拆解了市面上很多成功的案例，总结出以下五个步骤。

第一步：选准切入点，戳中痛苦或焦虑。

第二步：引出主人公，激发情感的共鸣。

第三步：主人公故事（穿插顾客痛点和产品卖点）。

1. 匠心产品：高起点——发现问题——制造反差——经历阻碍——大获好评。

2. 课程推文：低起点——决心反击——付出努力——成为专家——想要帮你。

第四步：产品收益证明。

第五步：快速引导下单。

其实，第一步、第二步、第四步、第五步和前面的论述文是相似的。需要注意的是第三步，有两个故事路径，分别是匠心产品（高起点——发现问题——制造反差——费时费力——大获成功）和课程推文（低起点——决心反击——付出努力——成为专家——想要帮你）。

为了让大家更好地消化和理解，接下来通过两个案例给你讲解，第一个案例是一款女士内裤。

原文：

先认识一下创始人，他叫峰哥，在湖南卫视工作了10余年，辞职跑出来做女性内裤。

说起创业的缘由，还是因为妻子和女儿。

峰哥曾在接受腾讯《活着—创业者》栏目（每年只选10个中国精英创业者）采访时说："我有一个贤惠温柔的妻子，有一个乖巧漂亮的女儿，年近花甲的岳母也和我们一起生活。慢慢我发现，女性经常会受到妇科病困扰，很大一部分原因就是因为内裤。

世界卫生组织也曾发出警告，80%以上的妇科疾病反复发作，与内裤有关。

为什么会这样，峰哥解释说，其实这么多年来，我们一直把外衣面料当内裤穿。

"我的父母在国企纺织厂工作30多年，耳濡目染下，我非常熟悉各种面料。

知道即便是大牌的内裤，也仅为服饰B类标准，就是和我们穿的T-shirt、外衣同等标准，既不亲肤又会滋生细菌。"

于是，他用了两年时间，从面料到成品全程亲自把关，终于做出了一款女性护理内裤。

在做这款内裤之前，他花了两年时间拜访各地妇科医生，了解到："健康女性私处为弱酸环境，各种菌落处于平衡状态。过度杀菌，反而会破坏私处平衡，更容易引起病菌滋生。"

最终他锁定了医用级天然护理面料——聚乳酸纤维面料，pH值为6.5，能维护私处菌落平衡，抑制有害细菌滋生。

它不像添加抑菌物质的内裤效果会越穿越差。就算你带回家水洗50次后，这款内裤的抑菌率仍然达到AAA级（超出国家抗菌标准20%以上），抑菌效果稳定。

首先，是创始人的高起点——某电视台资深工作者。其次，发现问题——内裤选不对，导致女性经常饱受妇科病困扰。然后，事业小成的主人公决心做不起眼的女士内裤，制造反差。接下来，费时费力——花了两年时间造访各地妇科专家，研究妇科病的前因后果。最后，终于找到完美面料，成功研发出水洗 50 次抑菌率依然 AAA 级的女士内裤。

需要强调的是，这里并不是单独讲故事，而是穿插了痛点——妇科病以及产品卖点——医用级天然面料，不像其他抑菌内裤效果越穿越差。讲故事的目的是为了卖货。

再来看第二个案例，这是火爆知识付费平台的爆款减肥课。

原文：

大学毕业后她拼命工作，终于成为职场上叱咤风云的白骨精，过于拼命却导致身体不好很难怀孕的后果，于是 31 岁那年辞职在家调理。好不容易怀孕之后，她更是全心全意在家当全职妈妈。由于营养知识的欠缺，一味地盲目进补，她一下子胖到了 160 斤。

那时候，她最讨厌的就是拍照，也不喜欢出门见人，每次看到镜子里的自己就特别烦躁。

她 32 岁生日那天，全家人因为帮她庆祝生日一起外出吃饭。但她把衣柜翻了个遍，依然找不到合身的衣服，看着满柜子的衣服都是大码超大码，黑色褐色棕色，穿上一件觉得显胖，换了一件还是显胖。

最后她抱着一条裙子崩溃大哭，把所有的委屈都爆发出来，凭什么生个孩子就要胖成这样？！

发泄过后，她冷静下来，痛下决心，一定要减肥！

但她的家人都不支持她，他们认为减肥伤身体。

但她坚信，当你非常非常非常想做一件事情的时候，你一定可以找到办法去做成！

她通过节食减肥，起初阶段挺有效，但后来就进入瓶颈期。

她去过健身房，也吃过药，瘦了以后又反反复复地反弹。

她尝试运动减肥，效果到一定程度后又遇上瓶颈期，再也降不下来。

为了减肥，她把市面上的减肥知识全部学习了一遍，边学边实践，终于认识到，想要健康减肥，饮食真的非常重要。千万不能节食，因为报复性反弹的后果更加严重。

最后,她摸索出一套科学饮食减肥法:边吃边瘦,成功在 3 个月减肥 50 斤!

后来,越来越多的人咨询她减肥的方法,为了快速帮助更多姐妹,她尝试开了第一个 20 人的减肥班。

向她们普及减肥运动方面的专业知识,调整科学的饮食架构、合理的食物搭配,不用节食,满足营养,还能减肥瘦身。

首先,是主人公的低起点:一度胖到 160 斤。其次,决心反击:发誓一定要减肥。然后,付出努力:节食减肥、健身跑步、吃减肥药、研究减肥知识。接下来,成为专家:研究出一套科学减肥方法,边吃边瘦,3 个月成功减肥 50 斤。但问题是,你成功减肥后和顾客没有关系呀,所以最后一步:想要帮助更多减肥的姐妹。

这里不是单独地讲故事,而是穿插痛点:不敢拍照、害怕出门见人、看到镜中的大胖子特别烦躁,打开衣柜全部是黑棕系的衣服,激发顾客共鸣。同时还穿插了与竞品的对比:节食、跑步、减肥药,伤身又容易反弹。

所以在搭建故事框架时,一定要把顾客痛点和产品卖点穿插进去,否则,你的故事就没有销售力。

搭建框架时,要注意以下两点。

第一点,认真对待提纲。

很多人写提纲时,就简单写了大体的想法,非常粗糙。结果写稿时,还是思路混乱。拿我来说,提纲基本就写了 1 000 字,每一步框架就写了一小段,知道这段写哪个卖点,用什么方法和案例论证,有哪些场景等,所以我写提纲很耗时间。提纲写好了把每段内容扩充开,再稍加润色优化,一篇推文就完成了。

第二点,重视小标题。

小标题就像一个个台阶,可以吸引并引导顾客一直往下阅读。但很多人写小标题就是简单地把之前段落的内容总结复述一遍,非常平淡,只能起到装饰的作用,意义不大。

要写好小标题,需要掌握以下三个技巧。

第一,用疑问句使读者对下文产生好奇心和兴趣。比如,有没有办法可以缓解失眠,又不用担心安眠药物的危害?眼唇、脸部卸妆清洗,能不能一瓶搞定?

第二,故事索引。把小标题做成循序渐进的,这种方法适合故事型推文。比如,为了减肥,她掉坑无数。终于,3个月减掉50斤!跟砧板"杠上",还是因为黄小宝的缘故;她放话,从此让所有女生脱离止痛片等。一句话就是一个小故事,吸引顾客继续阅读。

第三,核心卖点。把产品的核心卖点和卖点获得的好处,用小标题凸显出来。这样对那些不细看,只是快速浏览的顾客来说,能轻松抓到购买理由。比如,1袋=3g鲜人参+480粒鲜枸杞;专利高活性精华,15分钟吸收;400多年御用古方升级,不上火,好吸收等,小标题本身就是产品的核心卖点。

> **兔妈总结**
>
> **第一个知识点**:三种常见推文的框架。第一种:论述型。第二种:种草型。第三种:故事型。按照步骤直接套,5分钟就能让你从零搭建出逻辑清晰的推文框架。
>
> **第二个知识点**:搭建框架时的两个注意事项——认真对待提纲、重视小标题,以及三种小标题写作思路,让你搭建框架事半功倍,创作效率更高。

第 2 章

爆文写作篇

2.1 爆款标题：
四大要素、六个模板，轻松搞定80%的标题类型

广告教父大卫·奥格威说过："如果你的标题没有吸引到目标顾客的目光，就相当于浪费了80%的广告费！"

卖货推文是所有广告形式中最重视标题的。为什么？因为公众号是推送制的，不管是一周一次还是一天一次，所有公众号都集中在早、中、晚三个高峰时段推送，这意味着你写的推文标题只有短短几分钟到十几分钟的展示时间，很快就会被后面推送的内容所覆盖。

面对海量的内容，顾客当然不会挨个去看。他一定是快速扫描所有推文标题，然后大脑自动地、跳跃性地去寻找自己感兴趣的信息。如果你的标题不能抓住他的注意力、好奇心和欲望，很可能这篇文章他就永远不会打开了。如果是这样，即使你的内容写得再好，他都不会看了。

销售额 = 流量 × 转化率 × 客单价

同一篇内容，同一个产品，转化率、客单价都是确定的，但假如你的标题能吸引5倍甚至10倍的点击量，销售额就成5倍、10倍的增长。所以，起一个好标题，推文就成功了一半。

那么，如何在5分钟内写出点击率10倍飙升的标题呢？

想要写出一个好标题，首先要知道好标题和坏标题之间的区别。

常见的坏标题有两种,第一种就是平淡无奇,看了让你毫无点击的欲望;第二种就是"标题党",点击率是有明显增长,但内容和标题不符。读者点进来觉得被骗了,不但不会掏钱下单,还会非常反感。

一个好的标题,它必须起到以下三个作用。

第一,快速抓人眼球。

第二,筛选目标顾客。很多人总想抓住所有人,觉得这样能吸引更多人打开,结果吸引来很多无效流量,目标顾客却没有点击,没有意义。

第三,引导阅读内文。标题和内容要相符,否则不能吸引顾客继续阅读,就成为标题党了,不利于转化。

写标题,你不仅要知道写什么,更要知道目标顾客想看什么。所以,好标题,一定是针对人类行为的驱动因素去写的。我研究了1 000多个爆文标题,发现主要有以下四大行为驱动因素:逃避痛苦/焦虑、尝鲜好奇、急功近利、关注和自己有关的。

先来看几个推送后点击量都飙升很快的标题,如图2-1所示。

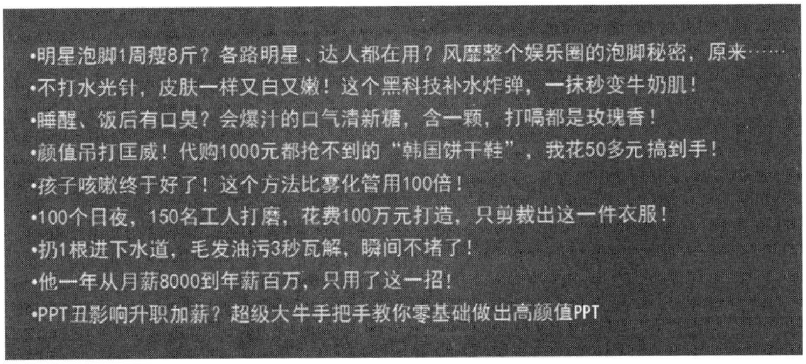

```
•明星泡脚1周瘦8斤?各路明星、达人都在用?风靡整个娱乐圈的泡脚秘密,原来……
•不打水光针,皮肤一样又白又嫩!这个黑科技补水炸弹,一抹秒变牛奶肌!
•睡醒、饭后有口臭?会爆汁的口气清新糖,含一颗,打嗝都是玫瑰香!
•颜值吊打匡威!代购1000元都抢不到的"韩国饼干鞋",我花50多元搞到手!
•孩子咳嗽终于好了!这个方法比雾化管用100倍!
•100个日夜,150名工人打磨,花费100万元打造,只剪裁出这一件衣服!
•扔1根进下水道,毛发油污3秒瓦解,瞬间不堵了!
•他一年从月薪8000到年薪百万,只用了这一招!
•PPT丑影响升职加薪?超级大牛手把手教你零基础做出高颜值PPT
```

图2-1 好标题示例

图2-1所示的标题是不是都非常有吸引力?

明星泡脚1周瘦8斤?各路明星、达人都在用?风靡整个娱乐圈的泡脚秘密,原来……

看到这个标题,人们潜意识会想:哪个明星在用?和平常的泡脚有啥不一样?泡脚秘密是啥?这种标题就是用了人们好奇的行为驱动因素。

好奇常用的套路还有悬念、反差、欲言又止,并多用"为什么""这个"

"它""原因是+省略号"等。

不打水光针，皮肤一样又白又嫩！这个黑科技补水炸弹，一抹秒变牛奶肌！

细心的小伙伴就会发现，这个标题也用了好奇——"这个"。但是，此标题还用了另一种行为驱动因素——急功近利。人们天生喜欢确定性、立竿见影的利益承诺，"一抹秒变牛奶肌"就是用了这一点，让顾客想到自己抹上也能立马拥有牛奶般白皙的皮肤。

急功近利常用的套路还有数字+结果，极致性价比，以及秒变、快速、瞬间等感染力非常强的形容词。

睡醒、饭后有口臭？会爆汁的口气清新糖，含一颗，打嗝都是玫瑰香！

看到这个标题，顾客首先会对号入座，自己是不是睡醒、饭后也有口臭呢？为了逃避痛苦和尴尬，就会忍不住点击。另外，后半句"会爆汁的口气清新糖，含一颗，打嗝都是玫瑰香！"给出痛苦解决后的圆满结局，激发顾客尝鲜的行为驱动元素。

这个方法能否吸引顾客点击的关键是痛点，你要明确指出目标顾客生活中普遍存在的苦恼、难题，并且要说得很具体，不要写"口臭"，而要写"睡醒、饭后有口臭"或是"和女朋友接吻被嫌弃有口臭"。类似的描述还有"小肚子一抓一把肉""40°高温，腋下又臭又黏"，痛点越具体就越扎心，顾客点击的欲望也就越强烈。

另一个关键点是，你给出的解决方案、描述的圆满结局也一定要具象化、有诱惑力，不能说"让你口气清新"，而要说"打嗝都是玫瑰香"，这样才能激发顾客尝鲜的欲望。

颜值吊打匡威！代购1000元都抢不到的"韩国饼干鞋"，我花50多元搞到手！

"别人1000元抢不到，我花50元搞到手"这里就是利用了人们对极致性价比的追求，也是急功近利的人性弱点。

扔1根进下水道，毛发油污3秒瓦解，瞬间不堵了！

"扔1根"，具体是1根什么没有说，用了人们好奇的弱点。"毛发油污3秒瓦解""瞬间不堵了"，用了人们急功近利的弱点。

PPT 丑爆影响升职加薪？超级大牛手把手教你零基础做出高颜值 PPT。

前半句用了人类逃避痛苦的行为驱动因素，后半句"手把手教你"，就像和顾客对话一样，用到了人类"只愿意关注和自己有关的事"这个行为驱动因素。

如何让顾客觉得和自己有关呢？常用的套路就是在标题中加上"你"字，产生与顾客对话的效果，进而吸引他的关注。

有学员可能会说：兔妈，好奇、悬念、加入"你"字……这些套路我用过，有时候管用，但有时打开率很一般。问题出在哪呢？就是你忽略了产品和投放账号。

不同产品、不同账号的受众群体喜欢的标题，是不一样的。所以，单一谈论套路和技巧，不考虑产品、内容和投放账号的好标题，都是"耍流氓"。

关于这一点，我提炼总结了美食类、知识付费类、母婴用品类、时尚类、功效养生类和生活日用类等六种常见领域的标题写作技巧。

第一种：美食类

写美食类文案的标题，你要用文字活灵活现地描绘出食物诱人的颜色、形态、口感以及身心体验等，营造感官上的刺激和烟火气的生活场景，进而激发顾客想要尝鲜的欲望。它的本质是利用了人们尝鲜好奇的行为驱动因素，它的写作要点是感官体验、生活场景、惊叹词、凸出稀有，常用模板是感官体验+生活场景+惊叹词。

下面通过举例来逐一说明。

牛肉酱：好吃得直跺脚！超大粒牛肉酱，忍不住干掉了三碗米饭！口口爆汁嚼到爽！

"好吃得直跺脚"是惊叹词，"超大粒牛肉酱""口口爆汁嚼到爽"分别是视觉和口感上的感官体验。"忍不住干掉了三碗米饭"凸显好吃，也指出了搭配牛肉酱的生活场景。

鹰嘴桃：桃界"爱马仕"鹰嘴桃，只卖 15 天，错过等一年！甜香爆汁不塞牙！

"桃界爱马仕""只卖 15 天"突出了鹰嘴桃的珍贵稀有，"甜香爆汁不塞牙"是感官体验。

葱香饼：神奇的牛轧糖葱香米饼，一口咬下54层！老人小孩都爱吃！

"一口咬下54层"通过具象化的视觉画面，凸显葱香饼的酥脆。"老人小孩都爱吃"让你想到父母、孩子开心吃饼的生活场景。

这个场景一般是当下发生频率最高的场景，或是目标顾客的理想场景，比如冬天吃火锅必备、老人孩子都爱吃等，让你更觉得有必要买来尝一尝。

第二种：付费课程类

课程是虚拟的，看不到摸不着，也很难用几十个字把好处完整地介绍出来。所以，课程类标题的首要功能是通过讲师自身的前后变化间接凸显课程的价值，或是直接向顾客承诺将会得到的结果利益。它的本质是利用了人们好奇和急功近利的行为驱动因素，它的写作要点是煽动顾客对现状的焦虑、制造反差和悬念、加入"你"字，常用模板是反差/悬念+利益点，反差主要有学历和职业反差、年龄反差、前后境遇反差、顾客反馈反差等四个维度。

下面通过举例来详细说明。

理财课：从月薪5000到月入10万：会赚钱的人，都有这个思维方式。

"从月薪5000到月入10万"凸显利益结果，让你产生一种心理暗示——掌握这个思维，自己也能月入10万。"这个思维方式"到底是什么方式呢？制造悬念，让顾客忍不住点击。

吉他课：他玩吉他20年，从被嘲笑到一场演出收费10万元，现在手把手教你0基础弹奏秘籍！

"从被嘲笑到一场演出收费10万元"反映了境遇的反差，用"手把手教你"和读者对话，吸引注意。

教育app：孩子从全班倒数第一到第二名，这位妈妈只做了这一件事！

"从全班倒数第一到第二名"属于顾客反馈的反差，"只做了这一件事"到底是哪件事呢？制造悬念，引发好奇。

第三种：母婴用品类

母婴用品类的核心功能是传授妈妈育儿知识，比如如何让宝宝爱上吃饭、长得更高，如何减少宝宝生病等。它利用的是宝妈害怕宝宝吃不好、睡不好、长不好、学不好的痛点，只是产品的使用者和购买者不是同一个人。它的写作要点是悬念、好奇、引发焦虑和恐惧，常见的套路是悬念+信息差。

下面通过举例进行详细说明。

3 岁前忽略它，宝宝抵抗力差易生病，儿科医生都一直强调！！

看着不起眼，却比猪肉牛肉都要好，这个季节急需吃它！

妈妈启蒙这样"玩"着学，坚持 3 个月，孩子竟……

这几个标题通过悬念"它""这样""竟……"成功地制造出信息阶梯，即作者掌握着读者不知道的秘密，让宝妈觉得如果不知道就有可能影响宝宝一生，这种心理压力促使她赶紧点击阅读，从而提升阅读量！

第四种：时尚类

时尚类标题的首要功能就是制造流行，比如"娱乐圈明星都在用""火爆 ins、小红书"等，利用顾客的趋同性和好奇心，刺激他点击一探究竟。它的写作要点是蹭明星流量、可量化的价值、对标大牌凸显极致性价比，常用模板是试用体验+使用场景、好奇+圆满结局。

下面通过举例详细说明。

眼膜：这款国货火了，ins 百万博主打 call！林允、陆毅囤 10 盒，用过最酷的眼膜！

"ins 百万博主""林允、陆毅"通过明星博主制造流行，让你好奇到底是什么眼膜。"囤 10 盒，用过最酷的眼膜"突出使用产品的美好体验，好用到明星都复购。

T 恤：为什么全世界女明星都在穿这件白 T？永不发黄，显瘦十斤，谁见谁动心！

"为什么全世界女明星都在穿？"制造流行，并引发好奇。"永不发黄，显瘦十斤"凸显产品的价值利益。

去黑头：赵丽颖毛孔太抢镜？不到 100 块的"磨皮原液"，用完万年黑头也消失了……

"赵丽颖毛孔太抢镜"蹭明星流量，"不到 100 块"凸显产品的极致性价比，"用完万年黑头也消失了"凸显可量化的价值利益。

第五种：功效养生类

功效养生类标题的首要功能是唤醒顾客对某类健康问题的关注和重视，本质是利用了人们逃避痛苦的行为驱动因素。它的写作要点是普遍痛点、产品效果、可量化的价值利益，常用模板是目标顾客的具体痛苦+解决方案/圆满结局。

下面通过举例来具体说明。

美白饮：黑黄皮有救了！每天1袋，吃掉暗黄、斑点？1周白了一个度！

清新糖：睡醒、饭后有口臭？会爆汁的口气清新糖，含一颗，打嗝都是玫瑰香！

暖宫贴：宫寒让你老10岁！这个抖音、ins爆火的暖宫神器，比喝100杯红糖水还管用！

这几个标题都是先指出目标顾客普遍存在的痛点，让人对号入座产生共鸣。紧接着给出破解方法，或是描述使用产品后的圆满结局。这里的关键有两个：一是痛点要具体，二是价值利益要可量化。常用的技巧是数字+结果，比如"1周白了一个度"；对比大众熟知的产品，比如"比喝100杯红糖水还管用"；具象化描述，比如"打嗝都是玫瑰香。"

第六种：生活日用类

对于生活日用类，顾客追求的是实实在在的使用价值，看重的是产品的质量、功能。所以，你要凸显产品的价值利益，让他相信你的产品能够满足他这方面的需求，而且比常规产品还要好。它的写作要点是产品特色、可量化的价值、场景利益点、惊叹词，常用模板是：可量化价值+惊叹词/对比。

下面通过举例具体说明。

棉毛巾：比纯棉毛巾好用10倍，不掉毛又杀菌，5秒吸干一斤水。

"比纯棉毛巾好用10倍"对比常规产品凸显产品的好，"好用10倍"也是惊叹词，"不掉毛又杀菌"明确产品特色，"5秒吸干一斤水"通过"数字+结果"量化毛巾吸水的价值利益。

车漆宝：神器！汽车划痕一抹就不见？从此不用去4S店花冤枉钱。

"神器"惊叹词，"汽车划痕一抹就不见""从此不用去4s店花冤枉钱"可量化的价值利益。

魔术膏：逆天了！黑科技魔术膏，3分钟清除"脏"了5年的油污渍

"逆天了"是惊叹性说法，"3分钟清除脏了5年的油污"用了数字＋结果，量化产品超强去污的价值利益。

当然，针对每个细分领域，并不是只有上面这些写法，这只是我本人总结出来效果最好，也是最常用的几种套路。

标题的五步写作流程

很多人写标题都是凭感觉，觉得写个好标题很难。实际上，只要你按照科学的流程，也能轻松写出高点击标题。下面就简单分享我自己写标题的流程，总共有以下五个步骤。

第一步：明确产品属性，提炼核心卖点。

第二步：思考目标顾客生活中与核心卖点相关联的场景、需求和心理。

第三步：把核心卖点翻译成目标顾客秒懂的语言。

第四步：选用2~3个合适的模板套路。

第五步：对模板排列组合，写出3~5个标题，并检查优化，投票测试。

不知道读者有没有发现，光起个标题，我就把前面讲到的深挖痛点、提炼卖点、顾客分析等都用上了。标题是整个推文的灵魂，我们一定要重视。

兔妈总结

第一个知识点——顾客点击标题的四种行为驱动因素：逃避痛苦/焦虑，尝鲜好奇，急功近利，关注和自己有关的。写标题时，要思考一下用哪个因素来吸引顾客点击，这样才不容易掉坑。

第二个知识点——六种常见领域的标题写作技巧分别是美食类、知识付费类、时尚类、母婴用品类、功效养生类和生活日用类。按照写作要点和模板直接套，你也能轻松写出点击率5倍飙升的吸睛标题。

2.2 勾魂开场：如何写出吸引顾客眼球的开场白，让他10秒上瘾戒不掉

一个好标题，能吸引比普通标题多3~5倍的流量。但是，打开后读者就一定会认真阅读吗？绝大多数时候，不会！而能否让读者留下来的决定性因素，就是推文的开场。

如果把文案人比做狙击手，开场就是你射出的第一颗子弹。第一颗子弹射偏或哑火，读者就会立马点击右上角的叉叉按钮，再也不回来了。那么，正文写得再精彩都毫无意义了。

然而，想要写出一个不让读者跑开的好开场并不容易。没有方法的人，往往要花2~3小时想开头，结果却不尽人意——

冲好了咖啡，放上喜欢的音乐，然后坐下来打开word，大脑却一片空白，半天憋不出一个字。要么蹭热点、编故事，洋洋洒洒一千字写完了，还没引出要讲的主题。要么，转折生硬。

开始不了，结束不了，转折生硬，这也是很多文案人，尤其是文案新手写开场面临的最普遍的三大窘境。

先来回忆一下你拿出手机看一篇推文的情况。你可能是睡眼惺忪地刚醒来，也可能在地铁上，或是正在和朋友聊天、在吃饭，你被标题吸引着点了进去。不管在哪里、在干什么，此时的你都是心不在焉的。你快速地瞄了一眼，心理是这样的：

"哎呀，这文章好烧脑啊，看不懂"，关掉！"呵呵，农药防病虫和我没半毛钱关系啊，浪费时间"，关掉！

"竟有人卖掉北京学区房回农村？为啥啊！" "咦，每天吃饱还能1周瘦10斤，怎么做到的?"……

我们每天面对海量的信息内容，以一种机械的方式在浏览，就像固定的

时间起床、固定的时间吃饭、固定的时间休息一样。你不知道今天要看什么、要买什么，你只是机械地刷刷刷。但潜意识里你是有筛选标准的：晦涩难懂的不看，浪费脑细胞；和我没关系不看，浪费时间。而唯有简单易读的、与你有关的的内容，才能打断你这种机械反应，迅速吸引你进入"短暂的沉浸状态"。

对于读者也一样，你要投其所好，吸引他进入"短暂的沉浸状态"。此时，他的大脑才能敞开，你才能把广告信息输入给他，成交也就变得水到渠成了。

一个好开场要遵循的三大法则，就是简单易读、关联用户、投其所好。明白了这个原则，就不愁写出让读者上瘾的勾魂开场了。

我也归纳总结了三个价值百万的开场套路，分别是痛点开场、互动开场、故事开场。这是我帮商家打造爆款常用的方法，也是我拆解300多篇爆文总结出来转化率最好的开场套路。

第一个方法——痛点法。什么是痛点法呢？就是戳顾客的软肋，激发他的恐惧和焦虑。比如，比闺蜜长得丑，比同学混得差，喜欢的裙子拉不上拉链，一到冬天皮肤就干燥起皮等，让读者内心中产生一种自我映射，"对对对，我就是这样"。

这里的关键是：痛点要找准，并且要把用户的痛点精准地描述出来。

这里推荐一个屡试不爽的方法——SCQA痛点模型。这是麦肯锡公司提出的一种逻辑思维方法，包括S（情境）、C（冲突）、Q（问题）和A（答案）四个部分。

先提供一个目标用户熟悉的情境，这个情景可以是真实发生的，也可以是假设的。紧接着描述情境中存在的矛盾，就是C。然后引导目标用户反思和思考，"我要怎么办"，也就是问题Q。最后提供可行的解决方案A，就是你要卖的产品或服务。

这个结构的优势在于，它一直在引导你站在目标用户的角度思考，避免自嗨。对于这个问题，我结合两个具体的案例来解析。

第一个案例是我一个朋友写的减肥课程的开场。

原文：

你有过我这样的经历吗？

早上起床，准备把自己打扮得美美的出门，却发现去年最爱的裙子拉不上拉链了，换个休闲牛仔裤吧，却变成了紧身款，想哭。

上周，和同期入职的小敏竞聘主管，彼此实力不分上下，最终却错过了主管职位，因为输在"形象不佳"，但基因是父母给我的，望着自己"微胖"的身材，我也很无奈啊。

海边旅游，闺蜜们都穿上精心挑选的比基尼泳衣，而我却裹得严严实实，生怕多余的肉肉不小心跑出来。

每次内心都在怒喊，我一定要瘦下来！

只是，节食？要和美食说拜拜，杀了我吧。运动？最近经常加班，我没时间。减肥药？会不会伤身体？

抽脂？我怕死……

过去，减肥对我来说，难于上青天，我一度都要放弃自己了。直到遇到了她，一切开始变得不一样了。

这里首先描述了小编具体经历的情境，"早起想美美地出门，结果最爱的裙子却拉不上拉链了"，由此让目标读者产生共鸣，拉近与读者间的距离；但仅仅拉不上拉链是不足以刺激读者采取行动的。所以还要制造冲突，让矛盾升级，"因为微胖的身材，错失主管职位""去海边旅游，只能眼巴巴看着闺蜜穿漂亮的比基尼"；此时读者寻找解决方案的欲望就非常强烈了。接着提出目标用户关心的问题，"我一定要瘦下来，只是要用什么方法呢"；最后给出解决方案，老师的减肥课帮你轻松变瘦、变美。

第二个案例是我 2018 年给某软装课程写的开场。

原文：

问你个很现实的问题：如果你干了七八年设计，还拿着 8 000 元的月薪。一个方案改了 N 个版本，但为了所谓的 KPI 只能忍气吞声。没有周末和节假日，你快坚持不下去了，多次跟领导提出加薪，结果领导不是"哦哦哦，知道了！"给你打太极，就是呵呵一笑说"用业绩说话"。这时候，你敢拿着辞职报告走到领导面前大声说"领导，我不干了！"吗？

放在两年前，王文是绝对不敢这么干的。但是，2018年6月份他却这么干了。同事都以为他肯定是找到厉害的下家了，不然辞职的时候哪敢这么硬气！

事实是这样的。2018年2月，王文对接个案子，这个客户很奇葩，一天一个想法，改了N个版本，每天改稿到凌晨12点……

崩溃之时，他在朋友的推荐下参加了一位老师的软装设计培训营，把学到的新方法立刻用到方案中，结果客户不但很满意，更重要的是还给他介绍了几笔业务，一个月下来挣了8万多元。

这里描述的情境是："你干了七八年，拿着8 000元的月薪。一个方案改了N个版本，但为了所谓的KPI只能忍气吞声。没有周末和节假日。"

紧接着，制造冲突，"这么累就算了，领导还不给你加工资"。然后，提出扎心的问题"受不了你的工作，你敢说'老子不干了！'吗？"最后，通过一个具体案例引出解决方案：学习某某课程，让你赚到3～5倍的工资，还不用受客户和老板的气。

细心的同学可能发现了，我是根据目标用户的普遍现状假设的一种情境，戳的是职业焦虑，以及对刁钻的客户、抠门老板的愤怒。

对大多数软装设计师来说，加班改稿是家常便饭。很多人面对反复无常的客户无数次下决心："把这个案子结了，老子就不干了！"但是，明天还是乖乖上班。因生存压力不敢辞职，只能敢怒不敢言！我就是通过SCQA模型，稳准狠地一刀戳在了用户的这个软肋上。

这个课程单价是499元，20节线上课，和大多竞品的99元、199元比起来高出很多，但当时的转化率是4.8%，远高于同行的1%～2%的转化率！

需要给大家强调的是，有些文案可以看出清晰的SCQA结构，但有些则会侧重其中的某个部分。这里最重要的是情境S和冲突C，这两部分也是引发读者共鸣的关键。

仔细看这两个案例就会发现，情境和冲突都是通过文字描述，创造了一种具体的可视化画面，比如"早上起床，最爱的裙子拉不上拉链了"，让读者脑海中忍不住浮现某天早晨自己裙子穿不上的情形，更容易调动起共鸣和情绪。

第二个方法——互动开场。

文案的本质作用是沟通，而沟通的核心是和读者多互动。

相信在很多演讲现场，大家经常会看到这样的情况：演讲者上来首先和大家做个游戏，或者向观众提出一个问题。其实质就是用互动的方式创造与读者的相关性，调动观众的参与感，进而引起对方的关注。

具体如何把它用在推文中呢？来看两个案例。

第一个案例是我给某百万粉丝母婴大号写的菜板推文，当时销售额100多万元。开头是这样写的："你发现没？平时我们用的菜板还挺难打理的：用不了多久就会有很多刀痕，坑坑洼洼的洗不干净，切菜容易串味，还会染色和开裂。"是不是就像两位宝妈聊天一样，很容易就把人代入了某种场景。

第二个案例是我给某小儿足贴写的推文："在文章开始之前呢，我想先和宝妈聊几个问题。每年，你家孩子感冒、发烧、咳嗽几次？每年，你要带娃去几次诊所、医院？每年，你在孩子健康上花的钱起到了多大的作用？在宝宝成长过程中，生病是无法避免的事。我想可能很多家庭每年花在孩子看病上的钱，没有上万也有好几千，但无非是吃药、打针、输液。至于孩子体质差背后的原因是什么，很少有人去深究。"通过这些互动提问，迅速吸引读者的注意力，引导读者跟着你的思路走。

用心的小伙伴发现了，这里有个魔力关键词"你"。当开始使用"你"这个字时，读者潜意识中会认为这个内容是与自己有关的，他们的信息接收装置就会打开，这也是成交的基础。

这时候，很多小伙伴可能会说："兔妈，不就是加入'你'字吗？我用过，效果不大。"其实，互动开场能不能成功抓住读者的注意力，除了"你"字，最核心的秘诀是问题的设计。

提问本身就自带力量，但如果是平凡、了无新意的提问（比如，你对现在的工作满意吗？你一熬夜就有很眼圈吗？），被忽略的风险就会很高。所以，你要站在读者的立场思考，这个问题是否会让他有任何新奇的发现？有没有藏着他渴望的理想结果或答案？

比如，下面这两个案例。

文案一：你昨晚睡得好吗？

文案二：你有多久没有像婴儿一样毫无戒备地美美睡上一觉了？

同样的表达意思，但文案二的力度就明显大很多，因为提问当中暗藏着读者想要的理想结果，更容易促使读者采取正面行动，就是购买你推荐的产品。

第三个方法——故事法。

如果想要让某人恋爱结婚，先不要急着催促他去交友、去相亲，而是要激起他对爱情的向往和渴望，最聪明的办法是给他讲一个关于爱情的故事。

当人们听故事时，潜意识的闸门是打开的，也更容易受剧情驱动，被唤起某种强烈的情绪，比如感动、愤怒、恐惧、焦虑。情绪越强烈，越容易形成记忆和影响。

很多课程都会教你如何写好故事，比如要搭建"目标—阻碍—努力—结果—意外—转弯—结局"等。但卖货推文的开头不同于小说创作，并没有太多的篇幅供你发挥，你只能保留最吸引读者的精髓部分。

所以，好的故事开场有三个标准——第一，不落俗套；第二，短小精悍；第三，穿透力强。

要写出一个让读者有共鸣的故事开场，主要有以下两个要点。

第一，符合用户画像。

你要讲的是会发生在目标用户身上的、有代表性的故事，这样才能让你的目标用户觉得："是的，这说的就是我。"

这就需要你根据用户画像去为剧本主角设置情境，包括基本属性（身份、年龄、性别、职业）和社交属性（经常出现的场所、日常动态）等。

曾经有一位学员，她的核心用户人群是 30～35 岁的中产文艺女性，而她的故事主人公却是一位 80 岁的老奶奶。即便这个故事再出彩，也很难让目标用户产生代入感，并引发共鸣。

另外，还有个增加真实感的小技巧，就是直呼其名。比如闺蜜文文、同事林子等，而不是简单说"我有个朋友"。

第二，描述关键细节。

注意，这里我说的不是丰富的细节，而是关键细节。因为用户画像会有很多信息，但你不能全部写上去，那就太长了。你要舍弃那些不痛不痒的事实，只保留尖锐的关键细节，比如场景、冲突等。这样，你的开场才能短小精悍、有穿透力，才能戳中读者的内心深处。

下面，结合我做的两个案例来具体分析。

第一个是鼻喷的案例，当时上线一周卖了1.7万单，两个月销售额1000多万元。这篇推文，我就是按照写故事的两个要点来设计的。

原文：

同事林子是个老鼻炎，每年9月前后，鼻炎就加重，尤其阴天下雨，打喷嚏、流鼻涕不说，鼻子不通气说话也嘟嘟囔囔，就像感冒永远好不了，部门开会他永远在揉鼻子、擤鼻涕……

这里"同事林子""老鼻炎"是目标用户的基本属性，"办公室开会"是社交属性。"每年9月前后，鼻炎就加重，尤其阴天下雨，打喷嚏、流鼻涕不说，鼻子不通气说话也嘟嘟囔囔，就像感冒永远好不了，部门开会他永远在揉鼻子、擤鼻涕……"是关键细节。

其中，时间为"每年9月前后""阴天下雨"；场景为"办公室"；人物为"同事林子"；冲突为"开会他永远在揉鼻子、擤鼻涕"。全段我没有说"鼻炎很难受"等主观描述，而是通过一个浓缩了目标用户特征的小故事，激活目标读者对鼻炎的恐惧。当读者代入后，就会产生一个疑问：他是如何解决鼻炎痛苦的？就想要继续看下去。

第二个案例是清肺片，最新数据销售额已经突破3100万元了。这篇推文，我也用了故事开场。

原文：

上周慧姐10岁的儿子呼吸道感染住院了，医生说已发展成中度肺炎。小的还没好，那边老人哮喘病又犯了。她每天在医院、公司、家来回奔波，已经连续一周每天没有睡超过3小时了。

这里"慧姐""10岁的儿子""老人"就是目标用户的基础属性，并通过

"孩子呼吸道感染住院还没好,老人哮喘又犯了"的冲突和"医院、公司、家来回奔波"的场景,让上有老下有小的目标读者产生共鸣,进而激发对咽炎、咳嗽和雾霾的恐惧。

当然,写推文开场并非只有这三种方法,这只是我在平时写作和拆解案例时总结验证效果最好的三种方法。

第一个知识点:极具吸引力开场的三大法则。首先,简单易读,要让读者在几秒钟内就能读懂、理解。其次,关联用户,读者只关心他自己,所以你要让读者认为与他有关。最后,投其所好,根据读者的兴趣喜好找切入点。

第二个知识点:三个价值百万的开场方法。第一个是痛点开场,第二个是互动开场,第三个是故事开场。

你可以分析产品适合哪种方法,也可以在上述基础上进行组合升级,迭代出适合自己的新方法。

2.3 塑造信任:玩转六个技巧、两大要点,让顾客完全信任你推荐的产品

如果我告诉你:宇宙中有 3 000 亿颗星星,你相信吗?90% 的人相信,因为天文学家已经证实。但如果我递给你一个盘子,告诉你这是热的,你还相信吗?估计很少人相信,因为我没给你证实。

顾客读你的文案时也是一样的,他对推文中宣扬的信息怀疑、不信任,而不信任就约等于"不会买"。

所以,文案的任务就是用一个个无可辩驳的事实构建产品的信任矩阵,证明产品的品质和价值,最终让顾客坚信:第一,购买后,我就能获得推文中承诺的好处;第二,我研究了产品的每个细节,考虑周全才下单的,选择

它是明智的。

对于如何构建产品的信任矩阵，这里我介绍六种常用的方法。

第一种方法：产地、原料、工艺具象化

隔着手机屏幕，顾客看不到产品是如何由原料一步步变成成品的，他潜意识里会怀疑。而通过具象化的描述，呈现产地的环境、原料的筛选标准、工艺的加工流程，就像带着顾客参观了一遍，他就会更信任。

来看个咸鸭蛋的案例，它是这样写的：

清晨当海鸭去觅食后，鸭农就去鸭巢里收每天新产的海鸭蛋，先剔除磕破的蛋。再对收获的每个鸭蛋进行光照筛选，挑选出浑浊、散黄、黑黄的坏蛋，保证了每一颗烤海鸭蛋的新鲜。

再将精选出的海鸭蛋裹上海盐、海水和海泥调制均匀的泥浆，静置腌制22天左右，让美味发酵。

腌好后的海鸭蛋以130度高温烘烤5小时，在烤熟的同时还能杀菌。

烘烤后的蛋黄颜色不是普通的橘红，会更深，一口咬下去，就能感受到滋出的红沙油的香味。

对于吃的东西，顾客会考虑是否安全、健康、新鲜，而这段文字具象化地描述了鸭蛋的筛选标准、腌制细节，让顾客相信品质有保证。

可能有学员会说："兔妈，我们的产品很普通，怎么办？"首先，你要多和研发人聊天，了解其选材、工艺，看有什么亮点。比如我曾给某花果茶写推文，通过和研发人聊天知道，花果茶晒干是没味道的，很多品牌为了香味浓郁就喷香精。他们则是先把花中的精油萃取出来，烘干后再回喷到茶上，我就把这个细节写出来，增加顾客信任。

原文：

所有原料，必须符合欧盟质检标准。乐克说："来自全球优质茶园的原料想要进入仓库，除了发货前5次抽样送检，还要经过德国工程师和世界一流实验室的层层审核，确保0农药残留、0重金属和微生物。"

采摘也非常有讲究，茶农们在每天清晨2~6点，头顶探照灯、挎上茶桶，手工挑出沾带晨露、呈一心二叶的茶。

他们说，这种茶的味道最正宗。期间还要经过三度严苛分拣，丑的不要、小的不要、虫蛀的不要，然后清洗、切分。

其中最最核心的一步，就是从花果中萃取花青素、抗氧化剂、精油等营养成分，再以蒸汽低温烘干 24 小时，并把萃取的营养回喷到烘干的花果茶上。这样既保持了高浓度的花青素、抗氧化剂等，又保留了花果原本的香郁。这也是这款花果茶在不添加人工香精、色素的情况下，仍能保持浓郁花果香的秘诀。

如果实在挖不出来，也没关系。你可以看竞品有没有把这些细节写出来，如果没有，那你第一个写出来，顾客会更信任你。

第二种方法：畅销

你有没有这样的经历：看到一家店铺前排很长的队，尽管你不了解发生了什么，但就像被磁铁吸着一样加入排队大军？

对于这种现象，《乌合之众》这本书给出了结论：即便错得离谱，74% 的人也会从众随大流。当你明示或暗示产品很畅销时，顾客就更容易购买。他会觉得：这么多人选它，肯定不会错。

所以，你摆出销量、顾客量等数据，比如累计销售 20 万支，顾客就更容易下单。但问题是，对大多新品牌来说，销量不高、顾客也不多怎么办？关于这个问题的解决，接下来告诉你以下五个技巧。

第一，描述单位时间的销量。比如，618 你做了促销，一小时卖了 3 000 支，就可以说"上架 1 小时卖了 3 000 支"。

第二，营造高人气。比如"新品发布会后 1 个月售罄"。其实，第一批的新品只有 500 份，但顾客会觉得"好火爆"。还可以写"1 万支试用小样，2 天被申领完毕"，让顾客感到产品的人气很高。

第三，被同行模仿。我曾经给一款挂面写推文，这家产品只在当地小有名气。当时和负责人聊天才知道，金龙鱼、中粮都曾经派人打探过其配方，我写出来，顾客就会觉得卖得不错。

第四，高好评率。数量上不占优势，但 100 个人用了 99 人都说好，你就可以说"好评率 99%"，别人会觉得靠谱。

第五，高复购率、高推荐率。顾客数量不多，但每位老顾客都复购、都推荐给朋友，你就可以说"复购率多少"，或者说"90%的顾客用完都推荐给朋友"。

第三种方法：借势权威

看到明星代言、专家推荐，我们潜意识就认为这是大牌，值得信赖，这就是权威的威力。体现权威，主要有四个角度，即权威供应商/代工厂、权威专家、权威报告和权威奖项。

比如我曾给一家母婴品牌写菜板推文，就用到了三种权威背书。第一，权威奖项：德国红点设计奖。第二，权威专家：美国白宫御厨。第三，权威报告：德国防霉检测、中科院防霉检测。

具体什么是权威供应商，接下来通过两个案例详细解析。

第一个案例是我给某护肤品牌写的推文，借势权威部分是这样写的：

之所以美白淡斑效果这么厉害，与它的"明星"成分表分不开。其所含烟酰胺、传明酸、光甘草定等原料供应商分别是德国帝斯曼、日本林原、德国萨宾沙，也就是SK-Ⅱ、雅诗兰黛、雪花秀等的供应商，品质绝对是顶尖的，这也是目前市面上唯一一款敢全部用大牌成分的美白精华，一点也不比千元大牌差。

这里就是用了借势权威大牌供应商的方法。

第二个案例是一款T恤，借势权威部分是这样写的：

青纺联是啥？我知道你根本没听过这个名字，但我说几个牌子你肯定全知道：李维斯，lee，H&M，A&F，JACK & JONES（杰克琼斯）……哪个不是口碑、品质响当当的大品牌！

这些受到无数年轻人追捧的品牌服装，就是由青纺联制作加工、合作出品的。

也许你上周末花500块剁手的李维斯牛仔裤，就是青纺联的手笔。

这段就是通过大牌同样的代工厂，凸显产品的权威和高品质。

借势权威时有个细节，就是不能把权威直接摆出来，而是要思考一下这个权威是不是大众熟知的。比如德国红点奖，专业人士很熟，但普通人是不知道的。这时你的权威就失效了，怎么办？

正确的方法是翻译成大众权威，所以我写出"这个奖是世界三大设计奖之一，有'设计界奥斯卡'之称"。这样即便是普通宝妈，也能明白这个奖很厉害了。

包括护肤品和T恤，如果只写德国帝斯曼、青纺联，没几个人知道。但如果指出是SK-Ⅱ、雅诗兰黛供应商，是欧美一线大牌御用工厂，顾客就会觉得其产品"肯定值得购买"。

这时可能有学员就发愁了：兔妈，你说的这四个角度，我们的产品都不符合，怎么办？教你一招：傍权威大腿！来看两个案例。

第一个是我写的一款美白饮，它有个成分是SOD酶。我当时查了很多资料，发现它竟是很火的polo美白丸的核心成分，我就写"贵妇级美白丸polo的核心美白成分就是它"。

第二个是这两年很火的一款国货品牌，其核心成分是烟酰胺，就可以写"SK-Ⅱ、资生堂等千元大牌的关键美白成分就是烟酰胺。"

其实成分的含量和品质可能是不同的，但确确实实是同一种成分，顾客就会觉得"还不错"。

傍权威大腿的几个常用思路是：傍大牌配方、傍大牌成分、傍大牌产地（茅台镇酒、章丘市铁锅）。

如果实在找不到权威推荐，那就打造专家人设。

套用某一线明星的话就是：我不傍权威，我自己就是权威。就是让顾客觉得你是行家，进而信任你推荐的产品。常用技巧有两个，即揭露行业内幕、顾客自查。

第一个案例是我写的小青柑推文，当时就用了揭露内幕的方法。"市面上的柑普，为了降低成本，用广西柑，甚至是福建橘子代替正宗新会小青柑，填充劣质茶料，高温代替生晒发酵等。"

这会让顾客产生两种心理：第一，你竟知道别人不知道的内幕，应该挺专业的。第二，你有底气这样说，你推荐的产品肯定是经得住检验的。最终就会选择你。

要注意的是，揭露内幕要把握度。否则，顾客对整个行业都否定了，就永远不会买了。

第二个案例是卖乳胶枕的，我就用了顾客自查，就是教顾客辨真假的写法。文案是这样写的：

第一，摸。真的乳胶枕就像婴儿肌肤一样Q弹，像摸着蛋白质的感觉。

第二，闻。如果闻到牛奶、香精、椰子的味道，都是假的。真的乳胶枕是气球和橡皮筋的味道，带一点淡淡的乳胶清香。

第三，看。在强光下，如果乳胶是可以反光的，证明添加了很多添加剂或人工合成乳胶。真正的乳胶枕是没有反光的。

最后，观察表面，它一定是不完美的，丑丑的。100%的天然乳胶在工艺上做不到那么漂亮，有瑕疵才是真的。

其实，它的本质和揭露内幕有点相似。顾客会觉得你知道这么多细节，肯定是专家，并且会认为你的产品肯定符合这些条件。

如何用呢？首先，你要提出一个目标顾客关心的问题，再给出自查的细节。具体可以从三个维度自查：第一，外观的区别。第二，感官体验的区别，比如气味、口感、手感等。第三，试验结果的区别，用物理、化学、生物方法来验证，常见的有火烧、紫外线、污渍等。

比如卖黄桃罐头，就可以写：

如何评判黄桃罐头是不是够好？

首先看汁水的状态。

打开这款黄桃罐头，扑面而来的就是黄桃散发出的浓郁的果香，汁水清亮干净，没有一丝杂质。必须是新鲜黄桃、没变质、杀菌过关的罐头，汁水才是这样的状态。

再来看果肉的颜色和状态。

这款罐头的黄桃都是精心挑选的优质砀山黄桃，果肉非常饱满，比一般黄桃要厚很多。

整块黄桃看得见，对半剖开，拒绝边角料，表面光滑圆润，果肉厚实，呈现出均匀自然的黄色。

在印象中，许多罐头的口感都是偏软的。而这瓶罐头里的黄桃，一口咬下去，只有脆脆的口感，桃子味十足，果肉厚实吃起来超过瘾，比吃新鲜黄桃更方便。

第四种方法：顾客证言

这个方法大家都不陌生，但正因为太普通，很多人不重视，结果写的证言一看就很假。要写出能够打动顾客的证言，需要注意以下四个要点。

第一，口语化。

试想一下，有几个顾客会在评价中写"洗脸巾清洁彻底"，大多也就是写"棉片擦过后好脏呀，以为洗得很干净，竟还有好多脏东西被擦出来"。

第二，具象化。

不要说"很好""很赞"等笼统的信息，而要说出具体好在哪，让顾客一看就觉得你是真的用过。比如卖煎锅，可以写：很好上手，一年级的儿子就能操作；煎鸡蛋调到中档会糊，低档正好；煎饼也很快。越具体，可信度越高。

第三，场景化。

不要简单写"用过"，要写明在什么场景下用的，具体有什么样的体验。让顾客产生一种映射，想到自己在这种场景下也能获得同样的好处。常用模板是：高频场景 + 美好体验。

比如卖煎锅："三明治3分钟就搞定，味道不比外面卖的差。每天早上能多睡20分钟。"

第四，欲扬先抑。

有时自爆一些不痛不痒的小缺点，反而会让人觉得更真实。尤其适合功效型产品，比如卖眼膜，你写"用完黑眼圈立马就没了"，顾客肯定说你是骗子，但如果说："前两天效果不明显，以为又掉坑了，第三天就发现黑眼圈淡了。"这才符合正常认知，也更容易获得信任。

第五种方法：顾客案例

顾客案例也是获取信任屡试不爽的招数，利用已有顾客的收益来佐证新顾客的收益预期，还能让顾客产生强烈的积极暗示："对别人有效，对我肯定也有效。"

要做到说服力强、让人觉得可信,有三个要点:第一,符合目标顾客画像,包括年龄、职业等。第二,有前后的收益对比,特别是使用前的情况以及使用后的收益。第三,有真实的照片、截图证据。

来看两个爆款案例。第一个是衬衫裙,顾客案例部分是这样写的:

微胖的女孩才最美

试穿人:王过儿

职业:电商运营

身高:161cm

体重:53kg

试穿尺码:M

试穿前:最近正在减肥的王过儿,对自己身材并不满意。喜欢T恤搭配半身裙,觉得可以遮腿显瘦。平时拒绝连衣裙,认为连衣裙只有高瘦子才适合穿。

小点评:气质较好的王过儿,这样穿也是美的。但上衣塞进裙子,视觉上小腹变鼓,没有腰部曲线,显得整个人都很"壮",不显个高。

试穿后:一番劝说(夸她美),王过儿才换上了衬衫裙,效果好到超出预期!直接显瘦10斤,不用减肥了!

将白色腰带系在最瘦的地方,就能提高腰线,达到胸以下都是腿的拉长效果。

衬衫裙下身宽松,藏起小肚子和大腿。裙长底部到小腿中间,只露出显瘦的脚踝。身材凹凸有致,连她自己都说:"以前总觉得自己不适合这种风格,但穿上这条衬衫裙,似乎发现了另一个自己。"

这篇推文满足了三个要点,先给出试穿人的职业、身高、体重等画像标签,给出试穿前后的收益对比(之前:不敢穿连衣裙,穿上后显瘦10斤),并配上前后的对比照片。

让顾客看完很有共鸣"我以前也是这样想的",并且打消"不适合""穿上不好看"的疑虑,并想象自己穿上也能显瘦10斤,进而爽快下单。

第二个案例是某爆款记忆课,顾客案例部分是这样写的:

7岁的王珞是她的学员,曾经的他对学习丝毫提不起兴趣,学习成绩在班级里倒数。为了改变孩子,王珞的父母专程来到北京找到了卢菲菲。

因为家住杭州,渴望改变的王珞每周专门乘飞机来北京学习,3次课程后,王珞发生了翻天覆地的变化:

语文成绩从班级倒数几名考到了100分,位列班级第一。

如今的王珞成了一名不折不扣的小学霸,专注力和自信心得到极大提升,对学习也充满了兴趣。曾经普通的小男孩成了父母的骄傲,也成了班级同学的榜样。

这篇推文符合目标用户画像,有前后的收益对比,而且有照片和聊天截图为证。让顾客觉得"你讲的肯定是真的",而且还会觉得"我家孩子对学习也没兴趣,报名后肯定也能学好。"

第六种方法:产品演示

演示不需要重复介绍产品的特性,而是直接证实产品的品质和效果。**常用的套路有三个,即文字试用、实验报告、极限挑战。**

来看两个案例:

我一般一周敷2~3次,每周坚持用,三周后进行了肤色测试,报告显示:白了一个度。旋转跳跃!连闺蜜都问我是不是偷偷去打了美白针。

使用感也很走心!拆开面膜我吓了一大跳:每一片面膜有足足22ml的精华!这分量,敷一片功效几乎等于用1/3瓶美白精华。

这段文案就用到了文字试用和实验报告的方法。

隔着手机屏幕,顾客感知不到产品体验和效果,所以你要把试用过程演示出来,让顾客像亲自试用了一样。写好文字试用有两个要点:第一,细节,比如"一周敷2~3次""三周后""足足22ml精华"。第二,画面感,比如"旋转跳跃""拆开面膜时吓了一大跳"。

"肤色测试"则是实验报告。产品使用的数据报告会带来更强烈的真实感,已有的收益预期也能对顾客形成心理冲击。比如你说一周减掉8斤,顾客不相信，但如果说第二天减掉 2 斤，第四天减掉 5 斤，第七天减掉 8 斤，顾客就容易相信了，因为有详细的过程。

下面这三个案例都用了挑战试验的方法，第一个案例是行李箱：

一个单手都很难举起的哑铃，从 1 米左右的空中落在旅行箱上，箱体没变形，抗冲击能力过关。

140 斤左右的成年人站在旅行箱上，任意蹦跳、踩踏，箱子毫发未伤，抗暴击能力过关。

第二个案例是卸妆水：

这瓶卸妆水上手时，我先在眼睛处测试一下，果然很温和不会辣眼睛，多种植物精粹分子作为基底，质地很温和。用来养鱼完全不在话下。

第三个案例是菜板：

我用黑墨水代替血水或菜汁，浸泡一小时后拿出砧板冲洗，给大家做一个试验对比。

通过极限挑战的方法，证实行李箱结实、卸妆水安全、菜板好清洗。这里需要注意的是，为了更真实，极限挑战最好用动图演示。具体如何做呢？四个步骤：确定性能指标——设置挑战方式——完成挑战过程——证明产品品质和效果。

但平时经常有学员咨询说："兔妈，你讲的这些方法我也在用，但为啥你能把产品卖爆，我的转化就是上不去呢？"

真相是：你摆事实、做演示，勉强算是个优秀导购，却没有像闺蜜一样关注顾客的感受！

首先，在顾客的注意力低谷，你要多和他互动。

对于一篇推文，塑造信任处在中间，就像爬山一样，此时的顾客已经疲惫了。所以你不能只顾演示产品，还要时不时地和他互动一下。

具体如何做呢？你要穿插痛点以及竞品对比，让他知道你做这一切都是为了帮他解决问题。你比对了很多产品才选出这个最佳方案，还要用大白话把给它带来的好处量化，这样才能重新吸引顾客的注意。

其次，不同产品要构建不同的信任矩阵。

很多文案都有个误区：不管什么产品，六种方法都挨个用一遍，却忽略了对不同产品顾客关注的点是不同的。

比如生鲜食品，你上来就讲原料多好、工艺多牛，顾客根本不感兴趣。他关注的是好不好吃。所以，你要先讲文字试用，当他流口水了才会关注原料好不好、工艺安不安全。

如果是生活日用品，他最关注的不是权威，也不是工艺，而是"和我以前用的有什么不同"。所以你要先通过产品演示，用强大的品质和效果震住顾客，这样他才有兴趣了解更多。

核心不在于你掌握了多少套路，而是什么时候该用什么套路。哪怕是简单的"顾客案例"，你都要想清楚为什么要用在这里。它离不开你对顾客分析、痛点、卖点的精准把握，这也是普通文案和卖货高手的区别。

> **兔妈总结**
>
> **第一个知识点**——六种获取顾客信任的方法：第一种，原料、产地、工艺复杂化。第二种，畅销。第三种，借势权威，以及怎样打造专家人设获取信任。第四种，顾客证言。第五种，顾客案例。第六种，产品演示。
>
> **第二个知识点**——塑造信任时必须牢记的两大要点：第一，在顾客的注意力低谷，要多和他互动。第二，不同产品要构建不同的信任矩阵。
>
> 掌握这六种方法和两大要点，你也能让顾客完全信任，转化翻倍。

2.4 快速成交：
六个引导式成交奇招，让顾客看了秒付款

曾经有位学员写了篇暖宫贴的推文，前面的用户痛点、产品卖点以及逻辑框架至少有 70 分，但上线后只卖出几单。简单帮她分析后，我发现最大的问题出在结尾上。最后，我让她改了个结尾，转化率提升了 30%。

文案的最终目的是让顾客掏钱付款，而不是让别人说"这个文案文笔真不错"，然后看完就点了右上角的叉叉退出。如果不能成交，你之前的全部努力将毫无意义。

然而现实是，90%的文案都不重视这至关重要的临门一脚。

美国顶级销售文案约翰·卡尔普斯曾说过："这个世界上有大量很好的广告，但是却很难让人产生最终购买的冲动。要么就是一味地说'请马上购买'，但顾客心里会想：

'为什么要立即购买呢？'

'我真的有必要买它吗？'

'现在买划算吗？会不会买亏了？'

'万一不好用怎么办？'

'老公会不会说我乱花钱啊？'"

顾客在掏钱那一刻内心充满了不安、犹豫甚至怀疑。他担心做出错误的决定，害怕购买之后周围的人不认可，更害怕失去金钱的痛苦。

为了避免抉择的痛苦，他干脆想"算了，下次再说吧"。但绝大多数情况下，顾客大脑中闪出"下次"这个念头的一瞬间，就意味着永远不会再购买了。

作为一名合格的卖货文案，我们必须尽力避免这种情况的发生。要知道，所有的成交都是需要设计的，一旦设计成功，顾客的购买力就会增加2倍，甚至3倍。

想要设计出让顾客爽快付款的结尾，你必须明白人们在消费决策时会考虑哪些成本。著名营销人李叫兽曾提出过影响消费决策的六大成本，包括金钱成本、形象成本、行动成本、学习成本、健康成本和决策成本。

比如：

"月底就要还房贷了，下周李子结婚还要随份子，等下个月再买。"这是金钱成本。

"穿上这个裙子同事会不会说老气啊？"这是形象成本。

"这个高跟鞋很好看，但会不会像楼下买的那双一样磨脚啊？"这是决策成本。

"这个乐高玩具会不会太难，孩子不会玩啊？"这是行动成本。

"这款口红价格不贵，颜色也好看，但不知道它的成分会不会对身体不好啊？"这是健康成本。

"这套英语课全外教授课，看着挺不错的，但买了没时间学，怎么办？"这是学习成本。

所以，文案的任务就是设计成交策略，让顾客觉得这笔交易非常物超所值。只有这样，顾客才会毫不犹豫地掏钱下单。

常用的引导顾客成交的方法有以下六种。

第一种方法：场景法。

顾客决定成交时，大脑通常有两种意识，一种是解决痛点，另一种是展望未来。

而场景法就是利用顾客的这种心理，让他看到：不买产品，痛点得不到解决，要付出的成本和代价更大。这些负面场景是顾客害怕出现的。为了避免痛苦，就更愿意做出购买决策。

另一种是帮他描绘一幅美好画面，让他看到购买产品后，能享受的利益和好处。比如，学了某课程，就能获取更好的工作，更高的收入，让孩子上好学校，带父母去国外旅游等。当顾客想到这些理想场景，内心就有很强烈的欲望和冲动，也更容易采取行动。

我们来看两个案例：

第一个是我给某百万粉丝母婴大号写的抑菌菜板推文：

普通砧板的价格都在五六十元，但用一年就刀痕累累了，那么多的刀痕里藏着数不清的细菌，发霉发黑还有异味，影响做菜的心情不说，孩子还容易得细菌性腹泻，只能换了。一年换一块也要150元，但还不好用。

当妈的都有体会，孩子一旦细菌感染，上吐下泻好几天，个头比同龄人都落下一截，自己也跟着吃不好、睡不好。

我用的就是负面场景：宝宝细菌性腹泻，不好好吃饭，上吐下泻，个头比邻家孩子矮，自己吃不好、睡不好。这些场景都是目标顾客害怕出现的，让他觉得：如果不买这个抑菌菜板，将要付出更大的成本。为了避免这一系列的痛苦，他就会马上下单。

第二个是香水的案例：

日常通勤、周末约会、出席正式场合，你都可以喷上香遇香水，精致而低调，得体也大方。想象若是你自带清香，不止能让自己心情愉悦，也能在拂袖而过时，引得旁人回首注目，甚至让另一半心动不止。

一个女人的魅力，就是这样因为香水而更加高级。

这里就用了理想场景的技巧。试想一下，哪个女人不想让自己变得精致、有魅力呢？《吸金文案》这本书在讲到人类八大生命原力时，就有增加个人魅力、获得社会认同。所以，当顾客一想到"上班、约会都能获得别人的关注，让另一半更心动，"想要的欲望就会更强烈，甚至让她忽略损失金钱的痛苦，忍不住购买。

所以在使用"理想场景"时，你一定要找到目标顾客心中最渴望的场景。只有这样，才能激发顾客更强烈的欲望，快速成交。

第二种方法：价格锚定。

先来看图2-2，然后回答我，图中两个位于中间的笑脸哪个大。

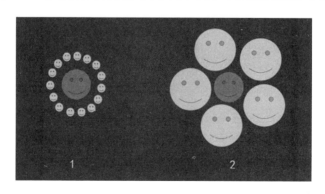

图2-2 视觉对比

我问了很多人，八成答案都是：左边笑脸显得大，右边显得小。但真相是：这两个笑脸是完全一样大的。为什么会出现这种视觉差异呢？因为参照物不同。

其实，人们对价格的感知也是一样。当你先告诉顾客一个已知商品的高价格，再告诉产品的低价格，顾客就会觉得便宜。这个判断体系，就是营销中有名的价格锚定。

我们来看两个案例：

第一个是我给某品牌黄酒写的推文，这款黄酒一瓶128元，相比其他品牌，还是很贵的。怎样让顾客接受呢？我就用到了价格锚定。具体是这样写的：

很多人会觉得黄酒带着浓浓的乡气，上不了台面。事实上，它早已成为国家名片。就连长寿国日本的清酒，也是借鉴了它。

但比起那些舶来品动辄三四百元的高价来说，某品牌的原浆酿酒，可以说是非常实惠了，每天一杯让你养出好气色、好身体！

我先指出日本清酒也是借鉴了它，目的是塑造产品价值。而比起日本清酒三四百元的高价格，128元就显得非常便宜了。

第二个是我给某艾灸仪写的推文。一台艾灸仪要1 000多元，怎样说服顾客付款呢？我是这样写的：

对于很多人来讲，时间被生活、工作填满了，很难有精力和耐心在家点上艾柱做艾灸。去美容院呢？二线以上城市美容院艾灸的价格在100~300元不等，但艾灸一两次是看不到明显效果的，而一个疗程的价格普遍在千元以上。有了某品牌艾灸仪，每天灸一灸，再也不用心疼钱了。

这里我参照的是一次艾灸的费用，让顾客觉得去外面做，一个疗程就1 000多块，还不如自己买一台。

需要注意的是：这里我假设的是二线城市的价格，为什么要限定呢？因为不同地区消费水平不同，如果你只说"外面做一次要300元"，三四线城市的顾客就不信，他会说"我家楼下才几十块呀"，觉得你在忽悠他，当然也不会买单。所以在用价格锚定时，你抛出的高价格不能随便乱说，一定要有依据。

第三种方法：正当消费理由。

纸尿裤就是靠正当消费理由快速获得宝妈青睐的。纸尿裤刚上市时，主打方便省事，但销售惨淡，因为很多人会认为用纸尿裤是懒惰的表现。

当把消费理由改成柔软透气，预防宝宝红屁屁，就非常火爆。这就给宝妈一个非常棒的理由："我买纸尿库不是为了偷懒，而是为了孩子好。"

其实，顾客在花钱时，内心会充满负罪感，尤其是买高档数码、保健品以及扫地机器人等方便型产品时。他会想：会不会太奢侈、太浪费，没必要买这么贵的。

如果你不打消他这种顾虑，他就可能放弃购买。正确的方法是给他一个正当消费理由，消除他内心的负罪感，促使他马上下单。

我在给某书法课写推文时，就用到这个方法。内容是这样的：

人生的道路虽然很长，但最关键的只有那么几步。

给孩子最好的礼物，不是昂贵的玩具，也不是锦衣玉食，而是在成长的路上，让他学会自信和坚持。

而书法就有这样的魔力，不仅可以让你培养出一个能写一手好字的自信宝宝，还能让你看到他每一点成长和进步，关于坚持、关于耐心、关于审美。

这就让父母觉得花钱不是浪费，而是为了培养孩子坚持、耐心、审美、自信等优良品质，就更容易付款。

常用的正当消费理由有四种，分别是：第一，提升事业：达成目标、升值加薪。第二，关爱家人：孩子健康、学习、智力发育，父母健康等。第三，亲朋送礼：表达情感、维护人脉等。第四，健康保健：增强体质，预防疾病，避免家人跟着遭罪等。

第四种方法：算账。

顾客在做出购买决策时，都会在心里算一笔账，盘算这笔交易的成本和收益，看是否划算。只有当收益大于成本时，他才会掏钱购买。

聪明的卖货文案深知顾客的这种心理，就会把这笔账给顾客算清楚、摆出来，省掉顾客绞尽脑汁比对的麻烦，也更容易快速成交。

算账的方法有两种。

第一种是价格平分法。就是用价格除以产品的使用天数，算出一天要花多少钱。一天的花费与整体收益相比，顾客就会觉得收益大于成本，一般用于耐用型、学习型产品。

比如榨汁杯：

外面一杯鲜榨果汁要一二十块，喝起来有点肉疼！风靡美国的榨汁杯，日常价299元，限时粉丝特惠价199元，正常情况下，**用个两三年没有问题，平均每天也就1毛钱**，一个夏天省回来的钱又可以买一只口红了！简直太划算了！

第二种是成本算账法。就是把产品正常的成本摆出来，让顾客接受产品价格的合理性。比如，我帮某品牌写的小青柑的推文是这样的：

正宗新会小青柑要多少钱呢？

我们先来算算小青柑的生产成本：市面上果径4cm、树龄5年的正宗新会小青柑柑皮普遍在80元/斤，最便宜的也在50元上下。根据2017年布朗山的熟普行情，3~5年的宫廷级熟普在百元左右，8年的宫廷级熟普则要150元左右，这还没加上人工、运输和包装等费用。

当然，你随处能买到低于100元以下的小青柑。且不说这种"便宜"的小青柑质量如何，或喝下去会有什么后遗症，比起正宗新会小青柑，口感肯定是一个天、一个地。

看完这段描述，顾客就会觉得：这个价格还挺合理的。并且还会让他产生一种认知：市面上低于这个价格的肯定会偷工减料，进而选择你推荐的产品。

第五种方法：偷换用户的心理账户。

"心理账户"是2017年诺贝尔经济学奖得主查德提出的，是指人们会将不同来源、不同用途的钱放进不同的心理账户中。不同的心理账户，愿意花钱的难易程度也是不一样的。

比如，人们会把辛苦赚来的工资和意外获得的横财放入不同的账户中。很少有人会拿自己辛苦赚来的10万元去赌博，但如果是中彩票的10万元呢？拿去赌的可能性就大多了。

举个例子，孩子舞蹈课：

现在活动是 159 元 6 节课，也就一顿麦当劳的价格。如果孩子不喜欢，也没啥损失。如果孩子喜欢，就拓展一项孩子的兴趣，将来也会更有竞争力。

这里就让顾客从吃麦当劳的"心理账户"中取出 159 元用于给孩子买课程，愿意花钱的程度就容易了。

因为顾客会觉得：同样投资 100 多块钱，吃麦当劳的结果就是增加几千大卡的热量，而报舞蹈课可以让孩子更有竞争力，得到的收益更大一些，也更容易采取行动。

一句话就是：让顾客从喝咖啡、吃肯德基、在外吃饭、买零食等不重要的心理账户中取出一部分钱，用于更有意义的事情，降低顾客花钱的难度。

第六种方法：买赠送礼。

你有没有这样的经历：原本不打算买，但看到赠品很心动就下单了？

在顾客购买决策过程中，当你把他的心理欲望推向顶点，他就会在心里衡量、对比成本和收益。如果这个时候有超值的买赠政策，就可以把人们的欲望再一次推向高潮。

营销专家做过统计：一个成功的赠品，可以提升 30%～230% 的成交率。而其中的关键不是赠品，而是送什么赠品。

选择赠品时，要注意以下三个要点。

第一，赠品要能给顾客渴望的场景添彩。

要让顾客快速购买，就要不断去强化他的欲望。顾客的欲望就是拥有产品的美好场景，所以你的赠品一定要能给这个场景添彩，这也是选择赠品的核心要点。

如果你送的是不相关的其他产品，不但刺激不了顾客的欲望，很多人内心当中可能还会产生许多疑问。比如"你免费送赠品，说明你的利润很高啊"，甚至会怀疑产品的价值，让他从购买状态中脱离出来。

比如你卖煎锅，就可以送护锅铲、食谱，这些都能让顾客在家做美食的时候更方便、更快捷。但如果你要送筷子、碗，这种欲望就不如前者了。

第二，赠品要是顾客急迫需要的、高频使用的，或者对他有比较大的帮助。如果感觉送的赠品是鸡肋，那么他就不会为之所动。

比如，你卖课程就可以赠送各种模板、案例集、图标、素材库等。通过这些模板和案例，可以让顾客快速创作出一些不错的作品，甚至还能帮顾客在日常工作任务中应急。

第三，要像对待正品一样去塑造赠品的价值。

很多人送赠品都很随意，有时候只是简单写上送什么。消费者看不到赠品什么样，也不知道赠品能给他们带来什么好处，这时送赠品就失去了意义。

正确的方法是：你要给赠品拍高大上的照片，还要塑造赠品的价值，为赠品找到价格参照锚点，让顾客对你的赠品欲罢不能。然后，你再告诉他："现在购买，赠品就免费送给你。"他就会立马下单。

比如，准备赠送一台面包机，如果你说："这台面包机的原价是980元，媲美一线面包机。"客户一定会非常心动。

兔妈总结

本节我们讲了六种快速引导顾客成交的方法，分别是场景法、价格锚点、正当消费理由、算账、偷换顾客心理账户和买赠送礼。

其中，场景法包含负面场景和理想场景两种用法，算账包含价格平分法和成本算账法两种用法。你可以根据情况，选择不同的方法进行组合。

2.5 优化自检：
按这五步快速优化你的推文，转化率至少翻两倍

正如《文案训练手册》作者休克曼所说："当一颗钻石被发现的时候，它看上去像是一块煤炭，将这块又黑又难看的石头打磨打磨，它会马上就变成世界上最珍贵的宝石。"

好的文案也一样，是不断优化、打磨的结果。正确的优化自检，能让一

篇文案从 60 分变为 80 分，甚至 90 分。

然而，说到文案修改，90% 的人有个误区：以为就是改改错别字、删掉多余的词语、把长句改成短句。事实上，这只是修改的初级工作。

文案的目的是卖货，所以优化的目标也很明确，就是提高转化率。想要提升转化，你首先要明确转化高的文案都有什么特征。

在帮商家打造爆款和拆解爆款文案的过程中，我发现爆款方案都有四个标准：第一，痛点一定是顾客最痛的。第二，证据链充分、严密，让顾客觉得这才是解决痛点的最佳选择。第三，讲人话，读起来没有障碍，就像和好朋友聊天一样。第四，配图高清、精致，一张图就是一个购买理由。**根据好文案的这四个标准，我总结了优化文案的五步自检清单，具体如下。**

自检清单第一项：顾客痛点自检

首先，你要问自己这篇文案直击了顾客几个痛点。其次，对照一下，看有没有掉入挖掘痛点常犯的四个误区——痛点太多、用力过猛、不够紧急以及和你的目标顾客无关。

然后，再做三个问题的自检。

第一问题，痛点是顾客当前正在发生的吗？

痛点要是顾客当下正面临的问题，而不是发生在过去或未来。只有正在经历的痛苦才有急迫感，才有马上要解决的冲动。

举个例子：你要劝一个年轻人减肥，什么样的痛点最有效呢？

A：不减肥，会导致高血脂、高血压等疾病。

B：不减肥会变丑，找不到对象，错失升职加薪的机会。

显然第二个更有说服力，为什么？

因为 A 选项是发生在将来的，顾客感受不到紧迫性，所以不会马上采取行动。但 B 选项就不一样了，找不到对象、升不了职，这是发生在当下的，所以他采取行动的可能性也更大。

但绝大多数情况下，需求是潜在的，产品也不是顾客当下必须要买的。怎么办？

你自检的重点就应该是：能否用当下的某个热点或新闻事件，来提高顾客决策的紧迫性。

比如，你要卖一款保护人身安全的警报器，但抢劫这事并不是顾客当下面临的痛点。怎么办？这款警报器就做得很棒，文案是这样写的：

最近在朋友圈看到一件糟心事，好友加班晚归叫了辆滴滴快车，刚一上车，司机就给她递烟。

当她表明自己并不抽烟的时候，司机又不依不饶地递上一包女士香烟，把她吓得不轻。

所幸好友没有发生意外，但联想到之前空乘坐滴滴快车遇害的新闻，还是心有余悸，因为不知道哪个时刻危险会来。

就像前段时间微博上的一个新闻，在深圳某个出租楼内，女孩关门外出，忽然被住在同一层楼的男士强行拖入房间欲行不轨。

尤其是即将到来的开学季，每年都有一些学生失踪，父母成了最焦心的人群，时刻记挂着在外求学的孩子。

这篇推文先通过身边好友的故事、社会事件和开学季热点，让顾客觉得保护人身安全这件事就发生在自己身边，现在就要重视。

第二个问题，痛点是顾客群体中普遍、高频发生的吗？

什么是高频？就是这个痛苦经历一定是经常发生在目标顾客身上的，这样他才有动力去解决。如果一年只经历一次，或只有个别顾客会经历，他就不会做出改变。

我曾看到一篇卖拖把的推文，是这样说的：

拖把难以清洗，绝对是家庭主妇一致认同的，但大多数拖把基本都是靠手洗，导致手日益粗糙。

手洗拖把只是个别现象，而且也很少有人会天天手洗，所以它既不普遍，也不高频。相比"拖把上缠了很多头发，不好清洗，拖完地地板上还会残留头发"这个痛点就更加高频，这样顾客解决问题的欲望也会更强烈。

第三个问题，痛点具体吗？能不能让顾客产生代入感？

比如卖减肥课的，就可以写：

早上起床，准备把自己打扮得美美的出门，却发现去年最爱的裙子拉不上拉链了，换个休闲的牛仔裤吧，却变成了紧身款。

这种具体情景有很强的代入感，会让顾客觉得很痛。但如果只写"水桶腰、大象腿，穿衣服就像绑在身上"，代入感就不那么强了。虽然说的也是胖这个痛点，但不如上面写的具体，所以就不能引发顾客共鸣，顾客也很难做出改变。

自检清单第二项：产品卖点自检

卖点自检有三个核心：第一，有没有找准产品的独特优势，也就是超级卖点。可以参考前面打造产品超级卖点的章节。

第二，有没有用三步关联法则：产品卖点——卖点解决了顾客什么问题——给顾客带来了什么好处，把卖点链接到顾客的核心利益点。

卖点不等于买点，而具体的、实实在在的好处才是打动顾客的买点。

比如你说"智能电饭锅，睡前下米，第二天自动煮好"，这只是产品的卖点，没有关联到顾客的利益相关点，顾客看了就无感。

而通过三步关联法则就可以轻松找到顾客的买点："第二天自动煮好"，可以解决顾客早上上班紧张、来不及做早饭的问题。给顾客带来的好处是：起床就能吃上香喷喷的八宝粥，不用饿着肚子去上班，还养胃，工作效率也更高。再也不用去排队买早餐，还能多睡几分钟，这样才能刺激顾客马上下单。

第三，你有没有用上卖点认知表达的五种方法，即关联法、数字法、利益具象化、场景具象化、体验具象化？具体用了哪种？能让顾客秒懂产品的价值吗？

自检清单第三项：卖货逻辑自检

卖货逻辑自检是对一篇推文的整体把握，也是提升转化的关键。**所以，你要多问自己以下十个问题。**

（1）我要为哪些顾客解决问题？解决的是什么问题？

（2）这些问题是他们当下必须要解决的吗？

（3）他们有什么特征和喜好？我开场选择的切入点能引起他们的兴趣吗？

（4）我有没有给顾客解释清楚为什么不要选择其他竞品？

（5）在证明产品是帮他解决问题的最佳选择时，我给的证据充分吗？都用到了哪些方法？是借势权威、畅销、顾客证言、顾客案例、产品演示还是原料、工艺具体化？

（6）需不需要在这个基础上补充一些证据？可以补充哪些证据？补充在哪个位置？

（7）我用到的顾客案例是最合适的吗？能不能换成更贴近顾客的案例？

（8）顾客掏钱时，可能会有哪些担忧？我有没有帮他主动化解？

（9）整篇推文是以什么结构展开的？其顺序是有条不紊的吗？

（10）能不能调整某些段落的顺序，让逻辑、阅读更顺畅？

《高绩效教练》这本书说：提出有效的问题是产生觉察力的最好方法。这十个问题包含了卖货逻辑的前因后果，能帮你快速觉察到推文的问题所在。

很多时候，不是你不知道哪里有问题，而是你反复读了一遍又一遍，脑袋却是停止思考的状态，眼睛只会机械性地扫描一些错别字、标点。而通过有效的提问，能让你从文字中跳出来，站在更高处重新看待自己的文案。

所以，我平时有个习惯：在写完一篇推文后，一定要先拆解一遍，拆解它的行文逻辑和证据链。在拆解过程中，我就发现哪里需要优化，哪里需要再加一个顾客案例，哪个段落的顺序是需要调整的。

我建议你把这十个问题保存下来，写完推文后多问自己几遍。你会发现，当你挨个把这些问题想一遍，心里就有了答案，知道要优化哪里、如何优化了。

自检清单第四项：文案表达自检

文案的本质是沟通，既然是"人与人"的沟通，就要从"看文案的人"开始说。要考虑屏幕前的顾客能否完全理解、听懂，而不能归为一堆生硬的产品说明。这就是我们常说的"讲人话"。

什么算是讲人话？我们来看一组案例。

案例一：

干酪乳杆菌、植物乳杆菌 p-8、乳双歧杆菌

安全、科学、有效

能活着抵达人体肠道的功能性菌

改善肠道环境，提高自身免疫力

让整个人的肠道保持一种年轻状态

7天保鲜期，纯粹不添加

只有优质的牛奶和有益的菌

每一口酸奶都是原本的味道

案例二：

从没见过这么厉害的益生菌，上来就是1 000亿，简直是益生菌里的"土豪"。

要知道国家标准才1亿，而市面益生菌高也才100亿，它直接三级跳，简直秒杀。

一杯120g，含7 900亿以上益生菌。喝这一杯，堪比喝别的一两盒。

难怪自从我喝了几周，都忘了胀气、胃酸的感觉，整个人都活力满满。

案例一是官方介绍和产品说明中经常见到的，但看完没感觉，也记不住。而案例二看完内心就会蠢蠢欲动，甚至想买来试一试。

但平时经常有学员咨询时会说：兔妈，讲人话不就是把官方介绍翻译成"大白话"吗？其实，这是个误区。

为什么这样说呢？比如，"极致享受，颠覆体验"翻译成大白话就是"这个沙发很舒服"，"让你的肌肤焕发生机"翻译成大白话就是"这款面膜效果很明显"。这的确是人话，但非常无聊。

所以，讲人话必须坚持两个原则：第一，有趣；第二，有价值。

如何写出有趣、有价值的"人话"文案呢？我总结了以下五个技巧。

讲人话的第一个技巧，制造反差。有趣的人往往能指出生活中的矛盾现象，引发目标顾客的好奇。

下面这两个案例就用了制造反差。

案例一：

你身边有没有这种人？

明明火锅、宵夜一起吃,眼看小肚腩日渐凸起,肥膘越积越多,可恨的是她却丝毫不见涨,依然苗条如初!

比如这对,你能看出她们是双胞胎姐妹吗?

吃同样的食物长大,一个很胖,一个却很苗条。

案例二:

别看它小小一颗,加入了抗氧化之王虾青素成分,并用全封闭的"小布丁"包材,牢牢锁住满满活的虾青素。

熬夜后涂一颗,醒来就能看到脸上的白嫩透亮,堪称一颗"装满8小时睡眠"的小布丁。

第一个是:同样吃,你小肚子凸起,别人苗条如初,让顾客内心产生疑问——"为什么"。第二个是:小身材、大能量的反差,同时让顾客产生"怎样做到的"好奇。

讲人话的第二个技巧是与顾客站在统一战线。通过"与顾客站在统一战线"来表明态度、明确反对某种现象,比如其他商家偷工减料等,只追求利润,根本不管对顾客好不好,进而消除顾客对你的戒备。

比如下面这款乳胶枕:

现在如果你想买一只泰国原产的天然乳胶枕,实在太难了,全是坑!

首先,你辛苦查攻略去买的爆款,大概率是旅游公司操作的牌子,专门卖给游客的。真相是谁利润高就卖谁的,一只700多元的枕头,导游要提走300多元……

买到泰国本地贴牌的还算运气好的,85%的乳胶枕都是国内生产的。

不是说国内生产的就不好,问题主要出在乳胶原液上。从泰国进口的乳汁,运到国内要半个多月,必须添加大量氨水保持乳胶的稳定性,安全性你懂的。

乳胶枕防螨抗菌的功效,呵呵,如果不是正规泰国大厂生产的,当故事听听就好。乳汁从树上采集下来,3小时内必须运到工厂,24小时内必须进入生产环节,否则乳胶蛋白酶失效,还靠什么防螨抗菌!

如果直接告诉你，他们的乳胶枕是泰国原产、质量有保证，别家品牌是黑心厂家，文案就会显得很生硬。但主动与顾客站到统一战线，告诉顾客不知道的真相，最后来一句"安全性你懂的"，就像和闺蜜聊天一样，进而影响顾客决策。

所以，你的文案要用顾客生活中喜欢的风格和方式去说，也就是对什么样的人说什么样的话。

讲人话的第三个技巧是替顾客着想。会聊天的人，更多地关注"你"而不是"我"，毕竟每个人都喜欢和自己有关的、对自己有利的信息。不要自以为是地强调自己投入多少资金、多少人力物力，而是要从顾客角度出发，替他着想。

比如一款卫生巾，如果是普通文案，可能会说："它的包装膜是和苹果手机一样的"，但顾客听起来无感，顶多觉得质量好点。但它告诉你软的容易破，硬的怕咯你手，用苹果这款虽然贵，但密封性好，放一整年都不怕灰尘和细菌进去，顾客会觉得好贴心。

"替顾客着想"的卫生巾案例原文：

我最想吐槽的，应该是改版包装膜那次，改了不下 10 次，每一版他都能找到瑕疵。

真怀疑他是处女座。

软的膜，他说太软趴趴了，用户从快递箱拿出来，随便一搓就破了……

硬一点的膜，他又觉得硌手，说一看就是工业包装，不高级，颜色要哑光，看着才舒服……

可能老板都要五彩斑斓的黑、坚如磐石的柔软。

最后他直接点名，要用苹果手机包装盒的膜，不单是成本高了，如果用苹果的膜，每一盒卫生巾都得手工塑膜……实在拗不过他。

不过，贵是贵点，那个膜确实很软很柔韧，也就是现在我们用的这款，密封性非常好。

只要没有剪开包装膜，放一整年都不会有灰尘和细菌进去。

特别是敏感体质的女孩，受不了一点点不卫生。

讲人话的第四个技巧是替顾客表达。只要能够一针见血地说出顾客想说的话，就能够引起他的共鸣，比如下面这两个案例。

案例一：

只涂防晒、素颜霜，不用卸妆吧？

说到卸妆，不少姑娘总是会有这样的一些认知。

"只涂防晒隔离还用卸妆？"

涂层BB霜偶尔不卸也没关系吧？

"卸妆真的太麻烦了，洗面奶洗两遍可以吗！"

"卸妆油用完总感觉洗不干净！"

案例二：

可能很多朋友都尝试过在家泡脚，却没有明显的效果，这是为什么呢？

原因很简单：泡脚养生减肥的关键，在于你"用什么"泡脚。

"只涂防晒霜还用卸妆吗？""用洗面奶洗两遍就不用卸了吧？""为啥我泡脚没效果呢？"直接替顾客表达了内心的困惑和疑问，这就会让顾客产生一种"你好懂我"的感觉，进而引发他的兴趣，继续阅读寻找答案。

所以在写文案时，你就要多问问顾客有哪些想说但是没说出来或不好意思说出来的话，能否在文案中主动帮他说出来。

讲人话的第五个技巧是多用修辞。恰到好处的修辞，能让复杂的道理和原理变得简单易懂，下面给大家看三个优秀案例。

案例一：美白面膜

对成分有研究的仙女对它应该不陌生，很多大牌的美白护肤品中都有熊果苷的身影，它温和安全，美白实力也毫不逊色。

打个比方，熊果苷就像特务，能够轻易进入皮肤，破坏黑色素细胞，还能使黑色素细胞长期休眠。就连天生的黑黄皮，熊果苷也有1 001种方法让你白起来。

案例二：抗氧化精华

举个例子：切开的苹果变黄变黑，大家都经历过吧？这是因为苹果暴露在空气中被氧化了。用了很多美白精华都没效果，你可能不是脸黑，而是脸被氧化了。

案例三：丑橘

我的确是挺丑的

表面凹凸不平

不如芦柑红艳，没有脐橙鲜黄

浑身皱巴巴

说多了都是泪……

但我不是一般的"丑橘"

我是在日本培育了超过40年

几十代择优而生的新品种

父亲是清见柑橘，妈妈是椪柑

无与伦比的爆爽口感外

还身兼有

橘子的酸甜和椪柑的清香

这三个案例分别用到了这几种修辞：比喻，把美白成分比喻成特务。类比，通过切开苹果的类比，让顾客理解皮肤也要抗氧化。拟人，俏皮诙谐，吸引注意。具体你可以根据不同的产品类型，选择合适的修辞方法。

自检清单第五项：文案配图自检。

配图自检有四个要点：第一，图片版权。

很多人往往是觉得某个图不错，就拿来用了。其实，这可能会有版权隐患。我身边很多商家和新媒体作者因为图片版权被投诉、罚款的屡见不鲜，所以一定要有这个意识。

大家可以去一些免费的图片网站寻找合适的图片。当然，如果条件允许，最好是搭建自己的图片库。

第二,图片要能够很好地传达你的销售理由。

《广告效力》的作者吉耶普·弗兰森说:"图片只有在跟广告传达的信息存在明显联系时,才是有效的。然而,很多人用的是展示产品包装的硬图,让人看了没感觉。"

那么,什么样的图才是有效的呢? 拿南孚口红来说,它的独特卖点是小,它的配图不是简单标注产品的长宽高,而是放上与口红的对比图。看完立马就能知道它到底多小。凸显了产品的核心卖点,它就是有效的。

另外一种有效的图片就是:带人物的场景图。

斯塔奇调查公司发现:把产品照片放到广告里,能多吸引13%的读者。而有人正在使用产品的照片,能多吸引25%的读者。为什么?因为使用产品的照片演示了产品和效果,更勾起了读者的想象,让他联想到自己。

所以,要多用带人物的场景图。卖煎锅不要用煎锅的图,而要用孩子吃着用煎锅做出来的香喷喷大餐的图。

第三,在图片下面放一个小标题,可以是简短的销售信息或让人感兴趣的信息,如图2-3所示。

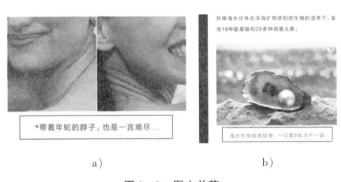

图2-3　图文并茂

第四,无须放大,就要让读者看清图片上的关键信息。

很多人配的顾客证言图都是像图2-4a这样的,要放大才能看清,阅读体验很不好。绝大多数顾客是不会放大看的,图就没意义了。正确的做法是像图2-4b这样的,无须放大就一目了然。

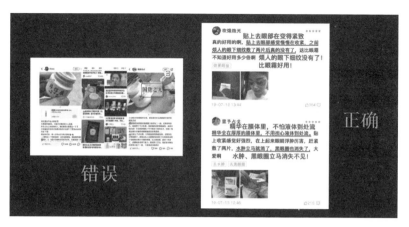

a）错误配图　　　　　　　b）正确配图

图2-4　如何配图

兔妈总结

　　第一个知识点——好文案的四个标准：第一，一定是顾客最痛的点。第二，证据链充分、严密。第三，讲人话。第四，一张图就是一个购买理由。明确什么是好文案，你才能优化出好文案。

　　第二个知识点——文案自检的五个清单，即顾客痛点自检、产品卖点自检、卖货逻辑自检、文案表达自检以及文案配图自检。按这五个自检清单的要点去做，你也能轻松提升3~5倍的转化率，让文案一稿过。

第 3 章

案例实操篇：简单四步，小白也能写出 80 分卖货爆文

3.1 爆款标题：
完爆点击率——30分钟写出阅读量10倍飙升的标题

3.1.1 《还原兔妈900万元爆款案例的打磨细节，手把手教你做爆款!》

关键词：热点借势、认知对比、恐惧述求、使用场景

爆款详情：2个月销售额900万元

爆款标题：《鼻炎界的"印度药神"！传承440年的草本配方，10秒疏通鼻塞，喷一喷舒服一整天！小孩也能用!》

2018年9月刚入秋，我感冒诱发了慢性鼻炎，鼻塞头疼睡不着，白天脑袋一团浆糊，没办法写稿。我老公的过敏性鼻炎也发作了，半夜我俩一遍遍擦鼻涕，非常惨。我就发了条朋友圈，结果呢，合作方，也就是有赞的杨小强看到了，就带2支鼻喷给我用，说效果非常好。我用了不到一周，鼻塞就好了，老公的过敏性鼻炎也控制住了，我留言感谢他。

他说，只要是用过的人都说好、复购率很高，但首次购买却一直上不去，我让他发来推广文案，发现优化空间很大，就这样，杨小强委托我重新给他

操盘了这个产品。他的原话是："姐,你能帮我把第一批货一万支卖完,我就谢天谢地了。"而且由于渠道层层分销,纯利润很低,所以我们最后还做了一个决定,把产品价格提升56%,由原来的89元提到138元。

果不其然,重新上线后真的很火爆,复推第一天就超过了原来一周的销量。第一批货一万支,不到一周就断货了。3个月卖破10万单。ROI做到了1:9,也就是客户投1块钱就可以赚回9块钱!

产品要上线销售,短短的三天我从哪里着手准备呢?当时,我做了三件事。

第一步:分解产品属性,对比竞品找出差异点。

只有了解了产品的属性和特点,才知道要突出产品哪个特点。其实,这对应的就是第一节的产品测评。

我主要从以下两方面简单做了分析。第一是基础属性,主要包括鼻喷的产地、厂家、气味、容量、规格等;第二是功能属性,因为我体验过它的效果,对它缓解鼻塞、打喷嚏的效果还是非常有信心的。这时,我就要继续深挖它的效果为什么这么好。同时分析市面上的同类产品,找出产品的核心差异点。

第二步:求证顾客痛点,提炼产品超级卖点。

关于痛点有两方面需要求证,第一个方面就是鼻炎本身的痛苦,也就是鼻炎会有哪些症状。第二个方面就是在应对鼻炎的过程中顾客有哪些痛苦遭遇,也就是在使用竞品中不好的体验。

因为我和老公都是鼻炎,所以对鼻炎群体的痛点还是非常了解的。但为了确保揪出最痛的那个点,我还是用到了痛点的三个方法和两个验证工具。具体大家可以复习一下深挖顾客痛点的章节。

经初步了解,当时市面上有很多鼻炎喷剂,但大多都是生理盐水或深海盐水之类。这些产品只能实现简单清洗、消炎的作用,不能从根本上解决鼻炎真菌过敏的问题,这就是产品的核心差异点。

但真菌是看不见、摸不着的,顾客理解不了,所以要想办法把产品的价值量化出来,降低顾客的理解成本。当时,我提炼出的超级卖点是"喷一喷,鼻子舒服一整天"。

第三步:寻找切入点,并根据顾客分析对证据链进行排序。

还记得我们讲的"热点×痛点爆单模型"吗？找到了痛点，你还要研究当下有什么热点或新闻事件，能把这个痛点引爆。

通过百度指数等大数据工具分析，每年9月份是鼻炎的小爆发期，这就找到了一个把潜在需求转化成刚需，刺激顾客马上行动的切入点。同时，根据商家给的材料和自己搜集的素材，罗列出证据链，并根据顾客分析对其做了初步排序：功效佐证＞气味体验＞权威背书＞用户证言＞研发背景＞正品保证。

下面，我带你一起来拆解一下它的原文。

一、标题：借势热点抓眼球，数字＋结果量化产品价值

好标题，是与顾客沟通的起点，就像处对象时你看到对方的第一眼，感不感兴趣、有没有进一步发展下去的可能，在前3秒就决定了。

鼻炎界的"印度药神"！传承440年的草本配方，10秒疏通鼻塞，喷一喷舒服一整天！小孩也能用！

兔妈解析

这个标题有四个亮点值得借鉴。

第一个点，巧借热点，抓人眼球。当时电影《我不是药神》正在热映，所以标题中我就用这个热点来吸引眼球，并且凸显产品的效果好。这里用到的也是"好奇"的行为驱动因素，让顾客忍不住一探究竟，到底是什么呢？

第二个点，用"鼻炎界"这个症状关键词筛选目标顾客。就像我，接到所有广告都直接丢垃圾桶，但只要是鼻炎的，不管是小卡片还是宣传单，都要装到口袋里回家研究。为什么？因为鼻炎这个话题是与我相关的。这里用到的就是"关注和自己有关的"行为驱动因素。

第三个点，"10秒疏通鼻塞，喷一喷舒服一整天"，用到数字＋结果，让顾客秒懂产品的好。并且，440年、10秒等数字本身也更容易吸引顾客注意。这里用到的是"急功近利"的行为驱动因素。

第四个点，"小孩也能用"用到了卖点认知表达中媲美第一的技巧。把"安全、无添加"的卖点翻译成顾客秒懂的信息，凸显产品的安全性。第二个目的就是，把青少年鼻炎的群体包罗进来。当时通过查询大数据我发现，中小学生患鼻炎的比例还是很高的。

你发现了吗？我用到的就是功效养生类标题模板中的"圆满结局"这部分，它的打开率比平时提升1.47倍！

所以，这个模板在当时被很多商家和产品模仿，比如脚气界的"新西兰药神"，还有牙黄、口臭界的"德国药神"等。我提炼出一个模板，你可以直接套用到其他产品上。

爆款标题模板：

……界的"……"，+给顾客带来的好处+核心卖点直白化表达

给顾客带来的好处一般可以说："喷一喷""涂一涂""抹一抹""轻轻一贴"等，凸显产品使用方便，降低消费者的使用门槛。

比如卖面膜，可以写：

面膜界的"黄金侠"，每晚一贴，比用1000元的精华水都白嫩，万年痘印都没了。

再如卖暖宫贴，可以写：

痛经界的"中国药神"，轻轻一贴，5秒发热恒温10小时，拯救10年痛经，手脚冰凉也没了。

二、开场白：热点+痛点故事开场，引发目标顾客共鸣

原文：

秋天来啦！没那么燥热了，但对于鼻炎朋友来说，痛苦才刚刚开始……鼻子不通气，一会儿左鼻孔，一会儿右鼻孔，一会儿两个鼻孔。

一入秋鼻炎就加重，就像神奇的开关。

同事林子是个老鼻炎，每年9月前后，鼻炎就加重，尤其阴天下雨，打喷嚏流鼻涕不说，鼻子不通气说话也嘟嘟囔囔，就像感冒永远好不了，部门开会他永远在揉鼻子、擤鼻涕……

"一天一包纸巾都不够，鼻子擦的又红又疼"。

"流鼻涕、打喷嚏，夜里一家人都没法好好睡"。

"上班挤地铁忘带纸巾，憋一路差点缺氧"。

"严重时候,头上像戴个紧箍咒,脑袋要炸开"。

兔妈解析

发现了吗?这里我就用了热点×痛点爆单模型和故事开场的技巧。当时对顾客分析得知,入秋是鼻炎的小爆发期,也是当下的季节性热点!接下来,通过身边的小故事,描绘出鼻炎人群的三大痛点——鼻塞、流鼻涕、打喷嚏。

其实,这个小故事就是鼻炎人群的顾客画像。接下来,列出四个场景下的痛苦经历——"办公室开会""晚上睡觉""上班挤地铁""头疼"。这几个痛点是目标顾客群中普遍、高频发生的,而且是具体、有画面感的。

注意到了吗?我没有直接说"鼻塞、流鼻涕、打喷嚏",而是结合具体场景来描述痛点。没有说"难受得要死"等主观形容词,而是写出顾客群具体的动作和语言"揉鼻子、擤鼻涕""脑袋要炸开",这样就更容易让顾客代入,也会觉得更痛苦。

戳完痛点就行了吗?不行!顾客可能会想:忍一忍就过去了,这样你就失去了成交他的机会。所以,你要明确告诉他鼻炎不解决的严重后果。并且把中小学生这个群体也包括进来,以及描述一下对孩子造成的严重影响。

不仅是成年人,专家表示中学生比大人更易患鼻炎,而且中学生抵抗力弱、鼻腔更加敏感,痒痛感比大人难受十倍。孩子处于学习关键期,鼻炎不仅出现头晕、头疼影响学习成绩,还会导致记忆力减退!想一想就太可怕了。

父母最担心的是什么?孩子成绩上不去!所以,我锁定的痛点就是"头晕""头疼",导致孩子"记忆力减退,影响学习成绩"。

三、认知对比,激发欲望

成功激发顾客解决鼻炎的欲望。此时,换位思考顾客的逻辑,他会想什么呢?就是"鼻炎这么可怕,我可以用什么方法解决呢?"所以,接下来我就给他客观评测各种治疗方法的优劣,就是前面提到的"求证用户痛点"中的第二个方面,使用其他治疗方法的过程中会遇到哪些糟糕的体验,以及有哪些未被满足的需求。

第 3 章
案例实操篇：简单四步，小白也能写出 80 分卖货爆文

原文：

市面上各种治鼻炎方法非常多，盐水洗鼻、中医偏方、脱敏疗法……到底哪一种安全有效又彻底？小编来给你们科普一下。

1. 盐水洗鼻是最普遍的方式之一，但只能起到清洁作用，对治疗并没有多大意义。至于效果，小编只能说，如果盐水能解决鼻炎问题，大家早就不用这么痛苦了！

2. 中医偏方，没批号、没说明，每天涂啊抹啊，味儿冲的眼泪都要流下来，谁用谁知道。

3. 鼻炎馆，一疗程三四千元，效果怎么样先不说，需要 2～3 个月，有时太忙，很难持续。

4. 脱敏疗法，就是口服或注射疫苗。从理论上说效果持久，但免疫治疗的疫苗有限，费用还死贵。

对比一下，最好的缓解鼻炎方式还是鼻腔喷雾杀菌，滋滋滋……一喷，杀掉鼻腔细菌，鼻子立马通畅。方便、安全又有效！

今天小编要给大家推荐一款好用又不贵的喷雾，它由 8 中草本植物萃取的活性份子原液制作而成，安全有效、不依赖，大人小孩都能用。

兔妈解析

发现了吗？这里我没有盲目打击竞品，而是"与顾客站到统一战线"讲人话，让他觉得是我真心替他考虑，不但考虑效果、使用体验，还考虑他的时间、性价比，目的只为帮他选一款好产品。尤其是"谁用谁知道"，就像好朋友聊天一样，拉近与顾客的距离，快速赢得信任。

接下来，正式引出产品。我没有直接说最好的就是某某某，而是说最好的还是喷雾，先指出喷雾这个大品类。接下来再过渡到产品，"给你推荐一款好用又不贵的喷雾"，让顾客觉得测评了很多产品才为他选出来的这一款，而不是急于推销产品。然后，展示产品的超级卖点和信任状，给顾客一个我推荐这款产品的理由。

四、讲事实摆证据，证明对顾客有益

接下来，就要论证产品为什么是最好的解决方案了。

第一个证据：打造专家人设。

"在说它神奇之前，你一定要知道，鼻炎的源头是病毒真菌感染！"

兔妈解析

我先讲解诱发鼻炎的因素有哪些，以及不解决会出现的严重后果。

发现了吗？我在打造专业人设。就像医生看病一样：第一步，先诊断病情，问你是不是有这些症状。第二步，告诉你是什么病，为什么得病。这样你就会觉得这个大夫挺专业的，也更容易接受他推荐的治疗方案。

并且顺势强调了"鼻炎不解决"会导致的严重后果"鼻窦炎、哮喘、习惯性头晕头疼甚至遗传给下一代"等，激发顾客解决问题的欲望。

第二个证据：竞品对比。

"相比于市面上普通的鼻炎喷剂，它究竟有什么不同之处呢？"

市面上很多鼻炎喷剂、滴鼻剂都有叫作"盐酸萘甲唑啉""麻黄素"的成分，这是常用的减充血剂，喷上去效果明显，但很快又反复，一天要喷10~15次。

据医生介绍，减充血剂通过收缩血管缓解鼻塞，但对炎症和真菌起不到抑制作用，而且长期使用（>8天）容易引发药物性鼻炎，再用其他方法也没用。

中国最大的互联网医疗平台丁香园2015年发布：鼻减充血剂要慎用！

兔妈解析

通过与竞品的对比，凸显产品安全的卖点，并且再一次用到"痛点恐惧"。

还记得我在准备工作提到的痛点的两个方面吗？其中一个方面就是"使用竞品的痛苦经历、对竞品安全性的担忧"。这里指出使用竞品的后果，并展示出一些负面案例。我用丁香园的权威通知告诉你：这是有事实依据的，让

顾客主动放弃含敏感成分的鼻炎喷雾。

紧接着，我通过展示产品的配方，以及身边朋友和自己的使用体验，强化产品"安全有效"的卖点！与上面的竞品形成鲜明对比，更凸显产品的好。

接下来，我再一次用"竞品对比"的方式和激素类鼻炎喷雾对比，用到了从知乎上搜集的素材，让读者看到用过激素的人是怎么说的。为什么要强调这一点呢？当时发现有很多人会代购国外喷雾。

但是你会发现，不管是恐惧诉求还是认知对比，我调动的都是顾客的感性情绪。当顾客蠢蠢欲动想要下单时，他可能还会犹豫，你的产品就真的像你说的一样好吗？站在顾客的角度，"不信任"几乎急意味着"不买"。

所以，我们要构建信任矩阵，让顾客相信产品真的是安全、有效、可靠的。

证据链第一项：产品原料和配方背书。

告诉顾客，我的产品之所以效果好，配方是有权威出处的，原料也都是实实在在的中药成分，从正面佐证产品安全、有效的卖点，打消顾客的疑虑。

证据链第二项：研发专家和权威报告。

我们的专家团队是医学博士，而且是研究草本控制鼻炎中的NO.1。言外之意就是：天然方法解决鼻炎，我们最专业，并且获得欧盟ISO22716及GMP认证。

这里要注意的是，在《广告法》里，NO.1和最专业都属于极限词，所以这里我说的是"没有人比他们更专业"。就像我们生活中常说的：没有人比他更怎么怎么，来凸显某个人的特征。所以，这样的人话更容易让顾客秒懂。

证据链第三项：小红书和朋友圈的顾客证言。

在很多人心目中，小红书博主推荐的产品性价比高、质量有保证。所以，这里是顾客证言+借势权威。

证据链第四项：产品pH酸碱度的事实证明，凸显产品使用温和的卖点。

证据链第五项：诱惑加强。

首先，指出鼻子对人体正常功能的重要性。其次，强调清除鼻腔真菌，能减少流感、鼻炎、咽喉炎的发作。我把它叫作诱惑加强。告诉顾客，这支喷雾不但能缓解鼻炎，还能避免流感、咽喉炎发作。为什么要加这一段呢？

因为入秋后流感普遍,雾霾天频繁,而通过这个点,促使那些鼻炎症状不严重的人也能采取行动。

经过两轮竞品对比和五个证据链佐证,顾客有了兴趣,也打消了顾虑。站在顾客的角度,此刻他会考虑什么问题呢?就是"我买回去,能给我带来什么好处呢?"所以,我列出了顾客生活中的五个场景,并给出不同场景下给他带来的具体好处,帮顾客勾勒出一幅幅场景,让他觉得这么多场合都能享受到它带来的便利和好处,还是买一支吧!

原文:

感冒鼻塞,拿出来喷一喷,呼吸立马通畅,头不晕、不痛,工作效率也提高了。

睡前喷一喷,夜里不打喷嚏、不流鼻涕,一家人都能睡好觉,早上起来神清气爽。

至于上班的鼻炎族,无论面试前、见客户,还是日常开会,提前喷一喷,不怕揉鼻子、擤鼻涕被扣印象分。

经常遭遇二手烟的朋友,也要注意了!数据显示:二手烟中焦油、苯并芘等有害物含量是主流烟雾的 5 倍以上,很容易引发咽炎、呼吸道疾病。每次用它喷一喷,舒缓鼻子、嗓子不适,减少有害物吸入。

在雾霾粉尘严重的天气出门,鼻子常常会干涩、发痒,有时还呛的喷嚏连连,用它可以有效缓解鼻子干涩发痒!

而且 PM2.5 这种细小颗粒,能逃过鼻纤毛"审查",导致流感或呼吸道疾病,出门前喷一喷,有效阻隔 PM2.5,大大减少鼻炎、流感发作!坚持一段你会发现,"又躲过了一波流感"。

随着秋季到来,全国多地又要变成雾都,脆弱的鼻子怎么受得了!所以,在包里备一支才安心,拿出来喷一喷,只需 5 秒,瞬间呼吸顺畅、鼻子舒适。

兔妈解析

"产品何时用、怎么样"其实是一个思考题,但消费者是很懒的,所以,当你偷懒说"随时随地,想用就用"的时候,偷懒的顾客只能选择关闭广告。

而这些具体的场景就像电影在顾客脑海里轮播，让潜在顾客感觉生活处处需要它，很多场合都要用它喷一喷，才能睡得好、不影响工作。而且这里我又用到了另一个热点就是"雾霾"，因为进入秋季，天气比较干燥，雾霾也成了比较高发的社会关注话题。

使用场景这个套路的本质是营销中常用的"假设成交"。假设顾客已经拥有了这个东西，让顾客在生活的具体场景中不断感受它带来的美妙、方便。如果不买，他就会觉得很糟糕、很不方便，进而刺激下单。

而且这些场景也给顾客植入了一个"心锚"，如果他感冒了、遇上了雾霾或办公室二手烟，就会条件反射般地想到"要买支鼻喷喷一喷"。

证据链第六项：效果对比＋顾客案例。

展示出鼻炎 3 年的朋友使用 1 个月后鼻腔黏膜的对比照片，和闺蜜使用的真实案例，进一步激发顾客的欲望，同时也证实产品是真正有效的，赢得信任。

五、正当理由＋价格锚点，成功引导用户下单

这支喷雾 138 元，在竞品中是偏贵的。所以，我没有说"现在几折，有什么优惠，赶紧抢购吧"，而是用了以下三个下单技巧。

第一，负面场景。

原文：

鼻炎之所以成为大家生活的阻碍，其主要原因就是反复无常。鼻子痒、打喷嚏……恨不得把鼻子揉烂，严重起来，根本没办法工作，只能请假看病，工资被扣了还耽误工作，看病回来还得加班补上。

去过医院的人都晓得：真贵！检查一次没有几百元下不来。

🐰 **兔妈解析**

先描绘出鼻炎不解决可能会遭受的痛苦，让顾客觉得现在不重视，付出的代价可能会更大。另外，检查一次花几百元，这也做了一次价格锚定，凸显 138 元的鼻喷更便宜。

第二，正当消费理由。

原文：

"你需要一款安全、有效的鼻炎喷雾，帮你搞定鼻炎烦恼，每晚睡个好觉，白天才能精神焕发地工作，更快达成自己的小目标，不是吗？

对于孩子来说，学业已经很繁重了，更需要一款安全、有效的鼻炎喷剂让他们鼻子通畅、头脑清醒，学习效率也更高。"

兔妈解析

我推荐顾客买这个产品，不是让他们乱花钱，而是为了让他们更好地为事业打拼，让孩子提高学习效率，从而消除顾客花钱的负罪感，促使其尽快下单！

第三，偷换了顾客心理账户。

原文：

"也就在外面吃一顿饭的钱，就能让你远离鼻炎困扰。和曾经花的冤枉钱比起来，可以说已经是良心价了。朋友们真的没必要为了省几块钱买到含有激素或者无效的产品，你和孩子的健康才是最贵的！"

兔妈解析

让顾客从"在外吃饭"的心理账户中取出100多块钱用于治疗鼻炎，他心理上花钱的难度就降低了，更容易做出购买决策。

第四，买赠诱惑。

原文：

"雾霾、汽车尾气、早晚温差大……秋冬季正是鼻炎高发期。鼻炎严重的朋友建议多买两瓶，关键是趁着活动还能省掉1瓶的钱，恰好一个疗程，等到来年春天就不用忍受鼻炎反复发作的痛苦了。"

兔妈解析

为了提升销售额，要让顾客多买，所以我告诉他，现在是鼻炎高发期，趁着活动可以多备2支，这样明年春季花粉季，鼻炎就不容易发作了。

> **兔妈总结**
>
> 第一个知识点——写推文前的三步准备工作：首先，分解产品属性，对比竞品找出差异化卖点。其次，求证顾客痛点，提炼产品超级卖点。最后，寻找切入点，并根据顾客分析对证据链进行排序。经过三步梳理，你心里会有一个清晰的方向，写起来也更高效。
>
> 第二个知识点——其实，这篇推文是典型的论述文框架。我们简单回顾一下它的整体思路：首先，寻找切入点，戳顾客的具体痛点。其次，打造专家人设，引出产品。再次，对比竞品，激发顾客欲望。接着摆出六项证据链，获取顾客信任。最后，四个技巧引导顾客马上下单。当你掌握了拆解的要领后，你就会发现写好一篇推文也没那么难。

3.1.2 《全网热销300万元的洗面奶，靠这招快速抓住顾客眼球，打开率提升200%》

关键词：洗面奶、与读者对话、打造专家人设、痛点、竞品对比

爆款详情：单价79元，阅读打开率提升2倍，支付转化率10%，热销300万元

爆款标题：《你的脸太脏了！这支"网红洗面奶"刷爆朋友圈，60秒让你彻底爱上洗脸！》

接到最新爆料，在一个卖货公众号上，一款洗面奶卖爆了，支付转化率高达10%。

你平时一般买什么洗面奶？美白的、补水的、水嫩的、祛痘的、去油的等，不管是大牌子还是小牌子，基本上都是主打这些功效，卖得也不温不火，但这款洗面奶靠一个概念杀出重围，成为全网热销的爆款。本节兔妈将带你一起深度分析这篇推文有哪些亮点。

一、标题：加入"你"字与顾客快速建立链接，吸引点击

《你的脸太脏了！这支"网红洗面奶"刷爆朋友圈，60秒让你彻底爱上洗脸！》

爆款标题解析

读者才不关心你的产品，他只关心自己。如何让读者觉得你的内容与他有关呢？最简单的办法就是在文案中加入"你"字，这样就会让读者觉得你是在和他说话。

想象一下这样的场景：假如闺蜜正在追剧，你怎么开口说第一句话才能把她从电视剧中吸引过来呢？肯定是和她利益相关的事。比如："你妈给你打电话了""你脸上长个痘痘"。所以，写与读者对话标题的第一步，就是先写下"你"这个字。

第二步，把要说的话用口语表达一遍。不要"说你脸上有很多垃圾毒素"，而要说"你的脸太脏了"。

第三步，加入超级词语。这里就加入了"太""刷爆朋友圈""彻底爱上"这些容易煽动情绪的超级词语，来调动读者的情绪。

为了方便读者的消化和应用，兔妈再举两个例子。

卖眼霜：恭喜你（"你"字）！在25岁前，看到这篇最最靠谱的眼霜评测。（"最最靠谱"既是煽动情绪的超级词语，又是口语化的表达）

卖摄影课：他是视觉中国首席摄影，1张照片卖1万元，愿意手把手教你（"你"字）拍照秘籍（超级词语）！

另外，"你的脸太脏了"这里还是痛点恐惧，也就是击中目标人群的痛点。因为年轻女生最怕脸不干净，这是普遍的痛点。

二、开场白：巧用金句表达价值观，获得读者好感

原文：

日本有位叫村嶋孟的老人，为了做一碗好米饭，坚持了50年。只要一洗米，他就能分辨出米的好坏，"我这双手记得那种感觉"。

再简单的一蔬一食，都可能是专业人士营役一生、无数次训练的结果。专心只做好一件事，做到极致。

去年夏天，最新出了一款洗面奶，在没有任何宣传的情况下，上线2小时内售空了3 000支。

很多人惊呼"以前脸都白洗了"，更有人反馈才用了半瓶，黑头、粉刺真的减少了，皮肤整个白了很多。

兔妈解析

这个开头非常有文艺范，让人觉得很舒服，不觉得是推销产品，减少心理防备。其实，它是告诉你一个价值观，并暗示读者我们的产品也是一款"匠心产品"。

所以，写推文不要一上来就推产品，也不要不痛不痒地闲聊。正确的做法是开头先聊聊生活观、价值观，并且你传递的这个价值观恰好也是产品的独特之处。比如，卖食品的不能一上来就说多好吃，可以打出"一天忙碌结束，挤在晚上11点的地铁里，胃像被掏空一样。为梦想奔跑的日子，你有必要吃点好的"。先让读者产生共鸣，再引入产品，读者更容易接受。

当顾客对推文有了好感，接下来就要引出产品，让顾客产生好奇，并想要继续了解。这里直接用了一剂猛药——畅销＋顾客证言，激起读者好奇心：这是一款什么产品竟然这么受欢迎，进而刺激读者继续阅读，一探究竟。

三、制造反差故事，打造专家人设

原文：

你可能会意外，这支备受女性喜爱的洁面乳，其配方师竟然是个男孩子！

实验室大部分是女性，配方师Todd可以说是个例外。洁面乳研发项目中，研发总监Jenny指定Todd负责这个项目，理由竟是"脸皮够厚"！

Jenny说："从结果来看，让男配方师做洁面项目，是一个很棒的决定。

熟悉的护肤品形态，比如洁面乳，女性研发师是会产生钝感的。毕竟每天都在用啊，好像就那么些功效！

男性本身角质层更厚、油脂分泌更多，想要做出一款特别的洁面乳，找男研发师,就没错了。"

有人认为,洗脸就短短一分钟甚至几十秒,能有多大用?也有人认为,我宁愿花多点钱在真正的功效产品上,超市随便买个便宜的就成。

如果你也这么想,就错了。

在专业研发师眼里,洗脸没做好,脸上会越来越油,甚至还会导致堵塞毛孔、长黑头白头、爆痘等,后续涂什么护肤品都吸收不了。

兔妈解析

首先,"女性喜欢的洁面乳",配方师竟是个男孩子,理由是"脸皮够厚",这两个反差就像一个钩子一样,勾着读者想要继续了解真相。

然后,从皮肤的生理结构指出配方师身份的合理性,并指出目标人群普遍存在的误区——"洗脸就短短一分钟甚至几十秒,能有多大用。也有人认为,我宁愿花多点钱在真正的功效产品上,超市就能随便买个便宜的就成。"

紧接着,指出不重视误区可能导致的皮肤问题——堵塞毛孔、长黑头白头、爆痘等,后续涂什么护肤品都吸收不了。

你发现了吗?这就像医生看病一样,先指出为什么这个医生是比较专业的,然后再指出你的问题,以及问题不解决可能导致的严重后果。通过这步操作,打造主人公在洁面领域的专家人设,顾客也更容易接受他接下来提出的建议和解决方案。

四、痛点恐惧+竞品对比,激发读者购买欲望

原文:

"晚上忘了洗脸,第二天痘痘闭口都出来了。"

"洗完还是滑滑的,总感觉洗不干净。"

"用完一瓶洗面奶,竟然成了敏感肌……"

"医院皮肤科医生,一般只会给你开三种护肤品:洁面、面膜、功效乳膏。

清洁是基础,面膜帮助急救,乳霜最后修复。

作为护肤第一步,洁面这件看似简单的小事,在专业人士眼里,其实是很重要的。因为90%皮肤问题,都是源自清洁不当。"

然而市面上不少标榜超强清洁的洗面奶,用着就像在"刷盘子",清洁过度还会惨变红血丝、敏感肌。而温和的洗面奶,洗完总有洗不干净的感觉,残留反而会长粉刺、爆痘。

经过与团队成员的反复讨论,Todd 决定做氨基酸配方。只有氨基酸配方,才能做到清洁和温和的平衡。

为了找到合适的氨基酸配方,光是调研,实验室就花了 5 个月的时间。经过长达 800 天的研发后,才有了这支氨基酸温和洁净洁面乳。

研发开始之前,Todd 花了上万元,买下畅销的百余款洁面乳,便宜到 20 元的超市开架品,贵到 600 元的大牌洁面乳。

前后花了两个月试用,Todd 笑称:

"现在一挤到手上,就知道是不是好洁面乳了。以前对洁面的要求不高,觉得洗得干净就好,肤感倒是其次。"

对比之后才知道,越贵的洁面乳真的越好用,清洁力和使用感都有质的区别。

所以,做一款温和清洁的氨基酸洁面乳还不够,使用感和清洁力应该要兼备。

兔妈解析

这里先指出顾客普遍的痛点,比如长闭口、洗不干净、敏感肌等。需要注意的是,这些问题都是在目标顾客中非常普遍的,甚至吃顿火锅都会爆痘,但读者不会想那么多,会觉得就是自己的洗面奶没选好。

但是不是选清洁力强的洗面奶就行了呢?紧接着,就通过竞品对比指出市面上标榜超强清洁的产品就像刷盘子,会导致红血丝、敏感肌。温和洗面奶又洗不干净。

当顾客正在纠结怎么办的时候,给出新的解决方案——氨基酸配方,做到清洁和温和的平衡,刺激顾客的购买欲望。

而且在介绍产品时,推文不是简单地说"清洁和温和平衡",而是通过费时费力——花 5 个月调研,800 天研发,花了上万元、2 个月越去测评,通过描述产品研发的过程,让顾客觉得产品值得信赖,并且呼应开头的把洗脸这件小事做到极致的匠人精神。

这给我们的启发是，当你要凸显产品某个卖点时，不能直接喊出来，而要先指出竞品的缺点，再指出自己产品的优点，这样就会显得产品格外好。这也是竞品对比的核心逻辑。

需要注意的是，在与竞品对比时，要把握好力度，不能盲目打击竞品，而是要客观、有理有据，而且一定是泛指某类产品，不能指名道姓。否则，会让顾客感觉你的评价不客观，会很反感，也不会购买你推荐的产品。

比如卖老人鞋，就可以写出以下内容。

先指出竞品缺点：随着年龄的增长，脚底会变平、脚趾变弯、脚背浮肿变厚，但大多数鞋子太讲究设计和美感，定型做得太好，总有点夹脚不舒服。在店里试穿的时候还没明显感觉，但老人平时买菜、锻炼、接送孩子，这些都需要长距离走路，脚就会特别累，不小心还容易滑倒摔跤。

再写出产品优点：按照中国老年人的脚型特征和走路习惯设计，特别加入缓震功能，穿上特别轻便舒服，暴走2小时也不会累脚。而且针对防滑做了大量细节，就算是走到洒了洗洁精的路上也不会滑倒摔跤。

【竞品对比】= 竞品缺点（定型太好）+ 给顾客的痛苦（脚容易累、滑到、摔跤）+ 产品优点（根据老人脚型和走路习惯设计）+ 给顾客带来的利益（脚不累、不易摔跤）。这样是不是就觉得你推荐的老人鞋更好，进而提升顾客的购买欲望。

五、摆事实、讲证据，塑造产品信任背书

塑造信任1：权威+畅销。

原文：

在2018年618天猫年中大促中，就拿下了全天猫美妆类第五名、国货护肤品第一名的好成绩。另外，还多次被《Vogue》《ELLE》时尚杂志推荐，获得了众多专业美容编辑的认可。

兔妈解析

618天猫美妆销量第五名，国货护肤品第一名，凸显产品畅销。借势杂志

的权威，凸显产品的实力，进而获取顾客的信任。

塑造信任 2：顾客证言。

原文：

封测期，PClady 等美妆频道就发出了测评：使用感和清洁力，跟三四百元的洁面产品没差别，值得一试。

有消费者反馈，连续使用洗面奶 15 天，**鼻子和两颊的白头明显少了，脏东西洗出来，连毛孔也细腻收敛了不少。**

> 🐰 兔妈解析

需要注意的是，这里除了普通消费者给出的好评证言，还有美妆平台给出的测评证言，顾客就会觉得专业的美妆编辑都给出了这么高的评价，说明产品肯定靠谱。这给我们的启发是，在寻找顾客证言时，尽量挑选身份比较权威、专业的顾客证言，这样更容易赢得顾客信任。

另外，与三四百元的产品对比的目的是，埋下价格锚点，凸显产品的高性价比，刺激顾客下单。

塑造信任 3：事实证明。

原文：

用 pH 试纸测了一下，酸碱度在 5.5 左右，弱酸性。要知道，无论口碑有多好，市面上超过七成的洁面乳都是偏碱性的。遇到一款这么温和亲肤的洁面乳，马上就要囤起来，长期使用。

> 🐰 兔妈解析

通过 pH 试纸证明产品的安全性。而且这里还有个小心机，就是在用 pH 试纸证实产品安全性的同时，也不忘打击竞品。打击竞品的目的就是让顾客主动放弃竞品，提升购买产品的欲望。

六、价格锚点 + 超值赠品，快速引导顾客成交

原文：

这款氨基酸温和洁净洁面乳，不仅功效出色，价格也很美丽。百元左右

的洁面中，可以说它是不错的选择。使用感跟三四百元的洁面乳有得一比，准备好尝试洁面新体验了吗？

买两支另加赠：¥52三件礼

独家定制起泡网

补水面膜、乳液小样

兔妈解析

读者在想要付款时，会想"家里的洗面奶还没用完，要不然下次再买吧。""刚交了水电费，下个月再买吧。"只要读者产生"等一等"的想法，基本上就不会再买。所以，这时候需要你给他一个立刻做出决定的成交理由。这款产品就通过价格锚点和超值赠品，让顾客觉得现在购买非常物超所值，进而让顾客快速做出购买决策。

兔妈总结

顾客在决定是否购买一款产品时，会想"为什么我要听你的？"所以，你要懂得打造专家人设，获取顾客的信任。只有这样，顾客才更容易接受你推荐的产品。

第一个知识点：与顾客对话。"你"＋口语化表达＋超级词语。这个不但能用到标题中，也可以用到推文开头。

第二个知识点：打造专家人设。可以通过指出顾客存在的误区，以及误区可能出现的结果，凸显你在某个领域是专业的，打造专家人设，让顾客更容易接受你推荐的方案。

第三个知识点：痛点恐惧。生活中高频发生的痛苦场景＋严重后果。

第四个知识点：竞品对比。对手的缺点＋给顾客的痛苦＋自家的优点＋给顾客带来的利益。

第五个知识点：借势权威。你可以从原料供应商、产品研发团队、服务顾客、权威推荐人、生产设备商等维度挖掘出可以借势的权威，提升产品信任背书。

3.1.3 《这样聊八卦,你也能写出阅读 10 万+、转化率 7.6%、销售额 75 万元的爆文!》

关键词:护肤、热点+痛点

爆款详情:单价 99 元,支付转化率 7.6%,10 万+阅读,销售额 75 万元

爆款标题:《赵丽颖毛孔太抢镜?不到 100 元的"磨皮原液",用完万年黑头也消失了……》

社群小伙伴 Q 姐爆料,在某卖货公众号上,一款号称"磨皮原液"的产品卖爆了,单价 99 元,支付转化率 7.6%。10 万+阅读量,销售额保守估计在 75 万元。本节,兔妈将带你一起深度分析这篇推文有哪些亮点。

一、标题:关联流量明星,量化产品价值

《赵丽颖毛孔太抢镜?不到 100 元的"磨皮原液",用完万年黑头也消失了……》

标题一直是很多文案工作者头疼的事儿。经常有小伙伴说:兔妈,我在标题里写出了产品卖点和特色,也指出了给顾客带来的好处和获得感,为啥阅读量还是上不去呢?答案是:你写的标题太普通了,顾客已经审美疲劳了。但是今天这个推文标题肯定能帮你解决这个困惑,打开你的思路。

◆ 爆款标题解析

其实,这个标题用的是"实用锦囊"的方法,就是先指出顾客有什么痛点,再给出解决方案,对顾客来说就像一个小锦囊一样。但你有没有发现有什么不同?它的上半句不是简单地写出读者的痛点或苦恼,而是借势"明星效应"引发人们的八卦好奇心,以及对"毛孔"问题的关注。

这里,我提炼了以下两个要点。

1. 蹭明星流量

首先,关注八卦新闻,思考并找出网红或明星可以与产品产生关联的点,用明星唤醒顾客的八卦好奇心。

这有什么好处呢？如果你简单地说"毛孔太大卡粉严重"有些人被击中痛点可能会点击阅读，但那些有经验的顾客会想："哼，又给我推销收缩毛孔的产品了！我才不上当呢！"

但通过"明星效应"+反问式好奇法，激发目标用户的好奇心！毕竟，明星就像是一块磁铁，是自带流量的！

这里需要注意的是，明星和产品的关联点要恰好是目标用户普遍认知的点，比如想变白、想收缩毛孔。如果你的产品抗氧化，就没有"美白"更直观好理解，因为很多人不知道抗氧化和自己有什么关系。

2. 给出完美的破解方法或圆满结局。

指出读者"关注的痛点"后，就要告诉他你这里有个方法，能帮他解决这个问题（破解方法）或者帮他实现某种效果（圆满结局），这样就可以强烈激发目标用户的阅读兴趣。

总结成模板就是：前半部分（明星效应+反问式好奇法）+后半部分（破解方法/圆满结局）。

公式延展举例：

（1）杨幂因"脖子"颜值急掉线？有了这个护颈神器，救回你的颈椎！（明星效应+反问式好奇）

（2）范冰冰十天不洗头？这款堪比香水的洗发水，拯救你的大大大大油头！

可能有人会说：兔妈，明星能轻易用吗？会不会被投诉？还是有这个风险的，但有个小技巧：你写到的明星的某些情况一定要有出处，而不能是你自己杜撰的，而且还不能涉及原则性问题。另外，你可以多用明星的优点，比如保养得好、腿漂亮等，来引发读者好奇。

举几个例子：

案例一：42岁蒋勤勤竟美过24岁（明星效应+反问式好奇）？这个美白神器一涂，天生黑黄皮也能分分钟美上天（圆满结局）！

案例二：37岁张韶涵竟实现冻龄（明星效应+反问式好奇）？用对这个"小白瓶"，你也能白一个度（圆满结局）！

其实，这两个标题是"实用锦囊"标题的创新。**那么，怎样快速写出一**

个有打动力的"实用锦囊"标题呢？兔妈在这里总结出以下两个步骤。

第一步，先写出读者的烦恼。

目标人群普遍存在的痛点是什么，找出来，写下来。切记：这个痛点一定要是目标顾客普遍、高频的痛点，而且要具体。比如，对减肥产品，你不要说"太胖了"，而是要说"腰上一圈肉或腰上的肉一抓一大把。"对健康产品，不要说"打喷嚏难受"，而要说"一到花粉季，喷嚏就打不停，眼泪就要出来了"。对美白产品，不要说"脸黑"，而是要说"合影拍照比闺蜜黑一圈"。类似的还有：涂了10瓶美白精华都不管用、夏天内裤潮乎乎又闷又痒、演讲一上台腿就抖、干了8年设计师还拿着4 000元月薪等。

这里需要提醒的是，如果你的话题是某类人普遍关注的社会性话题，也可以直接抛出一个大话题，比如"女生一人在外如何自保""农村出身、如何靠自己1年内买房""如何让孩子快速适应小学生活"等，然后再给出你的解决方案或观点，这个方法非常适合知识付费类的推文。

第二步，给出解决方案。

前面指出了顾客的苦恼和痛点，紧接着还要告诉他"我有个好方法，能帮你摆脱烦恼，让你快速找到问题的答案。"

另外，你也可以给顾客一个完美的结局，描述出烦恼被解决后的美妙效果，从而激发顾客的购买欲望。比如："天生黑黄皮？早晚用它涂一次，28天让你白到发光！"这里"28天让你白到发光"就是美妙的结局。

请看下列例子。

- **卖健身卡**：肚子上一圈肉（普遍、高频的痛点）？国家运动员专业教练给你三招，一个月练出迷人腹肌（完美结局）！
- **卖宝宝辅食**：宝宝不爱吃青菜（普遍、高频的痛点）？500万粉丝育儿达人教你做蔬菜三明治，10秒让宝宝爱上吃青菜（完美结局）！
- **卖干货资料**：推文阅读量总是上不去（普遍、高频的痛点）？掌握这10个超好用的标题套路再也不用愁（解决方案）！
- **卖知识课程**：农村出身、如何靠自己一年内买房（社会性话题）？只要做到这三点，一年内买两套房一点也不难（解决方案）！

二、开场白：认知对比 + 恐惧诉求，快速抢占用户心智

原文：

一位出名的美容老师曾说过："毛孔是让素颜'见光死'的一大杀手。"

这话一点都没错，无论五官多美，只要毛孔一粗就会变丑。就连赵丽颖这样的超级大美女，也因粗毛孔太抢镜而颜值扣分。

无论你是素颜还是化妆，只要你想变美，怎么也绕不过粗毛孔这个坑。

然而，很多女生用了不少收毛孔产品，不管是撕拉型还是冻膜型的，都没什么实际效果，甚至还把毛孔折腾得越来越大。

老实说，市面上真正能收缩毛孔的产品确实不多。但今天的文章，我要给大家介绍一款亲测有效的收缩毛孔好物，我用了大约 2 个星期，鼻翼上的毛孔真的肉眼可见变细腻了，不愧是"磨皮原液"！

兔妈解析

这个开头非常有吸引力，不到 300 字，很简练，而且过渡到产品也非常自然！这里有几个要点可供借鉴——

"就连赵丽颖这样的超级大美女，也因粗毛孔太抢镜而颜值扣分。" 呼应标题，更重要的是通过"明星效应"击中了目标用户的"痛点"！目标用户读到这里就会忍不住想：连赵丽颖这样的大美女都因为毛孔粗大而减分，那对长相普通的自己来说影响就更大了。甚至还会赶紧跑去照照镜子，从而激发寻找解决问题方法的欲望。

注意，这时候如果你直接给出产品，读者会想："不就是想卖产品给我吗？"完全不信任！所以，聪明的小编继续**"恐惧诉求"**，并与市面上其他产品进行**"认知对比"**——

"不管是撕拉型还是冻膜型的，都没什么实际效果，甚至还把毛孔折腾得越来越大。"

看到这句话，用过这类产品的用户就会被击中"是的，确实没啥效果"，引发共鸣。而没有用过这类产品的用户呢？看到"会把毛孔折腾得越来越大"这个严重后果，就会主动放弃这类产品。

通过认知对比，让痛点更痛。通过恐惧诉求，让顾客主动拒绝竞品。 这时候，小编再给出一个新的解决方法，目标用户就会特别想要，提升购买产品的欲望。

三、巧用认知对比，凸显产品优势

原文：

懂护肤的女生可能听过，目前护肤界中最有效的收毛孔方法，就是医美"刷酸"了，可是一个收毛孔疗程的费用至少要 3 600 元！

基本上所有专业美容机构在解决毛孔问题时，都首选"果酸焕肤"。医生会把高浓度的果酸涂抹在脸上，进行焕肤治疗。

只要一个疗程结束，毛孔就会肉眼可见变小，光滑细腻度呈直线上升，脸部瞬间光滑。

效果是好，但一个收毛孔疗程就要 3 600 元的价格，咱们吃土女孩真心负担不起啊！

好在护肤界里总有天才，这次给大家推荐的这一支收毛孔原液，不到 100 块，用完和美容院的效果差不多。

兔妈解析

这款产品的卖点是**"媲美医美效果，价格便宜"**，但这篇推文没有直接喊出来，而是再一次用到了竞品认知对比。需要注意的是，推文没有盲目打击竞品，而是先赞美竞品的优点——"效果好"，再指出糟糕的点——"贵"。根据存在即合理的理论，再差的产品也有优点，这样就显得你很客观。而你的产品恰好能解决这个糟糕的点，读者就会觉得"还是这款产品更好一点"。

另外，推文没有说完全和医美达到一样的效果，而是用了个模糊词"差不多"，没有盲目夸大产品效果，这样顾客就会觉得小编很真诚，而且产品性价比更高，进而提升顾客的购买欲望。

如何写出让顾客不反感的"认知对比"呢？我提炼出了以下模板：

……，目前……最有效的方法，就是……！

……，但……（竞品糟糕的点），……！

这次给大家推荐的……，（新产品的优势），用完和……的效果差不多。

这个认知对比模板的本质，就是把产品与顾客认知里最好的产品进行链接、比对，从而凸显你推荐的产品更完美！

模板延展举例：卖艾灸仪

懂养生的女生都知道，目前养生界中最有效的暖宫方法就是艾灸了。

基本上所有专业美容机构在解决宫寒问题时，都首选"艾灸"。只要一个疗程结束，手脚发冷、痛经的问题就会好很多。

但一个疗程下来要2 000多元，更让人嫌弃的是，每次30多分钟，加上路上来回一小时，平时上班那么忙，很难坚持。

这次给大家推荐的这款艾灸神器，只有美容院1/10的价格，而且下班回家躺在沙发上就能做，用完和美容院的效果差不多。

需要说明的是，用这个公式时，产品的概念应该是目标用户认知里的或者是专业上的"好方法"。比如，果酸焕肤＝果酸原液，艾灸＝艾灸仪，健身教练＝Keep。这也给创业者提供了一个新思路：就是创业选品时要尽量选择符合大家认知的产品，这样就省去了教育消费者的成本，做起来会更容易。

兔妈总结

第一个知识点：好奇式实用锦囊标题＝前半部分（明星效应＋反问式好奇法）＋后半部分（破解方法/圆满结局）。

第二个知识点：认知对比＋恐惧诉求，强烈激发顾客寻找"新方法"的欲望。

第三个知识点——一个好用的认知对比公式（把产品与目标顾客认知里的或专业上的最好产品进行链接）：

……，目前……最有效的方法，就是……

……，但……（美中不足的糟点），……

3.1.4 《3个月卖出8.7万件，连文案高手都惊叹的T恤推文，我总结了它的标题公式》

关键词：服饰、疑问句标题模板、挖掘痛点、借势权威、事实证明

爆款详情：3个月，销量8.7万单

爆款标题：《为什么全世界女明星都在穿这件白T？永不发黄，显瘦10斤，谁见谁动心！》

请问：你觉得靠一篇推文来卖服饰难吗？

说实话，我觉得还是挺难的。既不能像线下店一样试穿，又不能像淘宝、天猫一样有退货保证。

但接到社群曾姨爆料，这款T恤竟然靠一篇推文卖火了。而且从未在公众号买过东西的她，也忍不住买了2件。本节我们就来一起拆解这篇推文到底有哪些亮点。

一、标题：解决两大核心，轻松调动用户情绪

《为什么全世界女明星都在穿这件白T？永不发黄，显瘦10斤，谁见谁动心！》

爆款标题解析

在营销卖货领域，有个永远不变的底层真相，就是不管你卖什么，顾客永远只关心两个问题：一是这个东西和我有什么关系，能够给我带来什么价值；二是你说的真的可信吗？

我们来看这个标题：

"为什么**全世界女明星都在穿**这件白T？"首先，通过反问吸引读者注意力，引起好奇，激发欲望。其次，全世界女明星都在穿，明星是权威代表，全世界明星又说明产品很畅销，让顾客相信这件白T真的与众不同。

"永不发黄，显瘦10斤"，指出产品核心特色和可量化价值。

"谁见谁动心"，煽动读者情绪的超级词语。

发现了吗？这个标题解决了顾客购买产品时最关心的两个问题。事实证明，这个标题的点击量比原来提升了1.47倍。

标题模板总结：

问句引发好奇＋权威＋畅销赢得信任＋产品可量化价值＋超级词语。

请看下面的模板延展举例。

案例一：卖眼霜

为什么半个娱乐圈都在用这款眼霜？去细纹，还不长脂肪粒！用一次就爱上！

案例二：卖牛肉酱

为什么3 000万白领都喜欢这款牛肉酱？大粒牛肉、口口爆汁！忍不住干掉两碗白饭！

二、开场白：制造流行，凸显关键利益点，激发欲望

原文：

2019的夏天是什么最流行？白T啊！再翻翻时下的街拍，我发现全世界的女明星都在穿白T了！还是极简纯白色！

维秘天使KK，用极简的白T搭配阔腿裤，这么穿腿长2米有没有！

可儿不仅自己穿，给娃也搞了件，一对高颜值母子像极了下凡的天使！

贝嫂也带着全家一起穿，简简单单却怎么看怎么舒服！

🐰 兔妈解析

首先，通过明星制造流行，总结就是：白T＝时尚＋舒服。为什么？因为对于大多数人来说，买什么款式的衣服、怎么搭配，参考标准就是最近流行什么。

另外需要注意的是，除了说明流行，推文还通过图片和"腿长2米""下凡天使"的文字来凸显T恤的核心利益点——显瘦、显高。因为很多人买衣服，尤其是女生，完全是先看款式好不好看、穿上显不显瘦，再看质量的。

这给我们的启发是，不管你写什么类型的产品推文，要时刻记得能给顾客带来哪些利益点。另外，更重要的是：要筛选这些利益点中目标顾客最关注的是哪个点，然后重点凸显，比如显瘦。

三、认知对比+痛点恐惧，激发顾客购买欲望

原文：

BUT！大多数白T，都美不过三个月！太不经穿了！发黄、变形、永远洗不掉的污渍，让白T一个夏天就废！

眼看衣柜里，一年一年堆积的T恤越来越多，拿出来却没有一件能穿的。

兔妈解析

承接开头的白T好看、显瘦、时尚，紧接着就指出市面上大多T恤的缺点——"发黄""变形""永远洗不掉的污渍"，这也是目标顾客普遍存在的痛点。而且"眼看衣柜里，一年一年堆积的T恤越来越多，拿出来却没有一件能穿的"，这个负面场景也非常有画面感，让顾客联想到自己打开衣柜时以前的白T都发黄不能穿的场景，激发购买不发黄、不变形T恤的欲望。

四、认知对比+事实证明，化解多卖点难题

原文：

- 不发黄！

分别把我们的T恤和市面某款白T，洗涤晾干，连续20次。

结果真的超级明显，别家T恤越洗越黄，我们的T恤洁白如初，我们看了都很惊喜。

- 不变形！

众所周知，弹性差、纤维孔隙大，是棉织品最大缺陷。再上等的棉针织品，经过多次水洗也一定会发生变形。因此，棉织品防变形问题一直是困扰业界的难题。

而我们这款白T，选用超新科技面料，高弹力，回弹好，不管怎么穿、脱、拉、洗，都不变形。

最脆弱的领廓一样坚挺，经过我20次手洗晾晒，领廓依然不变如初，而某款棉T，领子已经没眼看了……

- 超好洗！

不仅不容易发黄，还特别好洗。我很大胆地往衣服上倒了酱油、食用油、蓝色钢笔水，放置10分钟左右，等污渍完全渗透，然后放到有洗衣粉的盆里揉了揉，迅速洗干净！

围观小伙伴当场下单买了2件，果然好产品才能打动人！

- 特显瘦！

下摆微收，整体宽松修身，偷偷打造腰部曲线，还能藏起腰部、腹部的肉。

- 领子太小太高，导致显胖十斤

细节上也很到位，贴身的衣服最害怕标签扎着肉，有时候还会因为过敏红脖子一大片，而我们的T恤采用胶印logo，摸上去都没感觉，水洗不会掉，更不会磨伤皮肤。

兔妈解析

承接上面的三大痛点，给出解决方案。这里给出了产品的四大卖点，但推文没有直接喊出来，而是通过"认知对比＋事实证明"，让读者相信这款T恤不会发黄、变形。

通过"认知对比"指出竞品缺点，凸显自家产品在某方面格外好。再通过"事实证明"，图片对比、物理化学生物试验的gif动图让顾客相信产品是好的。一目了然，可信度强。另外，卖点并列呈现，非常适合产品卖点比较多的产品推文。

五、借势权威，塑造信任

原文：

用顶级大牌的御用工厂，花路边摊的钱！

青纺联是啥？我知道你根本没听过这个名字，但我说几个牌子，你肯定全知道：李维斯、lee、H&M、A&F、JACK & JONES（杰克琼斯）……哪个不是口碑、品质响当当的大品牌！

这些受到无数年轻人追捧的品牌服装，就是由青纺联制作加工并合作出品的。也许你上周末花500块剁手的李维斯牛仔裤，就是青纺联的手笔。

> 🐰 兔妈解析

通过权威背书凸显产品品质，打消顾客疑虑。这里需要注意的是，顾客对青纺联这个供应商是陌生的，也认识不到它的权威。

所以，就需要把专业权威翻译成顾客能秒懂的大众权威——市面上很多大品牌，像李维斯、lee、H&M、A&F、JACK & JONES（杰克琼斯）就是它生产的。这样顾客就会觉得：大牌供应商生产的T恤肯定值得信赖，而且通过"500元的牛仔裤"的价格对比，凸显产品的高性价比。

怎么挖掘权威呢？可以从以下五个角度寻找灵感。

第一，权威的研发团队，比如清华大学实验室研发。

第二，权威的供应商。

第三，权威的检测机构，比如全球最严格的质量检测。

第四，权威平台，比如央视报道。

第五，服务过的权威客户，比如500强指定合作单位、某某连锁超市供应商。

兔妈总结

第一个知识点：疑问句标题模板＝问句引发好奇＋权威＋畅销赢得信任＋产品可量化价值＋超级词语。

第二个知识点：如果产品卖点较多，可以用"认知对比＋事实证明"的方法。先指出竞品缺点和产品优点，再通过试验证明产品优点。

第三个知识点——挖掘权威的五个角度：第一，权威的研发团队。第二，权威的供应商。第三，权威的检测机构。第四，权威平台。第五，服务过的权威客户。

3.1.5 《一晚上卖出1.4万单，这款毛巾如何做到让顾客非买不可》

关键词：挖掘卖点、USP营销理论、标题模板、证明卖点利益、试用体验、事实证明

爆款详情： 卖出 1.4 万多单，销售额 68.6 多万元

爆款标题：《比纯棉毛巾好用 10 倍，不掉毛又杀菌，5 秒吸干一斤水》

在营销中，有一个著名的"USP 理论"，这个理论的核心是：要向消费者说明产品"独特的销售主张"。也只有这样，在琳琅满目的品牌中，顾客才会毫不犹豫地选择这款产品。

USP 理论有三个特点，分别是：

第一，必须包含特定的商品效用，即每个广告都要对消费者提出一个购买理由，给予消费者一个明确的利益承诺。

第二，必须是唯一的、独特的，是其他同类竞争产品不具有或没有宣传过的理由。

第三，必须有利于促进销售，即这一购买理由一定要是强有力的，能吸引来数以百万计的大众。

这三点就是让顾客掏钱的理由，也只有做到这三点，才能把产品卖出去。

在一个卖货公众号上，有一款毛巾卖爆了。上线后卖出 1.4 万多单，销售额 68.6 多万元。

说起毛巾，大家都不陌生，超市各种大小品牌的毛巾很多，除了主打品质的金号、洁丽雅等，还有现在流行的纯棉巾来瓜分市场。像这种低价、高消费频次的生活日常用品，人们一般都习惯在超市购买。所以，想要开发一个线上新品牌，并不是一件容易的事。但这款毛巾却成绩不凡，我研究了完整推文，发现它就把 USP 理论实践到了极致。本节，我们一起来深度拆解这篇推文。

一、标题：区隔传统竞品，凸显独特价值

《比纯棉毛巾好用 10 倍，不掉毛又杀菌，5 秒吸干一斤水》

🐰 兔妈解析

这个标题很精炼，但每个字都说到了点上。我们先思考一下：买毛巾时，人们最看重的是什么？就拿我自己来说，买毛巾必须考量两个方面：不掉毛，吸水性好。这个标题两点都满足了，但问题是这两点也是很多纯棉毛巾都能

满足的诉求。怎么办？

根据 USP 理论，想要赢得顾客的青睐，必须找到一个独特的价值，所以这里又给出了产品的独特价值诉求"杀菌"。同样吸水、不掉毛，这款毛巾还能杀菌。如果是你，你会选哪个呢？答案是显而易见的。所以，就会忍不住点进去一看究竟。

它是如何凸显产品独特价值的呢？答案就是与传统纯棉毛巾进行对比，因为人们对价值的认知都是对比出来的。而且人们对对比的信息天生敏感，所以这样的标题可以更好地吸引读者的注意力。另外"5 秒吸干一斤水"，通过数字 + 结果，把毛巾吸水性好的卖点利益量化地表达出来。

标题模板总结：

比……倍， + 可量化的价值利益点（数字 + 结果）。

这个模板你可以存起来，在没有灵感的时候直接套用。另外，需要特别提醒的是，后面具体的"5 秒"这样的数字，一定要经实验验证，而不能随便编写。否则，有可能违反《广告法》。

举个例子：

比喝 100 碗参汤还管用！1 袋喝跑失眠、脱发、黑眼圈！男女都有救。

这个标题的关键是找到合适的对标对象。比如纯棉毛巾、参汤。这个对标对象有两个标准：首先，要是目标人群熟悉的，而且在解决目标顾客痛点时常用的。比如，女性治痛经首选的是红糖，如果你卖的是暖宫腰带，就可以说"比喝 100 杯红糖水还管用。"其次，对标对象一定要泛指，不能特指，比如可以说红糖，但不能说某某牌红糖。

另外，一定要体现出产品的独特、差异化的、可量化的价值利益点。

二、开场白：快速诊断痛点，锁定目标人群

原文：

毛巾是日常生活中使用很频繁的物品。早上洗脸、晚上洗澡、擦头发，还要擦汗、擦嘴，要跟肌肤"亲密接触"。

而大部分人都觉得不就是一块布吗，"能擦干就行呗！"但事实上，这块布远比你的衣裤还重要百倍。

《人民日报》最近出了一期毛巾的专题报道称：大部分毛巾都含有金黄色葡萄球菌、白色念珠菌、大肠杆菌等。

有时候洗干净脸了，却会有轻微的瘙痒，有可能就是毛巾上的细菌引起的。

毛巾上的细菌直接钻进你的皮肤毛囊内，眼霜、精华、面膜、水乳全都白用了，皮肤越来越差，想想都觉得可怕！

不是开玩笑，更严重的会让脸上和背部不断长痘，毛孔变得粗大，头皮屑增多。

据国家疾控中心报道，因螨虫造成的哮喘和过敏性鼻炎的比例高达91.6%！

兔妈解析

这是典型的卖货推文开头，没有废话、不绕弯子，直接切入产品相关的主题。但它没有恐吓，也没有赤裸裸地推销产品，而是先和读者聊"毛巾是日常生活中使用很频繁的物品"，把读者的注意力聚焦到毛巾这个话题上。

这时，很多读者可能就会想"毛巾这么平常，有啥好讲的，能擦干就行呗"，所以小编就非常聪明地把这个疑虑和问题替读者表达了出来，这样的好处是可以引发读者共鸣。紧接着，给出结论"这块布比你的衣裤还重要百倍"，引发读者的好奇心，进而跟着小编的思路继续阅读原文。

这里的痛点也戳得恰到好处。它没有像其他卖毛巾的品牌说"会致癌"等，而是先指出目标顾客生活中普遍发生的痛点"有时候洗干净脸了，却会有轻微的瘙痒"，再给出选错毛巾的严重后果，就是"眼霜、精华、面膜、水乳全都白用了"，甚至"长痘、毛孔变大、头皮屑增多"等，进而激发顾客寻找解决方法的欲望。

三、讲事实摆证据，力证产品卖点

当顾客意识到现在的问题想要解决时，他还会想："为什么要选你推荐的这款呢？你推荐的毛巾就一定好吗？"所以你要给顾客一个理由——为什么要选择你推荐的毛巾，并且还要用证据证明你说的都是真的，进而让顾客相信你推荐的产品能帮他解决这个痛点。只有这样，他才会付款下单。

证据一：认知对比 + 借势权威

原文：

每年能有数以亿计的毛巾，但 A 类标准的不到 10%。

这款毛巾就是达到了国家 A 类（婴幼儿可用最高标准），不含甲醛和荧光剂，小宝宝和敏感肌都是可以放心用。

所有用过这条毛巾的人，第一印象就是：舒服！直接把家里的毛巾全换成了它。

兔妈解析

先揭露市面上大多数毛巾都达不到 A 类标准，再说明这款毛巾是达标的，进而就显得产品格外好。另外需要说明的是，在说国家 A 类这个权威标准时，对于顾客来说，并不了解 A 类是什么意思，所以这里就用括号特别解释"婴幼儿可用的最高标准""小宝宝和敏感肌都可以放心用"，这样顾客就秒懂了。

证据二：顾客证言

说到顾客证言，很多人会说：兔妈，这个我会。但大多数人写的顾客证言都不合格，也没有销售力。顾客证言有个标准，就是**要切中产品的核心需求，指出具体的利益点。也就是说**，你挑选的顾客证言一定是能突出产品核心卖点的，并且好处是具体的，这样才更真实有效，也更容易打动顾客。具体可以参考塑造信任那一节关于顾客证言的写作技巧。

这里就做得很好，比如"早上吹头发省了很多时间"，用"早上吹头发"这个具体的场景来体现产品"吸水性"强的卖点。

证据三：试用体验

原文：

这条毛巾采用的是微米级的纺滑纱（孕婴专用材料），柔软细腻，轻轻擦在身上，就像小时候妈妈轻轻抚摸着我。

每次把脸埋进毛巾里，都觉得舒服又很安心，有一种温柔的治愈感。

微米结构还有一个好处，就是用久了也不会结块干硬。

每一次拿起来，都忍不住把脸蹭了又蹭，用"相见恨晚"来概括我的心情真的一点也不为过……

编辑部的姑娘拿回家试了下，竟然跟我说毛巾比她的手还滑。

兔妈解析

这里给出产品柔软的卖点，但问题是隔着手机屏幕，顾客是感知不到的，怎么办？小编通过亲身的试用感受来凸显产品的柔软，让顾客有一个清晰的认识，激发顾客的购买欲望。

关于试用体验的延展知识点：

鉴于卖货文案的特殊性，顾客很难直接感知到产品的好处。所以，试用体验是写推文时，常用且非常有效的方法。好文案＝你亲身试用产品的美好体验！

但很多人写试用体验都不能写进顾客心里，让人觉得不真实，觉得是小编自己编的。常见的有两种情况：一是用力过猛，让顾客怀疑真实性。二是太笼统，核心卖点不突出。

如何写出有效、能打动人心的试用体验呢？具体有以下三个技巧。

第一，具体、细节。这个很好理解，比如写洗面奶不要说"很温和"，而要说"能揉出绵密的泡沫，就像奶油一样"。

第二，欲扬先抑。不要一顿猛夸，要先说说自己选择之前的顾虑。比如，试过几十元的国产货，也用过几千元的大牌。刚开始也有点怀疑这个产品真的能达到效果吗？接下来再说自己具体的试用体验。

第三，有场景感。如何让顾客相信这不是你吹嘘的，而是真正试用的体验，是你的良心推荐。你要有一个试用的过程，让顾客能想象得到，好像亲眼看到你试用了一样，这样也更容易产生信任。

为了便于理解和应用，接下来举三个例子。

案例一：卖凉席

主打卖点：透气、吸汗。

试用体验：拿回家试用时，刚一躺上去，就明显觉得清凉温和。困意袭来后，一觉睡到自然醒。连续睡了几天，半夜再也没有热醒过。休息好了以后，精神自然更好了。

而没用它之前，几乎每天到后半夜我就会热得汗流浃背，一整晚不知翻身多少次。

触感也很柔软，真的是睡过最舒适的凉席了。根本不用担心睡醒后身上、脸上会有尴尬的印痕，更不用因为一整夜出汗的不适大清早还得匆匆忙忙冲澡后才能出门。

案例二：卖杏

主打卖点：汁多、味甜。

试用体验：金黄发橙的皮里透着一抹红，一口咬下去，会喷汁。像吮吸一勺杏味冰淇淋，柔和细腻。

案例三：卖护手霜

主打卖点：滋润、保湿。

试用体验：没有化学剂调制的油腻厚重感和人工香精味，打开后闻到一股淡淡的玫瑰花香，精华也比较稀薄，抹上 3 秒钟就吸收掉了，好像能听到手部每个细胞喝饱水的声音，用了 4 次像是给手部换了一层皮一样。

证据四：事实证明 + 试用体验

原文：

毛巾上的微米结构，给毛巾更多的小孔隙。

再加上表面是菠萝格编织纹路，加大了毛巾跟皮肤的接触面，吸水面积扩大了两倍。

我拿了满满 500ml 的水，5 秒就被彻底吸光，一滴都不剩。真的是"大胃王"！

围观我做测试的小伙伴，当场买了两条（同事说这毛巾特别适合姑娘，可惜他单身，先给他爸妈享受享受）。

这款毛巾可以吸收自身重量 10 倍的水。我们刚洗完澡身上只含有 40～70g 的水分，一条毛巾轻松擦干全身。

还不用你来回摩擦，轻轻一按就能吸走水珠，每天洗脸、洗澡都变得特别享受！

女生平时洗头，总是要花好多时间擦干头发，弯的脖子都酸了，还是感觉头发湿乎乎的。

不擦干又不敢睡觉，头发的水气让头部受寒，很容易头痛、头皮发炎。

现在用这款毛巾来擦头发，简直不要太棒，只要3分钟，不用再看着头发滴水，还不伤发丝。以后不用再手酸、脖子酸了。

兔妈解析

这里又打出产品吸水性能好的卖点。但顾客会想"你说5秒就能吸干，肯定是为了忽悠我购买"。所以，聪明的小编就直接给出了吸水试验，有gif动图真相，让顾客眼见为实。

但有部分顾客可能会想"前两天刚买的毛巾或者家里正在用的毛巾虽然吸水性没这么强，但擦脸、擦手也足够了"，当顾客产生这样的想法，基本上就不会买了。所以，聪明的小编明确给出了"吸水性"这个卖点给顾客带来的好处，也就是我们常说的获得感文案。比如"洗脸洗澡不用来回擦""洗完头发只需要3分钟就能擦干，还不伤发"。

这里先写出拥有吸水性强的毛巾的美好场景利益，再指出普通毛巾擦不干头发的痛点恐惧——头疼、皮炎，两者形成强烈反差，激发读者对"吸水性"这个卖点的购买欲望。

延展知识点：事实证明+试用体验

在写卖货推文时，事实证明和试用体验经常作为组合拳一起来用，非常有杀伤力。本质就是先向顾客展示产品的某个卖点，紧接着给出试用体验，体现出卖点对顾客的利益好处。

下面举个例子：

天丝面料，又称莱赛尔纤维，是纯天然的再生性纤维，跟真丝的质感差不多，但价格却比真丝便宜很多，不到500元，就能体验3000元以上真丝用品"纵享丝滑"的感觉。

这里配上天丝面料从胳膊上滑落的gif动图，证实面料丝滑的卖点，紧接着给出亲身试用体验：

躺下去还冰冰凉凉的，拥有蚕丝般的裸睡感，真的是太适合夏天用了。就像是被柔软、细腻的羽毛包围，没有一丝丝的负担，舒服到骨子里！

每天只想开着空调，裹在里面酣睡一整晚，世界也变得温柔起来，早上起来清爽舒适、身心愉悦，又是元气满满的一天。

四、认知科普，拉高客单价

原文：

国外家庭，每人平均会有 10 条毛巾，但在国内家庭，每人却不到 2 条。

我们建议：使用毛巾最好做功能区分，一条擦脸、一条擦身体、一条擦头发等。这样能避免混合使用、重复使用，造成细菌交叉感染。

兔妈解析

到推文结尾，顾客会想"这款毛巾看起来不错，先买一条试试吧"。但毛巾属于低毛利产品，加上邮费成本，根本没有太多的利润，所以聪明的小编通过国外人的做法，给读者重建一个新认知，就是"毛巾要做好区分。不仅家人之间要区分，个人之间还要做好功能区分"。这样给顾客一个多买的理由，进而增加每位顾客的客单价。

兔妈总结

第一个知识点——USP 理论有三个特点：第一，给予消费者一个明确的利益承诺。第二，必须是唯一的、独特的。第三，必须有利于促进销售。

第二个知识点：爆款标题模板 = 比……倍，+ 可量化的价值利益点（数字+结果）。通过与竞品对比，凸显产品独特销售主张。

第三个知识点——写出打动人心的试用体验的三个技巧：第一，具体、细节。第二，欲扬先抑。第三，有场景感。

第四个知识点：证明卖点利益模板 = 事实证明 + 试用体验。先通过 gif 动图证实产品某个卖点，再通过亲身试用体验来凸显卖点给顾客带来的利益好处，成功激发顾客的购买欲望。

3.1.6 《2个月149万元销售额!"英语学霸"的传奇故事如何转换成高销量》

关键词:英语课程、故事型标题、痛点恐惧、认知对比、人设卖货

爆款详情:2个月销售额149万元,转化率4%

爆款标题:《他剑桥毕业,是英国外交部翻译,却为爱情来到中国,还把62岁老奶奶教成了英语达人!》

接到社群学员的最新爆料,在一个知识付费的公众号上,一门英语课卖爆了。作为课程类产品,转化率普遍在1.5%左右,但这门课程支付转化率做到了4%。这篇文案究竟是如何塑造课程卖点的呢,我们一起来深度拆解。

一、标题:制造反差,抓人眼球

《他剑桥毕业,是英国外交部翻译,却为爱情来到中国,还把62岁老奶奶教成了英语达人!》

兔妈解析

这是典型的故事反差标题。对于很多有研发背景的产品以及付费课程,这个标题几乎是万能的,现在我把模板拆解给你看。

职业反差:剑桥毕业的英国外交部翻译,却为爱情来到中国。在大多数人的认知里,外交官这个职业是非常严谨的,而他却为了爱情来到中国,塑造了职业上的反差,吸引读者点击。

顾客反馈反差:很多人会觉得,老年人记忆力很差,学新东西也是很难的,但这位老师把62岁的老人都教成了英语达人,进而让读者相信老师的实力。而且还会让读者产生一种积极的心理暗示:老人都能学会,我也能学会。

标题模板总结:

【故事反差】标题 = 创始人经历反差 + 顾客反馈反差。

你可以从四个方向寻找思路：

第一种：学历和职业反差，比如"小学毕业成公司 CEO""留洋海归回农村当村主任"等。

第二种：年龄反差，比如"9 岁初中生研发出扫地机器人""5 岁小孩能速算四位数加减乘除"等。

第三种：境遇反差，比如"从街头卖艺到登上春晚舞台""20 年农民变身千万富商"等。

第四种：客户回应反差，比如"从破口大骂到赞不绝口""让 3 岁孩子拿到钢琴赛冠军"等。

好奇是人的天性，而每种反差即便是简单的一句话也藏着有趣的故事，可以迅速勾起读者的好奇心，吸引他点击标题一看究竟。

这给我们的启发是：在写推文标题时，可以先思考一下产品的品牌创始人、研发过程、消费者评价有没有这样的反差。有的话，把它提炼出来，写进标题中。

标题模板延展举例：

卖课程： 他玩吉他 20 年，从不被看好到登上春晚舞台（境遇反差），现场观众持续鼓掌 5 分钟（客户回应反差）！

包子连锁店： 50 岁农民老汉不种地卖包子（职业反差），连开 100 家连锁店，迎娶 30 岁美娇妇（年龄反差）！

卖空气净化器： 北大高才生放弃年薪百万工作卖净化器，只为宝宝呼吸上新鲜空气（学历反差）！

二、开场：负面场景戳中痛点，激发顾客购买需求

原文：

学英语十年，词汇量数千，但偶遇问路的外国人，秒变哑巴，憋不出一句话。

课本里学到的表达，出国后发现老外根本不这样讲，甚至一脸懵，因为听不懂你在讲什么。

20 岁时，发誓要学好英语，却常常不了了之。25 岁那一年，遇到一份很

棒但要会说英语的工作，只好说"我不会耶！"。

每一次交谈、面试、演讲、接待、出游……听到别人用一口标准、流利的英语侃侃而谈，只能羡慕嫉妒外加干瞪眼。

世界那么大，那么丰富多彩，我们本可以用英语去看看、去体验，却因为说不好英语，那些在别人看来触手可及的美好，你可能一辈子也触碰不到。

就像一个去过 16 个国家的朋友所言：英语不好，即便你出了国，也只能活在自己的小圈子里。

兔妈解析

这门课程的主打卖点是：不用记单词和语法，就能学会一口地道、流利的英语。那你要怎样才能写出它的优势呢？如果你说"英语口语在生活中用处很大，而且我能让你不背单词就快速掌握，"这很难吸引读者的关注。

而这篇推文就非常巧妙，通过指出目标顾客普遍存在的痛点——"见到老外想沟通秒变哑巴""出国问路老外完全听不懂你讲啥""遇到很棒的工作，不会英语遗憾错过"，让读者产生共鸣。

但仅仅戳痛顾客、引起共鸣就够了吗？当然不，他可能痛一下就忘了，你必须指出更严重的后果。这里就明确给出了："即便你出了国，也只能活在自己的小圈子里。"很多人都有一个出国梦，但如果不会英语，就算圆了梦、出了国也白搭，让读者觉得：这个问题很严重，必须要解决。

三、客观真实对比，凸显产品优势

原文：

我们花在英语上的时间数一数二，学习效果却倒数一二；我们有那么多著名的培训机构、厉害的英语老师、各种各样的学习技巧……为什么口语还是一塌糊涂？

也许你会自我检讨，这是词汇量不够、没有语言环境、没有天赋……但其实，可能是因为你的英语都是中国人在教，你学到的都是"想当然"的中式英语表达。

这一次，我们请到了来自英国剑桥大学的国际级同声传译，超级会说中文的英音男神 Chris，他独创的英语口语速成法，已经帮助上万人，在短期内，不看英语书，不背单词，不学语法，靠掌握关键句型和场景，就轻松学会说一口地道、流利的英语。

兔妈解析

其实，这里的本质还是认知对比。他先指出市面上大多英语课程存在的各种各样的问题：时间花的多，背的词汇量大（缺点多），学习效果却最差（利益少）。但你发现它的不同了吗？前半句的"竞品缺点"用反问句式表达出来，这样更容易和顾客建立互动，吸引他继续阅读。

紧接着，指出这门课程的老师个是土生土长的英国人，能够让你在短期内，不用背单词、不看英语书（优点多）就能学会一口纯正流利的英语（利益大），而且已经帮助上万人（畅销）。

认知对比可以说是写推文时必须要用的技巧，不管你做什么行业、什么产品，总会有竞争对手。那么，你先指出竞争对手的缺点，再展示出产品的好，就会显得你推荐的产品格外好，从而激发目标顾客的购买欲望。

注意这里有一个关键点，就是在你评论竞品缺点时，一定要客观真实。比如背单词、背英语课文，这是每个中国人在学英语时都会经历的事。

有小伙伴可能会问：兔妈，我不太确定竞品有哪些缺点，怎么办？给你两个小技巧：第一，你去淘宝上搜出竞品，然后看评论，把评论中抱怨多的列出来，然后对应竞品的缺点，想出产品的优点。对于线下销售的产品，就找客户聊天做调研。第二，把竞品在文案中的生涩描述直接展示出来。比如，竞品描述产品的功能用了一些专业术语，顾客根本看不懂，而你把这些功能用通俗的话说出来，顾客看懂了，就会觉得："对，你推荐的产品才是我需要的。"

竞品认知对比模板总结：

认知对比＝竞品的差（设计不好＋功能不全＋质量劣质＋偷工减料＋给读者带来的后果（比如，花高价买了低质产品＋影响健康、生活））＋我们的好（产品好＋利益大）。

现在请你拿张白纸，把竞品的缺点写下来，然后对应写出自家产品的好，这样就能激发目标顾客购买产品的欲望了，赶紧练习吧！

模板延展举例：

案例一：卖不粘锅

竞品缺点：很多厂家为了节省成本，用的都是劣质涂层，长期使用不但有害健康，而且涂层很容易就被铲子刮花了，涂层掉了，不粘锅也废了。

产品优点：美国顶尖品牌涂层，唯一拥有专利的锅具涂层，安全健康无油烟，抹布一擦就干净。最重要的是，涂层稳定性很好，不容易被刮花，正常情况下一两年也依旧不粘。

案例二：卖儿童玩具

竞品缺点：健康材质、安全耐玩。

产品优点：采用食品级硅胶，安全无味，就算把玩具放到嘴巴里嚼也不用担心健康问题。6次工艺打磨，不会出现凸出来的尖刺扎伤小宝宝。

案例三：卖口红

竞品缺点：留色好的涂上扒干，滋润型的喝水挂杯、吃饭掉色。

产品优点：独家高浓色锁色配方，既滋润又留色。不会卡唇不扒干，滋润度很足，让整个口红的显色看起来更饱满。一天补一次就可以了。

案例四：卖烤箱

竞品缺点：钢化玻璃、智能加热。

产品优点：钻石级钢化玻璃，经过数百次防爆试验，长时间高温烘烤，不会出现玻璃破碎风险。3D循环温场，360℃加热，均匀烤熟食物，不会出现夹生现象。

案例五：卖凉席

竞品缺点：硬邦邦、易夹发肤、太凉易感冒、闷热不透气。

产品优点：100%精梳棉，冰而不凉，整夜体感保持在26℃，睡在上面如同在山里过夜般凉爽。无论流了多少汗，睡在上面不过一会粗布纤维就将汗水吸收掉，马上神清气爽。

四、打造鲜活人设，建立情感链接

原文：

来自英国南部牛津郡的Chris，已经在中国生活了6年多，很多地方都留下过他的足迹，青岛留学、苏州工作、北京安家，还去过西安、成都、杭州、昆明、香港……

而他与中国的缘分，似乎在他小时候就注定了。

在读小学时，有一次在路上捡到一张纸片，上面是他不认识的东西。他将纸片拿回家，好奇地问妈妈写的是什么。妈妈告诉他，那是中国书法，一种很有魅力的文字。从此，"中国"两个字留在了他的记忆里。

十多年后，他考上了世界排名第二的大学英国剑桥大学，他兴奋地报了中文系。在剑桥，他疯狂学习汉语，甚至古代汉语，从文言文到繁体字，从孔孟之道到三纲五常。

从剑桥毕业后，一次偶然的机会，他遇到了国际口译大师、英国外交部首席中文译员、五届英国首相的贴身"御用翻译"林超伦，并荣幸地成为他的弟子。

他开始在英国外交部、中英贸易协会、英国贸易投资总署等担任高级中文译员。在聚光灯下，为包括部长、议长在内的诸多英国政商要人做口译（包括同声传译）、笔译。

事业一步一登高，他有时候会想，也许有一天，他可以成为像老师林超伦那样的人物。然而他没想到，一个中国女孩会改变自己的命运。

现在的Chris已经是一个真正的"中国通"了，而且还当上了"奶爸"。他的工作仍然集中在各种高端翻译，外事项目交流，以及为各大名企、名校提供英语教学培训上。但他还一直在做一件事，那就是——帮助中国人的英语脱口而出。

兔妈解析

这段文字打造了主人公的人设：学习能力强，英语口语好，中国通，在"教中国人说英语"这件事上非常热爱，也非常专业和权威。

人都是有情感的，一旦产生了共鸣和信任，就会信任你的产品。打造人设就是通过作品、宣传、经历，在目标消费者中树立一个形象，然后利用主人公的这种印象，反过来去为产品背书。

打造人设常用的有两个技巧：第一，巧合开头 + 离奇转折 + 主人公新的目标和挑战。第二，自己或最亲密人的糟糕状态 + 完美结局 + 主人公励志和心愿。

本文就用到了第一个技巧：巧合开头（捡了中国字的小纸片）+ 离奇转折（事业如日中天的时候，为心爱的女孩来中国）+ 主人公新的目标和挑战（帮助中国人的英语口语脱口而出）。其实，如果你注意观察，在很多电影和电视剧中也常常会有这样的情节。

下面看打造人设的第二个套路。

原文：

大学毕业我的第一份工作是医药公司的医院购销经理，长期驻外。有一次搬家后，感觉腰痛难忍，拍了CT后，发现是椎间盘突出引起的。

当时很不理解，腰椎间盘突出应该是中老年人群高发病，我当时才23岁，怎么就得了这个病。经过和专家医生的沟通，我基本上弄清楚了原因。

虽然大学时的专业是临床医学，但是对这个病也只是一知半解，卧床休息了一个星期左右，加上口服药物，疼痛基本上消失了。

本以为病好了，但是后来发现这仅仅是个开始，不能长时间坐车、不能搬重物、不能劳累、不能久坐，否则就会疼痛发作。

大概一年后，逐渐地开始腿麻，大腿和小腿开始疼痛。稍有不慎就加重，有时晚上疼的难以入睡。尝试各种治疗方法，都是暂时的缓解。

由于身体的原因，不能再东奔西跑，最终回了老家，经老师介绍，进入了某单位工作，负责全省一百多家医药企业的联络统计等工作。

尽管工作相对轻松，但备受病痛折磨，于是下定决心要吃透腰突这个疾病的相关知识，一定要治好自己的腰突。从那时开始，便在闲暇之余重新学习骨科相关文献书籍，拜访骨科专家，请教腰椎间盘突出的各方面问题。

功夫不负有心人，我的腰椎间盘突出症如今已经三年多没有再犯过，劳累和久坐也不再复发。

今天我就给大家详细地讲一讲……希望对广大的腰突朋友有所帮助。

这里用了打造人设的第二个套路：自己或最亲密人的糟糕状态（比如：我女朋友痛经/我工作不久查出腰椎间盘突出）+ 神奇转机（比如：奶奶传授给我的秘方/经恩师介绍/经自己专研努力等）+ 完美结局（比如：女朋友痛经好了/我腰椎间盘突出好了）+ 主人公励志和心愿（我要帮助某类人解决某类痛苦）。这样会让人觉得很暖心，而且因为他本人或家人就是受益者，也更容易获取读者信任。。

打造人设模板延展知识点：

其实在生活中，通过打造人设来卖货非常普遍也非常有效。不但可以用到销售推文中，也可以用到朋友圈卖货以及线下店销售中。

假设你在朋友圈卖水果，你的人设就是懂水果的行家，要通过头像、昵称以及每天朋友圈发的内容来塑造水果专家的人设，比如怎么挑选好水果、怎么吃水果更好吃、怎么搭配吃更有营养、怎么削皮更省事等。而不能粗暴地说这个水果好吃，那个水果也好吃；A 买了一箱，B 也买了一箱。这样太生硬，还会引起读者反感。而打造人设就会让大家觉得你在这方面非常专业，找你是靠谱的。

再如，如果你是二手房置业顾问，你不能每次带客户看房子都说这个房子不错，很多人都预约了看房，现在不定就没了。你要先让他认可你的人设——专业、用心。

你可以说，"买房之前，我先给你说说买二手房需要注意哪些问题"，然后罗列几条行业内幕。再说为什么你知道这些，因为你/曾经的一位客户/买房的时候遇到了某种情况，才知道这么多门道，就认真总结出来了。别人就会觉得你很用心、很专业，找你买房很放心。

一句话，想要顾客认可你的产品，先让他认可你这个人，也就是打造好你的专业人设。

兔妈总结

第一个知识点：【故事反差】标题 = 创始人经历反差 + 顾客反馈反差，具体还可从职业、学历、境遇、客户反馈、年龄等维度挖掘反差点。

第二个知识点：【痛点恐惧】= 生活中具体的、高频发生的痛苦场景 + 目标读者难以承受的后果。

第三个知识点：【认知对比】= 竞品缺点（设计不好 + 功能不全 + 质量劣质 + 偷工减料 + 给读者带来的后果，比如，花高价买了低质产品 + 影响健康、生活 + 产品优点（产品好 + 利益大）。

第四个知识点——打造人设的两个常用模板：①巧合开头 + 离奇转折 + 主人公新的目标和挑战。②自己或最亲密人的糟糕状态 + 完美结局 + 主人公励志和心愿。

3.2 勾魂开场：
勾魂夺心术——开场3秒就吊足顾客胃口的绝招

3.2.1 《30天近400万元销售额，这款冷门课程如何靠蹭热点引爆开头?》

关键词：线上课程、借势热点、6种热点类型、小人物逆袭故事

爆款详情：单日增长1300多，销售额363万元

爆款标题：18岁考上耶鲁，25岁考取哈佛，他说：一定要把孩子逼进好学校

社群小伙伴mm提供线索说：在一个知识付费公众号上，一门小众课程卖爆了！爆到什么程度，周末接到线索时是35 475个订阅量，周一看已经36 683个，单日就有1300多的增量。而且后劲依然很足，我当时30秒刷新一

次，用户量就会增长1~2人。课程单价是99元，靠这篇推文产生的营业额是363万元。

知识付费时代，相信你肯定买过各种各样的课程，专业技能的、学习提升的，但这次文案真的是现象级的。本节我们将一起深度拆解这篇推文中的亮点。

一、标题：学霸人设，制造反差

18岁考上耶鲁，25岁考取哈佛，他说：一定要把孩子逼进好学校。

兔妈解析

"18岁考上耶鲁，25岁考取哈佛"，把一个学霸人设展示在了读者面前。但现代社会并不缺牛人，顾客对此也司空见惯了，所以只有学霸人设还是很难吸引点击的。但下半句通过一个"逼"字，制造反差，吸引目标顾客好奇地点击这篇文章。

因为现在大多自媒体宣扬的主流价值观是"尊重孩子、不把父母的意愿强加给孩子、给孩子学习减负"等，但这个"逼"字却传递出另一种价值观——对孩子严格要求，孩子才能成才。和现有价值观出现了反差，到底哪种是对的呢？为了了解真相，顾客就会点击标题阅读原文。

另外，对于另一类父母——对孩子学习本身就严格要求的人，他们的价值观在学霸身上得到验证，而且还会觉得学霸真的是逼出来的。为了进一步求证，也会点击阅读原文。

二、开场白：借势当下热点，关联产品卖点

原文：

前段时间，刘强东在乌镇的一次饭局上了热搜。有人做了盘点：京东CEO刘强东、58同城CEO姚劲波……仅刘强东一人身价就700亿元，而这一桌大佬的身价加起来几千亿元。

细心的小编还发现，这一桌人不仅有叱咤商界的大佬，还个个都是名校学霸：刘强东毕业于中国人民大学，是当年宿迁的高考状元；王兴是清华高

才生；姚劲波毕业于国内著名985高校……

看来，对于我们普通人来说，想要改变命运，考高分、上名校真的是最佳途径。

兔妈解析

这个开头通过"刘强东饭局事件"引起顾客热议和关注。**兔妈把它叫作"鸡汤式开头法"**，但与传统鸡汤不同的是，它给出了明确结论：普通人也可以通过考高分、上名校来改变命运。更重要的是，通过这个结论，煽动顾客的焦虑情绪，这也是激发顾客学习一门技能的前提。

这种方式可以用到很多领域，比如卖护肤品，可以说"某明星60岁了，皮肤白皙细腻，看不到一条皱纹。深扒发现，她一年要用掉700片面膜"。比如卖燕麦代餐，可以说："某明星生了3个孩子，皮肤依然紧致、身材火辣，还有马甲线。她有一个习惯，就是每天早上都要吃一杯燕麦……"

总结起来就是：现象＋结论。这个结论和你要推的产品恰好是有关联的，所以用这种方式过渡到产品也比较自然。

延展知识点：写卖货推文时，常用的有六种热点类型

其一，娱乐热点。通过热播影视剧传达的某个价值观，切入主题，引出产品。比如前几年《虎妈猫爸》热播，就可以先写出剧中主人公教育孩子的理念，引出正确观点，然后来卖育儿课程。除了传递价值观，还有借势热播剧中某位主人公来切入主题，比如，某明星被拍到毛孔粗大的照片，切入"不管是明星还是素人，毛孔粗大都分分钟毁颜值"，进而引发目标顾客对毛孔粗大问题的关注和需求。

其二，名人热点。比如全网爆款黑芝麻丸，就借势了明星在小红书推荐黑芝麻的热点。

其三，天气热点。比如夏天酷暑，卖冰凉喷雾、防晒品、冰爽饮品等。夏季吹空调导致湿气大，卖祛湿产品等。冬天卖各种发热内衣、鞋垫，小暖风扇等。

其四，社会热点。就是在某个时间段里社会性的话题。比如，警报器、防偷拍等产品，就借势有人住酒店遭偷拍的社会新闻，激发顾客对产品的购买欲望和需求。

其五，节日热点。比如春节前卖年货，年后卖职场提升课程、减肥产品等。情人节打礼品概念，儿童节卖儿童玩具，父亲节、母亲节强调工作在外要多关心父母。当顾客产生了情感共鸣，就更容易购买产品。

其六，政策热点。政策热点用的相对较少，曾经有位卖电动车的客户找到我，他说当地要出台政策：4月份就不能卖摩托式电动车了，但与小型电动车相比，大多顾客更喜欢摩托式电动车，他就借势这个政策热点大卖了一把。

三、痛点诊断，激发欲望

原文：

大家都知道上名校的重要性，可说起来容易，做起来难！就像很多家长和学生面临的状况一样：

学不进去，知道好好学习的重要性，但就是提不起劲。

收效甚微，课外辅导班报了一大堆，但成绩迟迟不见起色。

效率低下，学习了很多新东西，读了很多书，但是发现自己并没有多大变化。

于是，很多人把学不好的原因归结为基础太差、能力跟不上、不够聪明……

可你是否停下来想过，不是你不行，而是你的学习方法存在很大问题。

兔妈解析

首先，站在顾客的角度，替他表达出心声"说起来容易，做起来难"，引发共鸣。紧接着给出目标顾客在学习过程中普遍存在的痛点，学不进去、成绩不见起色、效率低下，让目标顾客对号入座。而且这三个痛点都是非常具体的，比如"报了一大堆课外辅导班，但成绩迟迟不见起色"。紧接着指出问题所在——学习方法不行，让顾客重新看到希望。

事实上，痛苦的人往往不愿意找自己的问题，而总是希望找到"元凶"，以解心头之恨。而小编帮顾客找到了"元凶"，而且还帮他找到了新的出路，所以顾客就会满怀感激之情、毫不犹豫地继续阅读原文。这里的表达恐惧与希望并存。

这给我们的启发是，痛点恐惧的目的是为了激发顾客欲望，所以"恐惧"后一定要给出新的希望和出路，这样顾客才能在推文中获得价值，进而继续阅读。比如，"不是你丑，更不是护肤没用，而是你用错了方法"。

四、塑造权威背书，获取读者信任

原文：

2008年，他考入美国耶鲁大学（全球排名前10），成为该校300多年来在中国福建录取的第一位本科生。

2014年，他获选世界经济论坛全球杰出青年，卓越的思想、智慧、才气、行动力鼓舞了无数学子。

2016年，他成功被世界排名第一的哈佛商学院录取，攻读MBA（工商管理硕士），成为全班最年轻的学生之一。

同年11月，他参与录制湖南卫视人气节目《天天向上》，被汪涵、侯佩岑称赞为"国民学长"，他的自励心、规划力、执行力值得所有学子学习。

时尚集团前总裁苏芒曾夸他为"当之无愧的鸡血男神学长！"

新东方董事长俞敏洪曾称赞他："用最低的时间成本完成最高难度的进阶，箭无虚发。"

徐小平也曾表示过对他的欣赏："不可多得的有志青年！"

兔妈解析

读者会想：为什么要听他的课呢？所以，这里就给出主人公的权威背书。这里给你拆解了一个人物权威背书模板——标签+成绩。这个模板非常适合写课程推文，而且讲师有多重身份的情况。

比如，这里标签是耶鲁大学学生，成绩是300多年来中国福建录取的第一位本科生。通过具体的成绩，让读者觉得更真实可信。连着三个权威背书并列，凸显主人公的实力。目的是用主人公的身份为课程背书。

另外，如果你找不到牛人背书，也可以请某个领域的KOL、某个范围的相对权威。比如,你是美容讲师,你就可以找某美容平台的专家背书,凸显你的专业性。

五、讲述人物故事,引发读者共鸣

原文:

2006年7月,15岁的他正悠闲地在网上闲逛。突然,一条热点新闻从屏幕上弹出,不由分说地击中了他:某中学生被哈佛、耶鲁等名校录取。这一爆炸性消息深深地刺激了他:为什么别人那么优秀,而我这么平庸?于是,他决定做出一些改变,先解决最根本的问题——提升学业成绩。

他开始每天花大量时间复习,熬夜到凌晨是常有的事。

规定自己每天阅读1小时以上,从不间断。

建立习题本,花大工夫去啃错题、难题。

但提升成绩的过程远比他想象的艰难:晚上熬夜,导致白天上课精力无法集中;读了很多书,却没记住多少内容;记下来的题换一个形式考,还是会出错……

弯路走了一大圈,成绩丝毫不见长。更要命的是,想考世界名校的消息被大家知道后,真正的考验才刚刚开始。

老师反对:他甚至被某位老师当作了反面典型,"像李柘远这样成绩不稳定,还想去美国高考,冒冒失失,实在是对自己的不负责…"

好友质疑:抵不住的流言蜚语,让平时最要好的哥们在那段时间也和他渐行渐远。

就在他陷入自我怀疑的时候,向来温和的妈妈给了他一剂强心针:"没有先例,不代表不能破例。我相信你。"

重压之下,他意识到拼时间、拼体力是不行的,必须不断地去寻找更高效的学习方法。

他开始频繁查阅书籍资料,请教老师。渐渐地,他意识到:学习上的关键性差异,不在于"学什么",而在于"怎么学"。

于是,他开始更加深入系统地研究各类学习方法,并将其用在日常的学习过程中:

抛弃死记硬背的记忆模式，使用 5 分钟精读法，能让人在阅读过程中加入主观思考，记忆深刻。

笔记乱七八糟全是重点，用康奈尔笔记法，让重难点一目了然，能大大提升复习时的效率。

写作文不知道怎么下手，运用写作"四定"法，搞定主题和结构，让写作像说话一样简单。

高效的学习方法不仅让他的成绩稳步提升，还让他越来越自信，生活状态进入了良性循环。

学业成绩稳扎稳打：美国高考 SAT 一次性获得满分；托福也考出了 116 分（满分 120）的优异成绩。

在各大竞赛活动中崭露头角：代表学校参加复旦模拟联合国大会、成为青年科考队员、代表全球杰出青年参加达沃斯世界经济论坛年会……

兔妈解析

这段是典型的小人物逆袭故事，通过主人公的故事让目标顾客产生共鸣，并会产生"他能做到，我也能做到"的积极暗示。

这也是很多付费课程类推文常用的方法。比如，在这之前，我只是……的小职员。其实，我比大多数人的起点还要低，我比大多数人的基础还要差。总之就是主人公的起点很低却短时间逆袭的励志故事。为什么这种套路屡试不爽，因为从小人物逆袭大咖的背后是冲突、是挑战，这也是故事的核心，牵动着顾客的神经，让他想要一探究竟他到底是如何应对这些冲突和挑战的。

更重要的是，主人公"小人物"时期的经历也是目标顾客的现在，让目标顾客产生情感共鸣，并从主人公身上找到力量，让顾客产生这样一种感受：我也有机会像他一样实现逆袭，努力改变的结果就是买课程提升自己。

小人物逆袭故事有七大核心要点，分别是目标、阻碍、努力、结果、意外、转弯和结局。

也就是七个问题，即：主人公的"目标"是什么？他的"阻碍"是什么？他如何"努力"？"结果"如何（通常是不好的结果）？如果结果不理想，代表努力无效，那么有超越努力的"意外"可以改变这一切吗？意外发生，情节会如何"转弯"？最后的"圆满结局"是什么？

我们再来看上面的故事：

第一，主人公的目标是考上耶鲁、哈佛这类名校。

第二，面对上耶鲁、哈佛名校的阻碍是学习分数不够。

第三，他是如何努力的：熬夜到凌晨、每天读书一小时、每天刷错题、难题。

第四，结果是这样的：晚上熬夜，导致白天上课精力无法集中；读了很多书，却没记住多少内容；记下来的题换一个形式考，还是会出错。而且又遇到了新的阻碍：老师反对、好友质疑。

第五，在他陷入自我怀疑时故事发生了意外转折，就是母亲给他打了一剂强心针。

第六，情节会发生什么转弯的？就是主人公不再自暴自弃，而是开始寻找更高效的学习方法。

第七，最后的圆满结局是：美国高考 SAT 一次性获得满分，托福也考出了 116 分（满分 120）的优异成绩。在各大竞赛活动中崭露头角，代表学校参加复旦模拟联合国大会，成为青年科考队员，代表全球杰出青年参加达沃斯世界经济论坛年会。

尤其是在第三步，比如导致白天上课精力无法集中；读了很多书，却没记住多少内容；记下来的题换一个形式考，还是会出错。其实，这是通过主人公的经历指出目标顾客普遍遇到的问题和痛点，进而让目标顾客产生情感共鸣，让他觉得"我就是这样"，从而成功激发跟主人公一起学习、努力改变的欲望。这也是利用小人物故事来卖货的本质。

六、竞品对比制造反差，激发目标顾客购买欲望

原文：

进入耶鲁的他，和来自世界各地的牛人、大咖在一起学习、生活后，真切的感受到：掌握了学习的过程和方法，真的很不一样！

不懂学习方法，死记硬背，只能掌握皮毛、浅尝辄止。

高效的学习方法，不仅能深刻立体地消化知识点，还能建立系统的思维

方式。

好的学习方法对一个人的影响,不只局限于在校期间的那短短几年,它给予你的思维、能力、见识等都会让人受用终生。

🐰 兔妈解析

这部分是对故事的总结,再次强调学习方法的重要性,并且通过不懂学习方法的糟糕后果和高效学习方法的美好体验进行对比,形成强烈反差,激发目标顾客购买课程的欲望。需要强调的是,不管是买产品还是买服务,目标顾客关注的永远是"我能得到什么"。所以,对比反差后又强调"不只局限于在校期间的那短短几年,它给予你的思维、能力、见识等都会让人受用终生",告诉你好的学习方法给你的受益是终生的,把顾客购买课程的欲望推向顶点。

七、植入彩蛋,塑造课程价值

原文:

妈妈首次公开发声,讲述家庭教育:优秀的孩子,离不开良好的家庭教育。课程里妈妈讲首次公开发声,分享她的教育理念和方法,帮助每位家长正确处理孩子成长过程中的一些问题。

🐰 兔妈解析

孩子的教育永远是父母最关心的话题。而它的目标用户是职场进阶25~35岁左右人群,大部分还有一个标签——宝爸宝妈。对于这类目标群体来说,直接听学霸的父母分享教育孩子的理念和方法比课程本身更有吸引力。就拿作为妈妈的我来说,看到这里就特别心动,心想即便对自己没有用,对孩子也会有帮助。

很多课程会增加大咖课、彩蛋课,其实目的也是一样的,就是塑造产品的价值,提升顾客的购买欲望。但要注意的是,这个彩蛋课程,一定要是针对目标顾客需求的,也就是说是他们需要的、想要的,这样就会非常有效。

兔妈总结

第一个知识点——写卖货推文时常用的六个热点类型：娱乐热点、名人热点、天气热点、社会热点、节日热点和政策热点。

第二个知识点——小人物逆袭故事有七大核心要点：目标、阻碍、努力、结果、意外、转弯和结局。

第三个知识点——植入彩蛋，塑造课程价值。不管是实物还是课程，提供超值赠品都是刺激目标顾客购买的有效手段，它会让顾客有种物超所值的感觉。但提供的赠品，一定要从针对目标人群的需求出发，让人惊喜、无法拒绝。

3.2.2 《35天206万元销售额！瘦身仪如何用"视觉开场"提升10倍转化》

关键词：按摩减肥仪、勾人开场、视觉刺激、图片认知对比

爆款详情：客单价129元，卖出1.6万多单、销售额206万元

爆款标题：《胖子都是潜力股，瘦5斤，颜值能长3分！》

平时写稿时，经常有学员咨询：兔妈，写文案开头有没有什么好用的技巧和套路呢？的确，不管是写卖货推文还是打推销电话，开场白都很重要，就像我们接到一个推销电话，如果在开头没能吸引你的注意，你肯定不会继续听下去。

《文案训练手册》中有一句话给我的印象很深刻："如果一则广告里的所有元素都是为了让目标顾客开始阅读文案，那么我们真正要谈论的应该就是文案的第一句话。而第一句应该简短易读，并让目标顾客非注意到不可。"

可问题是，很多人写开头喜欢绕弯子，比如写明星八卦，还没有切入正题就洋洋洒洒几百字了。更关键的是，这样吸引来的大部分人是想看明星八卦的，当你抛出产品时，他们会觉得上当了，就会直接关掉页面。

本节我们将拆解这篇爆款瘦身按摩仪的推文，它的开头非常有吸引力，

不但能吸引精准粉丝对话题的关注,更能激发目标人群的欲望,进而被勾着一直翻页看下去。

更重要的是,这个开头方法非常简单。下面我们一起来深度拆解一下。

一、标题:数字+反差,吸引点击

《胖子都是潜力股,瘦5斤,颜值能长3分!》

兔妈解析

这个标题简短有力,前半句先给出一个结论,告诉目标顾客"胖还有救"。后半句直接给出目标顾客"瘦了之后"的效果"瘦5斤,颜值长3分",用数字制造反差,激发顾客减肥的欲望,进而吸引顾客点这篇和减肥相关的文章。类似的还有:40岁的人,20岁的皮肤。

在营销文案中,数字比文字更容易吸引顾客的注意力。所以在写标题时,很多爆文常常采用植入数字的方法。那么,我们可以利用哪些数字呢?在这里,我提炼了四个维度。

第一个维度:产品销量

你的产品卖出多少,也就是产品的畅销度如何。这个数据不仅能提升下单欲望,还能增加信任。当然,销量的数据不仅仅包含总销量,更包含单位内的销量或是某特殊时段的销量。

比如:

爆卖3000万瓶的日本网红美容水,比神仙水还好用!

狂卖9000+!Q弹香韧无敌,盐焗控绝不能错过!

中国每卖出10罐凉茶,7罐是加多宝!

第二个维度:历史工艺

你的产品有多长时间的历史,研发经历了多长时间。

比如:60年的手艺淬炼,45天的腌制沉淀,一戳就爆浆的黄金皮蛋!

第三个维度:主人公年龄

你的产品创始人年龄是多少?使用者的年龄是多少?高管普遍年龄是多少?深挖产品背后藏着的人物,用他们的年龄为产品服务。

比如：

恭喜你！在 25 岁之前看到这个最最靠谱的眼霜侧评！这个就是使用者的年龄！

我那个 30 岁、月薪 5 500 元、想自暴自弃的女友，今年赚了 100 万元！

第四个维度：时间数字

在特定时间内，发生了什么事情？实现了什么效果？

比如：

一分钟卖出 3 万件衣服，老板比比尔·盖茨还有钱，他靠一个字颠覆了整个零售业！

他 5 分钟搞定我 8 小时的工作，农村小伙用这神技能打败了 90% 的城里人！

普通人如何在 6 个月内学会任何一门外语？

二、开场白：图片视觉冲击，快速抓人眼球

原文：

胖子都是潜力股，瘦 5 斤，颜值能长 3 分！

你是不是也曾跟我一样，被网上瘦身前后励志图所激励（见图 3-1），开始了管住嘴、迈开腿的减肥之路？

图 3-1 网上瘦身前后励志图

结局八成也差不多：

十来年前萌生减肥的念头——从 120 斤减到 140 斤。

过了五年减肥的念头再次出现——从 140 斤减到 160 斤。

此时进入平台期——用了两年才减到 170 斤，又用了两年减到 180 斤。

目前尽量减少运动，以期保持体重。

——忙里偷闲的杨

进入一个减肥计划实施——控制饮食——暴饮暴食——减肥失败；负罪感——重新制订减肥计划——继续控制——继续暴饮暴食——再次负罪感的死循环……

——kimiliy

大多数人还挣扎在"越减越肥"的怪圈，却不知道聪明的姑娘们早就摆脱了"节食运动"的魔咒，人手一款淋巴按摩器，没多久就瘦一大圈！

兔妈解析

第一句"胖子都是潜力股，瘦5斤，颜值能长3分！"先给出一个明确的结论，胖瘦直接关乎颜值。相当于直接告诉顾客，如果你瘦下来一点，人就更美，进而激发目标顾客减肥的欲望。其实，这里最关键的是图片对比，非常有视觉冲击力，让读者直观感受到瘦下来真的能变美。

事实证明，最容易对目标顾客产生冲击的还是图片。文案就像吹了一阵风，但图片的杀伤力就像直接在水面上扔了一个石头。如果单看文字，顾客想减肥的欲望是3分，看完对比图片想减肥的欲望就能达到8分。这也是视觉反差开场技巧的核心。

接下来，通过两位顾客的真人语录，戳中目标人群的痛点——节食、运动，结果却是越减越肥，引发读者共鸣。其实，这两位顾客就是大多数想要减肥的人的典型代表，也就是我们常说的顾客画像。另外，这里的重点还是图片（见图3-2），强烈的反差对比，再一次激发目标顾客减肥的欲望。

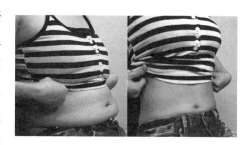

图3-2 瘦身前后图

最后，给出新方法（瘦身按摩仪）的效果对比图，引发顾客好奇，刺激他继续阅读原文进一步了解产品详情。

今天给大家说的这个开头套路就是【图片对比认知】，这要比单一的文字更有冲击力，也更容易在目标顾客的脑海里产生反应。

勾人开场模板：观点＋痛点（痛苦场景图片）＋效果（新方法效果对比图）

这里最重要的就是：痛点图和效果对比图，通过视觉反差对比，激发模板顾客对现状的不满，对理想效果的渴望。为了便于消化和运用，下面再举个例子。

如果你卖美白产品，开头就可以先给出【观点】"白＝美　黑＝土"，接下来摆出某人或某明星又黑又土的照片，最后给出新方法美白后的效果对比图。

比如我在给某美白精华写推文时，就用到了这个方法。原文是这样的：

从古至今，男人的视觉焦点，99%都在肌肤白嫩的女人身上，他们的审美简单粗暴：

白＝颜值高、气色好、穿啥都好看

黑＝土

好多明星从出道时的村姑，变成后来的御姐，也都离不开皮肤的变白。比如，今年新晋的"虎扑女神"。

其实，她的五官还是很精致的，就是黑黑的皮肤让她不那么显眼。

电影《初恋这件小事》里的女主，在五官完全没变化的情况下，摘个眼镜，变白几个度，堪比整容。

三、讲事实摆证据，证明对用户有益

关于减肥产品，消费者听得太多、看得太多，很难再相信某些新产品。要解决这些问题，获得读者的"信任感"至关重要。所以，接下来的推文就摆出了一系列证据链，塑造产品的信任背书。

方法一：明星案例＋用户证言

原文：

大多数人还挣扎在"越减越肥"的怪圈，却不知道，聪明的姑娘们早就摆脱"节食运动"的魔咒，人手一款淋巴按摩器，没多久就瘦一大圈！

淋巴按摩一直是明星们的瘦身小秘密：

林心如酷爱的淋巴按摩仪，逢人就推荐，今年42岁了依然保持苗条少女身材，怎么吃都不怕胖。

米兰达可儿，每天早上都会用刷子干刷身体来维持身材，已经坚持了几十年！生了儿子的她，越发美艳动人，更有超模范！

🐰 兔妈解析

这里在介绍产品时，并没有一上来就说产品怎么好，而是先通过国内外明星对产品的追捧，塑造权威背书。一方面利用顾客的社会认同心理，激发对产品的购买欲望；另一方面通过明星的认可，借势权威，获取顾客信任，让顾客觉得"明星都在用，肯定不错"。

方法二：试用体验＋顾客案例

原文：

我自己偷偷滚两个星期，主要瘦大臂，发现肉明显收紧，松松的蝴蝶袖上去了。

蝴蝶袖变化特别明显，收紧了，整个手臂都变瘦。

我旁边一个小妞也试用了，她是典型的"水肿腿"，跟我说去水肿效果特别好！晚上睡前滚一滚，早上起来腿细赛模特。

终于不用晚上压腿拉筋，不用天天煮薏仁汤了。这个按摩仪简直懒人绝配！

它简直是对付肌肉腿的法宝！打松肌肉，打散脂肪，促进血液循环，慢慢小腿就变得软软的，腿形也能改善。

🐰 兔妈解析

为了向顾客证明产品的瘦身效果，这里给出了小编的亲身体验和身边好友的使用案例，让读者相信产品真的有效果。你发现了吗？这里没有笼统地说瘦了，而是从目标顾客的两大痛点"蝴蝶袖""肌肉腿"出发，让顾客相信小编是真正体验过的，产品也是真正有效果的。紧接着，通过顾客的案例，让读者产生一种"你能瘦下来，我也可以瘦下来"的积极心理暗示。

方法三：借势权威

原文：

FLP 来自日本，一向注重安全环保，材料是完全无刺激的 ABS 材料，很多婴幼儿的玩具就是用它做的，小宝贝们经常拿在手里、含在嘴里，柔嫩的肌肤也完全没受到伤害，大家大可以放心试用哦！

FLP 淋巴按摩原理其实跟刮痧一样，通过滚动全身淋巴，给身体排毒，打散多余脂肪，加速血液循环，促进多余水分排出和脂肪代谢。

央视的权威健康节目《健康之路》就做过一个专门介绍刮痧减肥的栏目，还讲述了多个通过刮痧在 3 个月之内就瘦身成功的实例。

🐰 兔妈解析

首先，推文指出产品材质安全、无刺激的卖点，但顾客并不知道 ABS 是什么，这里就用到了卖点直白表达技巧中的"媲美第一"的技巧，告诉你这个材料是婴幼儿玩具中常用的，孩子放在嘴里都没有问题。这样顾客就会觉得产品是安全的，因为孩子都可以把它放在嘴巴里。

其次，在介绍产品作用原理时，推文用到了类比。把大家不熟悉的淋巴按摩类比到大家熟悉的刮痧，让顾客更容易理解。但顾客会怀疑，刮痧真的能瘦身吗？紧接着，就借势央视《健康之路》的权威报道，并且有图片佐证，让顾客相信刮痧真的可以实现瘦身的效果。

四、价格锚点 + 使用场景，引导快速做出购买决策

原文：

我发现某网红大牌也有一款一模一样的，将近 2 000 元，我同事就有一个，拿来对比下，发现体验感完全相同，我们这款却只卖 89 元。

89 元买一个，质量好，可以用很多很多年。不只轻松瘦身，还能满足瘦脸、美容、缓解疲劳、改善失眠等多种需要，价格还不到人家的零头，买盒面膜也不止这个价。

配有纯黑色绒布抽绳收纳袋，用完装进小袋子里，挂在墙壁上，完全不占地，还防尘、防刮擦。买两个再减 10 元，刚才有提到，我都是买两个，两

边一起按，超级省时省力，所以强烈建议你们买两个。

兔妈解析

首先，与网红大牌按摩仪进行价格对比，凸显产品价格便宜。然后，给出产品的多种功能场景和收益，给顾客一种物超所值的感觉。

另外，搭配便携收纳包装，主动化解顾客不好存放、占空间的顾虑。最后，设置买赠政策"两件立减10元"，但顾客会有"买两件没有用"的想法，所以小编给出了一个买两件的理由"两边一起按"，进而实现提升客单价的目的。

兔妈总结

第一个知识点——标题常用的四个数字技巧：**产品销量、历史工艺、主人公年龄和时间数字。**

第二个知识点——视觉冲击开场模板：观点＋痛点（痛苦场景图片）＋效果（新方法效果对比图）。通过视觉反差对比，激发目标顾客对现状的不满，对理想效果的渴望，进而继续阅读原文。这个模板适合功效对比明显的产品，比如祛痘、美白等。

3.2.3 《手把手教你SCQA"万能爆款开头"，99%的推文都能这么套》

关键词：灰指甲液、开场白、SCQA模型、故事冲突

爆款详情：客单价129元，火爆全网，1.5万余单

爆款标题：《10年顽固灰指甲，久治不愈？用它！上市5年，让无数美国人摆脱灰指甲！》

你有过这样的经历吗？你经常能够记住一些电视、小说中的故事情节，虽然具体的小说名或者主人公名字可能记不太清楚，但整个故事情节却牢牢印刻在头脑中。

这就是故事的力量。

在远古时代，人们唯一的娱乐方式就是围坐在篝火边，听有威望的族人

讲故事。所以，对故事天生的敏感和热爱是刻在人类基因里的。所以，影响一个人最好的方式，不是给他讲道理，而是讲故事。想让孩子学会诚实、不说谎，就给他讲"狼来了"的故事。

当人们在听故事的时候，他们潜意识的闸门是打开的。这个时候，人们就会被故事里的情绪感染，故事里传达的观点和信息也会被潜意识接受。

所以，很多文案高手也常常用故事来实现卖货的目的。本节将拆解的爆款灰指甲液就用了故事开场，让读者更容易代入、产生共鸣。

一、标题：痛点锁定目标人群，破解方法激发欲望

《10年顽固灰指甲，久治不愈？用它！上市5年，让无数美国人摆脱灰指甲！》

兔妈解析

这是典型的实用锦囊式标题，前半部分明确指出目标人群是灰指甲患者，目标人群的痛苦和苦恼是"久治不愈"；后半句给出破解方案。

区别于常见的实用锦囊式标题，推文还凸显了产品的两大亮点，分别是"美国进口"和"畅销"，不但能吸引目标人群的注意力和好奇心，同时还能赢得顾客的信任。

这里需要说明的是，推文没有强调灰指甲的具体症状，而是强调10年顽固灰指甲，让顾客觉得"10年顽固灰指甲都能解决，时间短、不严重的更没有问题了"，进而凸显产品功效的强大。这给我们的启发是：实用锦囊式标题的前半部分，除了指出读者在某种具体场景下的痛点和苦恼，也可以是时间久的顽固性苦恼。

二、开场白：故事戳中痛点，用冲突引发共鸣

原文：

前段时间朋友在洗脚的时候，突然发现大拇指甲上有块灰黄色，摸上去还有些粗糙、变厚。因为家里有人得过灰指甲，让她立马想到自己不会也得灰指甲吧！

吓得她赶紧求助网络,还真的有很多病友提供"偏方"!有的建议把大蒜去皮拍碎后敷在患处,有的建议把病变的指甲拔掉,还有的建议每天早晚用一定浓度的冰醋酸溶液浸泡病甲10分钟。

发帖者的言之凿凿,让朋友如获至宝、深信不疑。然而,蒜泥刚敷上去,指甲边缘的皮肤组织便红肿刺痛。

傻姑娘用"偏方"忍痛坚持了一周,去医院检查后发现,灰指甲没治好,竟然又得了甲沟炎!

专业医生给了解释:其实,用醋和蒜来对付灰指甲是不科学的,更容易导致真菌入侵引发感染,导致甲沟炎。况且灰指甲霉菌多且复杂,将近有200种,不根除还会带来一系列并发情况,甲床炎严重的甚至造成皮肤病。

所以得了灰指甲一定要尽早剔除,而且这些霉菌都具有极强的传染性,只要发现家里一个人有灰指甲,绝对会接二连三地有人中招。

跟灰指甲斗争过的人都知道,它有多顽固、有多难治。古方土方泡、包,甚至是刀片割、拔指甲……罪受了那么多最后还是没有效果,长出来的指甲还是老样子。

今天推荐给大家的这款灰指甲消除液,不用包!不伤肤!不拔甲!不影响日常走路!5秒速干,2个月剔除灰甲,新甲重生。

兔妈解析

其实,这个开头用的就是典型的SCQA模型(见图3-3)。

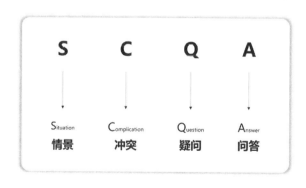

图3-3 SCQA模型

S 情景：突然发现大拇指甲上有块灰黄色，摸上去还有些粗糙、变厚。

C 冲突：求助网络使用偏方，导致甲沟炎。紧接着，通过专业医生印证结论"不科学的方法解决不了灰指甲"，并促使冲突进一步升级——"将近 200 种霉菌导致皮肤病。且具有极强的传染性，如果不及时治疗，有可能传染给家人"，进而激发目标用户寻找新问题的欲望。

A 解决方案：给出解决方案，也就是小编要推荐的产品"灰指甲消除液"。

你发现了吗？其实，这段故事的本质还是痛点恐惧。但同样的内容，通过 SCQA 模型就写出了故事感，更容易吸引读者注意力、让其产生代入感。

首先，在故事背景描述部分指出目标人群的症状和痛点——指甲发黄、粗糙、变厚。然后认知对比，指出处理灰指甲的常见错误方法，凸显其他方法的缺点，目的是让顾客主动放弃这些方法。最后，通过专家指出使用错误方法，以及不及时处理会导致的严重后果，激发顾客寻找解决方案的欲望——购买产品的欲望。

《故事经济学》一书说，没有冲突的故事，就不是一个好故事。而这段开头就有两次冲突，所以，很容易引发目标人群共鸣，吸引继续阅读，寻找解决方法。

这里需要说明的是，很多 SCQA 模型并非是完整的，而是其中某两三个元素的组合，例如本篇推文就只有 SCA 部分。

延展知识点：SCQA 模型

S（Situation）情景——由目标顾客熟悉的情景、事实引入。

C（Complication）冲突——实际情况往往和我们的要求有冲突。

Q（Question）疑问——怎么办？

A（Answer）回答——正确的解决方案是……

S 通常是指目标顾客普遍熟悉、认同的事，也就是我们常说的普遍性的痛点。由此切入，更容易让大家产生代入感，必须让对方听完以后产生一种"对对对，你说的没错"的反应。然后，指出存在的冲突，打破开场给对方的安全感，让他认识到面临的问题，也就是 C。Q 是指刺激目标用户的反思和思考，我要怎么办？最后给出答案 A，也是接下来要表达的主题，可以是观点或产品。另外，很多时候 Q 是省略的，而 SCA 三个部分也可以灵活变换顺序。

三、摆事实给证据，证明对用户有益

传统方法不行，但顾客还会担心："你推荐的方法真的可以解决我的痛点和困惑吗？"当你提出一个新方案时，意味着顾客需要做出评判和改变，而且还会面临各种成本，这对他来说是一个很艰难的过程。所以，你要给出一系列证明，获取顾客的信任，告诉他选择这个方法是明智的，让他快速做出购买决策。

方法一：打造专家人设

原文：

它成立于 1912 年，创始人 Leonard 博士是一名脊椎治疗师，在工作中接触到大量病人后，他发现集中于身体膝盖、腿部、背部及臀部的疼痛大多都源于脚部问题，也正因为自己在这方面很专业，让他不断探索实验足部缓痛技术。

兔妈解析

在生活中，大到买房、买车，小到去超市买牙膏、牙刷、卫生纸，我们都更愿意相信专家的推荐。就连朋友圈卖货，第一步也要打造朋友圈的专家形象。卖货推文也是一样。

这里就很好地塑造了产品创始人的专家人设，告诉顾客这个产品是创始人接触大量病人后，不断探索才研发出来的。通过创始人的专家人设，让顾客相信产品的品质和效果是值得信赖的。

方法二：权威 + 畅销

原文：

超 15 000 名足科医师团队打造多款足部产品，30 年来专业解决灰指甲、拇指外翻、高跟鞋伤痛、骨刺等脚部问题。

全球六大洲20多个国家都有它的受益者,产品更是经过美国APMA(美国药品制造商协会)认证!几乎是美国每个家庭的专业足部护理师。

兔妈解析

这里运用了借势权威"足科医师""美国药品制造商协会认证"和畅销"15 000名""全球六大洲20多个国家""几乎是每个美国家庭都在用"。前者利用了人们对权威人士的"社会认同"心理,后者利用了"从众心理"。

需要说明的是,很多人经常说"获得美国某某认证",但很多人对所谓的英文缩写并不知道是什么意思。本推文就进一步给出解释"美国药品制造商协会",把专业权威翻译成了大众权威,让顾客秒懂权威的含金量。

方法三:拔刺

原文:

我不敢夸下灰指甲消除液十几天就能长新甲的海口,我所学的生物知识告诉我,人的指甲平均的长度为16mm,生长速度是每天0.1mm,完全长新甲大约是5个月左右,十几天长新甲可能吗?

灰指甲液也同样做不到,2个月是一个护理周期,它的去除过程是这样的:5~15天清理病甲部位,抑制细菌滋生重生;20~30天消灭患处真菌群;40~60天阻止真菌重生和再次繁殖;70天以上见证灰甲掉落,新甲冒头!

兔妈解析

什么是拔刺呢?简单来说,就是把顾客会指控的话题先主动提出来。这样做的原因是,当最严厉的指控被放到台面上之后,对话就能引导到解决事情本身了。当你大声说出对方可能的指控后,很可能在无形中引导了对方为你辩护。

市面上很多灰指甲产品都在打"快速长新指甲",但很多顾客已经上当受骗很多次了。本推文就比较特别,他先告诉你"他家产品不会十几天长出新指甲",并用生物知识给出专业解答,凸显其专业形象。正因为这样,顾客才会下意识地为他辩护，并相信这个产品是科学的，而其他"宣称快速长新指甲"的产品都是骗人的。而且顾客还会觉得他很真诚，进而对他推荐的产品产生好感和信任。

方法四：效果对比

原文：

手指呈灰白色，又厚又硬，涂在指缝、甲床处，让灰指甲液渗入甲根杀菌抑菌，长出的新甲和健康的指甲完全一样！

> **兔妈解析**

人们的大脑对前后效果对比的全景图更敏感，所以，尽管灰指甲的图片很不美观，但小编呈现出效果对比图，让顾客直观感受到它的效果。

另外值得借鉴的是，除了使用前和使用后的对比图，还按时间轴给出了使用不同时间的变化过程。一来更真实，二来也更容易引发顾客的代入感，让他联想到自己使用产品后一天天恢复的情景。

方法五：事实证明

原文：

这款灰指甲专用液的主要成分是上边提到的1%托萘酯、芦荟凝胶、维生素E、丙酮、丙二醇。不要一看见化学文字就吓跑。

首先，这些成分在里边的用量是经过千万次实验数据得来的；其次，含量都非常少！

pH酸碱度测试结果为5~6，接近人体的pH酸碱度，请你放心。既然告知可以直接涂在指缝处，就间接表明安全！

> **兔妈解析**

这里再一次利用了拔刺的套路，先主动提出顾客会怀疑、指控的问题，并通过pH试验的结果证明产品成分是温和安全的，化解顾客的疑虑。

方法六：认知对比

原文：

市面上众多的灰指甲液需要涂抹后包裹起来，这样很影响日常行动吧！尤其是冷天穿着厚袜子、大棉鞋，脚趾上绷上厚厚的胶带，走路一步一磨，别提多难受了！

这款灰指甲液的又一个优点就是，涂在患处 5 秒速干，不用包裹，不影响日常生活，超级方便！

兔妈解析

这里又打出了一个卖点——速干。但它没有直接喊出来，而是通过认知对比，先指出市面上其他竞品使用不便，涂抹后需要包裹，并指出给顾客带来的具体麻烦。紧接着，再说明产品 5 秒速干，不需要包裹，就显得产品使用起来格外方便，进一步激发顾客的购买欲望，并让顾客相信这款产品是解决灰指甲的最佳方案。

四、利用社会认同，引导马上下单

原文：

一瓶 30ml，根据一天 2 次、每次 4 下的用量估算，这瓶够你用到指甲换新成功，买一瓶就能解决顽固灰指甲，不用想就很划算。

灰指甲难治众所周知，这瓶灰指甲克星在美国火了这么多年，解决千万人的脚部问题。如果你有同样的烦恼，它能帮你彻底解决，赶紧试试吧！

兔妈解析

消费者什么时候愿意付钱呢？答案是收益大于成本的时候。所以，这里先通过严格的用量估算，告诉顾客一瓶就可以解决灰指甲问题，通过塑造产品价值，让顾客觉得收益很大，进而降低花钱的难度。最后，再次强调产品在美国很畅销，而且已经解决千万人的脚部问题，顾客就会觉得"都帮千万人解决问题了，肯定也能帮我解决问题"，进而刺激买单。

> **兔妈总结**
>
> **第一个知识点——故事痛点开场模板**：S 情景——由目标顾客熟悉的情景、事实引入，这里包含着顾客的痛点。C 冲突——实际情况往往和我们的要求有冲突，这里包含痛点不解决可能导致的严重后果。A 答案——给出正确的解决方案，一般是观点或产品。
>
> **第二个知识点——拔刺**：就是先主动提出来顾客会指控的话题。当最严厉的指控被放到台面上之后，对话就能引导到解决事情本身了，让顾客觉得你很真诚，也更容易获得顾客的信任。比如，成分是化学成分、效果不会立竿见影等。
>
> **第三个知识点——效果对比**：在写功效型产品推文时，除了给出前后对比，最好还要给出使用不同时间的变化过程。这样不仅更真实，也能让顾客联想到自己使用产品后一天天恢复的情景，进而刺激顾客做出购买决策。

3.2.4 《单篇推文30多万元销售额！"黑科技除味剂"如何吊足顾客胃口，提升50%转化?》

关键词：冰箱除味剂、设置悬念、开场白

爆款详情：单篇销售额30多万元

爆款标题：《冰箱其实是个细菌窝?！杀菌、除味、保鲜，这个黑科技神器帮你一次搞定!》

先来做个小测试：如果有人告诉你"要对顾客差别对待""业务员要学会拒绝""减肥每天要吃5顿饭"，你会继续看下去吗？事实上，70%的人都会继续看下去！为什么？

因为它传递的信息违背了我们的固有认知。比如，在我们的认知里，对顾客要一视同仁；业务员要把顾客当上帝，尽量满足顾客的需求；减肥要尽量少吃饭，甚至一天吃两顿饭等。这时候，我们脑海中就会情不自禁地产生

"为什么"的疑问，所以就会产生兴趣，想知道里面究竟写了什么，就会继续看下去。

除此之外，还有另一种让目标受众产生疑问的方法，就是抛出问题，让人觉得"经你这么一说，好像真的是这么回事儿"。其实，这个疑问里本身就藏着结论。比如，为什么企业高管都要打高尔夫？为什么女人比男人更在乎仪式感？

这个方法不仅可以用于朋友圈文案，也可以用作书名，还可以用作推文标题。当然，也能直接用来作为推文的开场白！本节拆解的这款冰箱除味剂的爆文，它就把这个方法用到了极致。

一、标题：引发好奇，凸显产品核心利益

《冰箱其实是个细菌窝?! 杀菌、除味、保鲜，这个黑科技神器帮你一次搞定!》

兔妈解析

典型的实用锦囊式标题，但与常用的实用锦囊用法不同的是前半句。很多产品会指出一个具体的苦恼或痛点，比如"半夜咳嗽睡不着""小肚子一抓一把肉"等，再给出解决方案。但这里它通过恐惧诉求，打破读者常识，让读者问"为什么"。紧接着给出解决方案，引发读者好奇点击。

二、开场白：丢出问题吸引注意，诊断痛点激发需求

原文：

还以为冰箱是美食保险箱吗？

水果蔬菜/剩饭/鸡蛋/牛奶/全往里塞。

开冰箱时总闻到臭臭的异味！

冰箱没坏！食材也没买几天呢，

为什么这么臭？

这不只是食物混放发酵的串味儿，

是长期藏在冰箱里，

各种细菌群代谢的有害气体!

这几年,"冰箱病"频繁上热搜,

证实了冰箱其实是个细菌窝,

连保鲜膜、保鲜袋也被曝光,

不仅费钱费力,还会招新细菌。

兔妈解析

- "冰箱没坏!食材也没买几天呢,为什么这么臭?"站在顾客的角度,提出疑问。而且非常有画面感,让顾客想象到自己曾经在某个时刻打开冰箱时的场景,非常有代入感,引发目标受众的共鸣。

- 紧接着告诉你答案——不是食物串味,而是细菌代谢的有害气体。然后配上图片指出生活中高频发生的四大痛点:食物腐烂、黄色污渍、食物串味、霉斑。

- 最后,用CCTV的报道佐证这个说法,告诉目标顾客"我不是危言耸听,而是告诉你忽略的、不知道的新闻事实",进而激发目标顾客寻找解决问题方法的欲望——购买产品的欲望。

三、讲事实摆证据,证明对用户有益

如何让目标受众认可并接受你的解决方案呢?这是推文的核心。下面是证据链。

证据一:陈列产品核心利益

原文:

1. 根除异味、臭味:让冰箱时刻干净卫生、气味清新。
2. 杀灭99.9%细菌:用臭氧杀菌、降解果蔬农药残留,不产生任何有害物质。
3. 让食物保鲜时间延长3倍:让食材省一半钱,冰箱多用5年。

兔妈解析

这个方法经常会用到,也是文案新手最容易上手的。就是在引出产品后,先给出顾客购买产品的三大核心理由,让他在短时间内就能感受到产品的核心卖点，对产品有个清晰的认知。这样的好处是可以节省读者时间，但弊端是消费者看完后，如果没有被打动，就有可能关掉页面走人。所以，在罗列产品核心卖点时，一定要把产品的差异化卖点列出来。

另外还有个技巧，就是写出卖点的获得感，即卖点给顾客带来的结果利益。比如，"让食材省一半钱，冰箱多活 5 年"。

证据二：认知对比 + 事实证明

原文：

它为什么能除味？

原来是利用臭氧的超强氧化性！

它能释放臭氧，让臭氧将异味分子分解掉，

除味效果是活性炭的 10 倍。

小编用烟气模拟异味气体，

打开它释放臭氧，

短短几秒钟烟气就消失了，

烟的味道完全也闻不到了，

干净清新的空气扑鼻而来。

快把冰箱里的柚子皮、活性炭扔掉吧，

柚子皮只是气味大盖住了冰箱的臭味，

活性炭也只是把臭味分子吸附而已。

臭味没了细菌却翻倍涨，

只是你肉眼看不见……

兔妈解析

首先，解释产品原理，但推文没有直接说产品的原理是什么，而是站在顾客角度提出疑问"它为什么能除味"。这句话就像一个钩子一样，吸引顾客继续阅读。这也是常用到的讲人话设置悬念的技巧。

其次，通过与市面上常用的柚子皮、活性炭进行认知对比，激发顾客的购买欲望。为了证实除味效果比活性炭更高效，还做了模拟实验的证明，让顾客眼见为实。

在凸显产品某个卖点时，认知对比+事实证明的模板非常好用。前半部分提出区隔其他竞品的差异化卖点，紧接着给出事实证明，获取顾客信任。

证据三：痛点恐惧+事实证明

原文：

把食物放冰箱冷藏2小时后，

细菌就开始疯狂裂变，不到一天细菌数就上亿了。

可冰箱本身只会保鲜，不会杀菌啊！

如果不给冰箱杀菌，

食物就带着细菌一起下肚了。

把它放冰箱里能杀掉99.9%的细菌，

因为臭氧就是细菌的天敌，

能将细菌分解并转化成水、二氧化碳和氧气。

没有任何有害物和残留产生，

是最安全最健康的杀菌方法。

🐰 兔妈解析

这里又打了一个杀菌能力强的卖点，但如果直接说"能杀掉99.9%的细菌"顾客就会产生困惑"为什么要杀菌呢"，所以就很难激发购买欲望。这里的方法你可以借鉴，先给出食物会产生细菌的事实，以及细菌产生的危害，先唤醒顾客对细菌的恐惧，激发对"强杀菌"这个卖点的需求，才能感知到这个卖点的好处！

这给我们的启发是，在向顾客推荐某个产品卖点时，想一想在什么情况下他才需要这个卖点。一定不要直接说，而是通过恐惧或其他方法，先激发对这个卖点的需求。

证据四：事实证明

原文：

平时把鲜肉放冰箱冷藏两天就臭了，

把它放冰箱杀菌冷藏，

肉都放一周了还很新鲜！

以后往冰箱放肉菜、剩饭不用套保鲜膜啦。

小编用苹果试了一下，

把苹果分别放进无它和有它的冰箱里，

10天后取出，明显可以看到：

没有它保鲜的苹果已经发蔫儿了，

有它保鲜的苹果还鲜嫩如初。

🐰 兔妈解析

杀菌冷藏到底效果怎样呢？直接放了两组事实证明的对比图，分别是加了除味剂的冰箱和不放除味剂的冰箱，然后对比两块肉和两个苹果的新鲜程度，一目了然，让顾客眼见为实，进而相信产品的品质和效果。

证据五：类比＋使用场景

原文：

记得大雷雨过后清新自然的空气味道么？

这股淡淡的鲜草味就是臭氧！

在森林、瀑布、海边，臭氧味更明显，

臭氧在大气中阻挡、分解各类有害物质，

被称为地球最好的保姆。

卫生间的臭味和细菌它也能完全去除，

让洗手间像大海边一样空气清新，

上个厕所就感觉没有难闻的气味了。

各种新闻都报道过，

车内甲醛、二手烟、肉眼不见的细菌超标，

把它在车上放一宿，

第二天就能呼吸最清新健康的空气啦，

开车上班就像出去旅行一样！

让它在鞋柜里也待两天，

遭人嫌弃的臭脚臭鞋味竟然都没啦，

凑着鞋子使劲闻都没闻到。

兔妈解析

顾客会疑惑：臭氧到底是什么味道，会不会很难闻呢？它用具体的"森林、瀑布、海边呼吸到的空气"和臭氧类比，让你想象到"一打开冰箱门，就能闻到森林一样的清新空气"。通过大家熟悉的雨后空气的味道，把产品味道这个卖点量化出来，打消顾客的疑虑。

接下来给出了三个常见的使用场景，车里、鞋柜、卫生间，使利益最大化，让顾客觉得拥有这个产品后，在很多情况下都可以享受它带来的美好体验，进一步激发购买欲望，也为引导下单做好铺垫。

延展知识点：使用场景

"产品何时用、怎么样"是一个思考题，但消费者是很懒的，所以你要替顾客思考，直接告诉顾客答案，把场景1、场景2设计好，让顾客想象到一天下来，可以一次又一次地使用产品，不断获得幸福和快感，才能打动他。

如何设计出契合消费者心理需求的场景呢？答案就是：洞察目标顾客的生活日常。看平时他会做哪些事，去哪些地方，以及哪些场景下可能会用到产品，让他在那一刻有种"幸好，我还有这个产品"的反应。为了方便找灵感，我给出了以下三个纬度。

从时间来说，工作日、周末、小长假、年假等。

从地点来说，在家、在单位、上下班路上、旅游途中等。

从症状来说，秋天干燥嗓子疼、外卖油腻、感冒咳嗽等。

接下来，我来举几个例子。

案例一：卖多功能剪刀

像虾这种又小又滑还带壳的，更是方便。去头、开背，一气呵成！

能代替菜刀处理整只鸡，连皮带骨，咔咔一顿剪，超锋利的，绝不拖泥带水，作为个女孩子都用起来很轻松。

葱花、韭菜、秋葵、豆角……需要多少直接剪到锅里，只需要用剪一张纸的力度，不脏菜板、不留异味，堪称完美了。

聚会上，开个酒瓶、拧个瓶盖、夹个核桃也不在话下，超好用！

案例二：卖女士披肩

和朋友去海边度假，随手一搭，漂亮又防晒。

平时办公室冷气太凉，随手一搭，保暖又洋气。

周末和闺蜜出门逛街，不知道穿啥好，随手一搭，时尚又百搭。

案例三：卖厨卫清洁剂

油腻得不敢碰的油烟机，喷一喷光洁如新，节省请家政洗油烟机的钱。

隔两天就得清理的油腻灶台，一喷就干净，每次省掉10分钟。

平时要刷刷刷的风扇壳子，喷一喷凉风嗖嗖的，更清爽。

锈迹斑斑的锅底，喷上用抹布随便擦一擦，白净如新。

脏得要丢掉的球鞋，轻轻喷一喷、泡一泡，一双崭新的小白鞋又回来了！

四、省力省钱，引导下单

原文：

不用插电、不用清洗、0耗材，

充1次电能用2个月！

只需打开开关，往需要的地方一放，

给全家请了一个健康保姆！

满满黑科技于一身的冰箱活氧净化器，

别看它那么小，能用三年呢！

相当于每天不到1毛钱。

🐰 兔妈解析

首先，说明产品无其他耗材成本，打消顾客的疑虑。其次，充1次电用两个月，凸显使用便捷性，降低顾客使用门槛。其次，"给全家请了一个健康保姆"就是典型的获得感文案，让顾客直观感受到拥有产品的结果利益，激发购买欲望。最后，能用三年，每天不到1毛钱，通过算账凸显产品的超高性价比，刺激顾客马上下单。

兔妈总结

第一个知识点：在陈列产品卖点时，一定要写出卖点的获得感。比如，"让食材省一半钱，冰箱多活5年"。

第二个知识点——痛点恐惧＋事实证明：在向顾客推荐某个卖点时，先想一下顾客在没有这个卖点时可能会遇到的麻烦和痛苦，然后给出事实证明，让顾客相信产品这个卖点能帮他解决痛苦。

第三个知识点：使用场景的三个维度，分别是时间、空间和表现症状。

3.2.5 《线下滞销品如何起死回生？一上线热销3.5万单，销售额310多万元？》

关键词：功效产品、反差开场、彩蛋卖点

爆款详情：单价89元，3.5万单，销售额310多万元

爆款标题：《拒绝驼背！每天2小时，直腰开背，呵护脊椎，21天挺拔身姿！》

你是否有过这样的经历：看到一些产品介绍页面之后，并没有仔细阅读，就立即下单购买？甚至一些产品的价格并不便宜，甚至超出产品本身几倍的价值，但还是有很多人趋之若鹜地争相购买。

也许还会遇到这样的窘迫情况，在市面上看到竞争对手的产品，感觉品质并不如我们的，价格也没有优势，但就是卖得比我们的好，而且卖得更快、更多。更让人无法理解的是，客户偏偏喜欢他们的产品。

这到底是为什么？人们购买的真相是什么？

还有另一种情况，同一款产品，在线下渠道卖得不温不火，但换了渠道和目标人群，就一跃成为大爆款，吸金无数。

这又是为什么？人们被打动马上购买的真相到底是什么？

本节通过一款爆款案例的拆解，来揭秘人们购买的真相。这是一款曾经被炒得大红大紫的产品，但昙花一现后就退出了市场，如今靠一篇推文重新

火了起来,它就是——背背佳。一上线卖出 3.5 万单,销售额 310 多万元。下面带你拆解它的爆单真相,并给你提炼出推文中可以借鉴的亮点,以及告诉你如何按下消费者的购买开关。

一、标题:抓住核心卖点,塑造可量化价值

《拒绝驼背!每天 2 小时,直腰开背,呵护脊椎,21 天挺拔身姿!》

爆款标题解析

这个标题很简练,也很普通,但有三个点值得学习。

第一,清晰明了地把要表达的内容说清楚,产品的功能卖点是"直腰开背,呵护脊椎"。

第二,明确指出产品具体可量化的利益和好处"每天 2 小时,21 天挺拔身姿"。为什么是 2 小时、21 天呢?其实,这是深入思考消费者决策因素的结果。时间太短,没有效果,反而会引起顾客怀疑。时间太长,门槛太高,会吓退顾客,而每天 2 小时是接受度最高的,而且 21 天是公认的好习惯养成周期。

所以从顾客的角度考虑,这两个数字更科学专业,更容易在顾客心里产生影响,也更能获取顾客的信任。

第三,有明确的指令"拒绝驼背"。明确的指令有什么好处呢?平时容易被人们忽略的事儿,刻意采取命令的态度,反而有机会借此刺激人心,起到强调作用。

比如,你平时有驼背的习惯,但自己很难察觉到,惯性使然,经常坐着坐着就驼背了。但如果突然有个人提醒你说:别驼背!你就会意识到这个问题,并调整坐姿。所以,用"一口命令"的方式,也是非常有效的吸引读者注意力的标题技巧。

尤其对于文案新手来说,这三个点也是可以借鉴的。就算写得不出彩,只要保证这三个点:表达清楚你想说的话、给出可量化的具体好处、想办法引起读者的注意,就能保证基本的阅读量和转化率。

那么如何优化,让这个标题更出彩呢?有三个方法:第一,凸显痛点。

第二，口语化表达。第三，凸显获得感。

痛点可以锁定目标人群，让他们对号入座。口语化表达能加快准顾客的阅读理解速度，专业化的表达可能需要七八秒，而口语化的表达只需 3 秒顾客就能看懂了。

比如可以优化成：

《驼背让你老 10 岁！每天 2 小时，养成天鹅背！轻松显高 5cm》

二、开场白：一正一反，痛点更痛的绝招

原文：

你知道含胸驼背有多丑吗？就连颜值高的明星们也逃脱不了驼背带来的丑陋！不仅影响仪态，还会收缩身高，严重的能将 1 米 65 驼成 1 米 5……

驼背，还包含含胸、圆肩、探头（脖子前倾），就算颜值再高、衣品再好，依然会让人觉得黯淡无光。

而且随着年龄的增长，还会发展成脊椎变形和佝偻！

难怪都说，真正的美人在骨不在皮，而且从不会被岁月打败！比如赫本，打开的肩膀和直立的腰背，挺拔的身姿让人不禁感叹：如果我到了这个年纪能这么优雅，老又有什么关系呢！

容颜易老，气质犹存！这种不必靠说，只能直观感受并欣赏的状态，是一种既让人舒服又让人不敢造次的感受与氛围。

颜值高的明星都易驼背，何况你我这些普通人。长期久坐办公、低头玩手机，学生总爱趴在课桌上，不知不觉都或多或少存在体态问题。女的看上去直接老 5 岁，男的看上去特猥琐！

尤其是孩子在看书、做作业的时候，处于发育过程中，很容易引起脊椎侧弯、高低肩以及近视的情况。

兔妈解析

首先，通过加入"你"字，与顾客对话，把顾客注意力吸引过来。接下来，明确指出驼背的两大痛点：收缩身高、穿衣服不好看。

如果按以往惯用的写作方法，下面就要给出驼背长期不解决的严重后果，

但是这里没有。紧接着，推文又给出全球最美女人赫本的正面案例，告诉你背挺直的女人老了也很有风韵。这会达到什么结果呢？就是通过一正一反的对比，让读者觉得驼背真的很丑、很糟糕，也对挺背的美好状态更渴望，进而激发顾客的购买欲望。

接下来，指出长期驼背不解决的严重后果"女人变老，男人萎缩，孩子侧弯"，为了避免痛苦，顾客也更容易做出改变。

这个一正一反的开场方法，可以用在对比明显的产品推文上，比如减肥、美白、祛斑、祛眼袋等。

完成了吸引注意力的工作之后，如何激发顾客欲望并让他完全信任呢？解决消费者的信任，无非是两个方面。

第一，情感层面。简单来说，就是通过调动消费者的感性情绪，让他不买就寝食难安，也就是我们常说的冲动消费。

第二，理性层面。尽管消费者做决策大多是受感性脑的影响和支配，但随着时代的发展，也见识了商家的各种营销技巧，他已经开始产生戒备心理，时刻提醒自己"不要冲动消费"。

为了避免冲动消费，顾客就会用"不科学""不适合自己"等理由劝服自己"不要买"。所以，推文还要从理性角度解决他的信任问题。

当推文摆出了一系列证据链，顾客才会觉得："购买这款产品，是我深思熟虑、认真比对和研究过的，购买这款产品是明智的选择"，进而快速完成"好奇—感兴趣—怀疑—纠结—信任—下单"的全过程。

那么对于这款产品来说，是如何从感性和理性的层面让顾客信任的呢？

三、摆事实讲证据，证明对用户有益

证据一：原理解释 + 认知对比

原文：

它是利用腰部的力量来反向拉伸肩背部，一穿上可以明显感觉肩膀被强力向后拉，腰部收紧挺直，自然而然挺胸抬头，整个人的气质立马感觉不一样了。

穿上它，不仅可以让体态端正、预防驼背；还能纠正因不良习惯引起的驼背习惯！适用于所有办公族、玩手机一族和学生群体！

🐰 兔妈解析

首先，给出了产品的原理解释。提到原理解释，很多人经常用很多高大上的专业术语。其实，这是写推文的大忌，也是我们常说的"自嗨"。正确的做法是把原理翻译成通俗的话。通俗到什么标准呢？你可以想象一下，如果你的顾客要转介绍给他身边的朋友，会怎么说呢？他会说"它是用腰部的力量反向拉伸肩背的"，那你就要通俗到这个程度。

紧接着，通过图片的认知对比，给出产品的获得感，让顾客直观感受到产品能带来的价值利益。

但有个问题是，很多人看不到自己是否驼背，也没有这种意识，怎么办呢？这里比较高明的地方就是，通过"群体标签"，与读者产生关联。告诉顾客这个产品，办公族、玩手机一族和学生都是必需的。

顾客一想到自己玩手机窝在沙发里的样子，就觉得这个产品和自己是有关系的。重点是，现在用手机的人群规模高达近 10 亿，覆盖大量潜在顾客。

另外，群体标签的方法，你还可以通过年龄来实现。比如卖眼霜，可以说 20 岁以上的人！

证据二：顾客证言

原文：

@静静：小时候长得又黑又驼背伸头，很多人都说我像小偷，穿了大概 3 个月，现在基本不用刻意就自觉挺直腰背。

@橙子喵：之前总有朋友开玩笑说我虎背熊腰的，终于下定决心，坚持每天下班后运动，上班的时候穿这款肩背矫姿带，30 天已经有蝴蝶骨了。

@可可：以前穿过背背佳，各种不舒服，这款穿上不觉得勒，帮助拉伸的点都特别精准，穿上后同事们都说仪态立马就变得不一样了。

@sunny佟：自从穿了这款肩背矫姿带后，现在天鹅颈都有了呢。

> **兔妈解析**

顾客对号入座后，如何继续吊足他的胃口，激发他的欲望和信任呢？这里就最先给出了最有说服力的武器——顾客证言。

大家都知道，消费者中间存在"从众效应"。很多时候，并不是自己真的需要，而是看到别人买了自己就动心了。

另外需要注意的是，顾客证言很简单，但难点在于如何选出真实、可信任的顾客证言。这里就做对了，它不但给出"3个月""30天""上班穿"等时间和场景的具体细节，还通过消费者的口吻说出了目标人群的痛点"驼背伸头像小偷""虎背熊腰"，更容易引发目标人群的共鸣。

并且所有顾客证言都凸显了产品的超级卖点"养出天鹅颈，让你更美"，非常聚焦。所以在你选择顾客证言时，也一定要做到这几个要点。

证据三：产品展示

原文：

纠正体态肩部是关键，这款矫姿带通过交叉带设计，可使肩膀单独向后受高达15斤以上的大拉力。这样大力而舒适的拉伸，自然而然保持昂首挺胸的姿态。

腰、背、肩三大黄金受力点，符合人体脊椎自然曲线，强力拉伸肩部的同时，帮你挺直腰杆。

腰部宽面设计增大受力面，分散压力，没有紧缚感、不适感。

它采用的是轻薄柔软排湿吸汗的网状材料，兼顾了轻薄透气和大力度拉伸，夏天也不会觉得闷热。

穿戴简单方便，两步就能轻松搞定！（可根据自己的腰部粗细调节粘扣位置哦，初穿者可适当调松点）

舒适度非常高，不会觉得勒，穿着它看书、看手机、工作一点都不觉得负担，不知不觉8小时就过去了。

简洁的服帖设计，即使穿在衣服里，走路、逛街完全没问题。

🐰 **兔妈解析**

大家都在说产品好，那么支撑产品好的证据是什么呢？这时候就要讲述产品的事实，给出具体的证据。这里就先是介绍产品如何实现矫正驼背的原理，以及产品的面料、穿戴的方式、体验和场景，向顾客展示产品的细节和收益，让顾客相信产品是真的好，这也是从理性层面获取顾客的信任。

证据四：恐惧诉求

原文：

体态不好看似是形象问题，其实已经伤害到了健康。

肌肉、骨骼的长期错位，导致变形、疼痛，引发颈椎病、腰肩盘、脊柱侧弯等疾病。

去年的这个时候，我腰很酸，去医院一查腰肌劳损，就是因为平常的坐姿不正确。

体态问题基本不是独立存在的，一旦坐姿站姿走姿不正确，往往会彼此之间形成恶性循环，就会形成多种问题，比如含胸、圆肩、探头。

而这些基本都是驼背的前期特征，如果长期得不到纠正，最后就易形成真正的驼背。

驼背还带来一个负面影响就是，身高缩水。

🐰 **兔妈解析**

通过"穿上就变天鹅颈、变有气质"的正面吸引，很多顾客已经产生了购买欲望，但还会出现两个问题：第一，不迫切。顾客会想"过几天再买也可以"，因为它不像吃饭喝水一样是刚需的。第二，久而久之已经习惯。有些人长期已经习惯了这样的姿态，或者对形象并不是太注意，他们可能对产品并不感兴趣。

怎么办呢？这里通过痛点恐惧来告诉顾客，现在不解决会出现的严重后果：颈椎病、腰椎间盘突出、脊柱侧弯等。并通过小编的个人案例，让顾客联想到自己也有可能出现这样的糟糕情况，进而引起顾客重视，刺激马上解决问题的欲望。

证据五：彩蛋卖点

原文：

除了身材，隔开少女感和妇女感最关键的一点就是——体态。

很多姑娘有胸又纤瘦，可还是看起来身材不好，如果改善了含胸驼背，立马就显得傲胸翘臀。

有的姑娘虽然瘦，但侧面看上去还是会很厚，穿衣服很影响美感，这就是背部没有打开的缘故。

这款矫姿带穿过后还可以帮你纠正肩部线条以及收副乳，有了少女肩，年轻 10 岁都不止！

而且仪态不对，还会引起脂肪堆积。

比如严重的驼背和脖子前倾，脂肪就很容易聚集到骨骼移位的缝隙中。比如弯腰驼背时，腰部耷拉着，很容易形成游泳圈。

穿上矫姿带后，拉伸了腰背，不仅时刻提气，尤其是用腰部支撑身体，还能燃烧脂肪。

兔妈解析

其实，把挺直腰背和减肥关联到一起，还是有些牵强的，但这个不重要。对于顾客来说，通过这款产品修炼出天鹅背已经达到预期了，如果顺便能让肚子上的脂肪减少一点，岂不是更好？所以，这就是我常说的彩蛋卖点，起到锦上添花的作用。

某大号平台的电商文案总监曾给我分享过一个案例，她们的电熨斗平时卖得很一般，但通过彩蛋卖点：穿上熨烫过的衣服，能让你看起来更显瘦，然后就卖爆了。

因为把衣服熨烫平整是产品的基础功能，在实现基础功能的基础上，让顾客有更多获得感，他就会觉得物超所值，也更容易做出购买决策。

需要注意的是，你不能把这个减肥的点作为产品的核心卖点，因为它的理论依据和证据链是经不起推敲的，也很难获取顾客的信任。

四、化解顾虑 + 价格锚点 + 偷换心理账户,引导快速成交

原文:

秒杀市场上一切"背背佳"。

用一顿肯德基的钱,21天改变身姿。

体态不对,在别的地方花再多钱都是白费。其实身边有很多人从小时候就用过背背佳之类的,这是他们的感受:

"太勒了,呼吸难受!"

"不舒服,太厚重!"

"太贵了!"

而今天推荐的这款肩背矫姿带,超级大优惠,一顿肯德基的钱就够了,而且完全不勒,还柔软透气。简洁的设计,成人、学生都适用。

兔妈解析

背背佳曾经风光一时,很多人可能已经购买使用过。所以,可能也会有各种各样的体验不好或其他售后问题。当顾客有这些顾虑时,基本上就不会买了。这里的做法很好,先主动提出顾客可能存在的顾虑和担心,告诉顾客以前遇到的这些困扰这次都不会有。并且通过和市面上竞品的价格对比,凸显产品的实惠。另外,一顿肯德基的钱,利用了偷换心理账户的下单技巧。让顾客从在外吃饭的心理账户中取出几十块钱来买让自己变美、变健康的背背佳,降低顾客的花钱难度,更容易让他做出购买决策。

兔妈总结

第一个知识点——反差式勾人开场模板:痛苦场景 + 理想场景,一正一反,形成强烈反差,让顾客对现状不满,对理想状况更渴望,进而激发改变的欲望。

第二个知识点——彩蛋卖点:思考一下,你的产品在满足基本功能需求的同时有没有其他辅助卖点,如果有的话,罗列出来作为彩蛋卖点,让顾客觉得物超所值,更容易做出购买决策。

3.2.6 《7天100万元销售额！防弹咖啡打造勾魂开场的四大要诀》

关键词：挖掘痛点、打造畅销、塑造人设

爆款详情：单周销售额100万元

爆款标题：《39岁高圆圆美成19岁！明星靠啥保持身材？原因……我给你们找到了！》

先思考一个问题：创业时如何选品，才更容易成功？

我研究很多爆款案例之后，发现它们有一个诀窍：就是跟风。什么意思呢？如果在一线城市，可以了解国外正在流行什么，然后参考它的概念做产品；如果在二三线城市，就了解北上广深等一线城市正在流行什么，参考着选产品。这样能让你少走弯路，也更容易成功。

本节拆解的防弹咖啡就是在国外流行的背景下，快速在国内火起来的产品。我研究了这篇推文，发现除了选品有优势外，卖货推文也很走心。

一、标题：蹭明星快速吸引眼球，年龄反差+设置悬念吸引点击

《39岁高圆圆美成19岁！明星靠啥保持身材？原因……我给你们找到了！》

兔妈解析

这是一个典型的悬念型标题，其中有以下三个亮点。

第一，借势明星流量。需要说明的是，这里用得非常有技巧，通过数字年龄制造反差，凸显明星好的一方面，迎合目标顾客的八卦好奇心。

第二，疑问+省略号，制造悬念。悬念一：明星靠啥保持身材？具体是靠啥没有说，想要了解答案，就要点击标题看正文。悬念二：原因是什么呢？还是没有说，通过省略号让顾客产生好奇，想要了解答案，还要看正文。

第三，人称代词，拉近顾客距离。在写标题和推文时，多加入人称代词"我"和"你"，就会让顾客觉得在和作者聊天一样，也更容易吸引注意力，引发共鸣。

悬念型标题就像一个钩子，吸引读者忍不住点击阅读正文。悬念型标题

中常用的关键词有竟是这样、居然、如何、什么样、这一个、这一招、它等，而且一般还会加上省略号、问号等。

二、开场白：理清四个要点，激发顾客需求

我们先来思考四个问题：

第一个问题：咖啡的目标人群有哪些？

①小资，追求生活情调和品味。②职场人，用咖啡来提神醒脑。

第二个问题：生活中喝咖啡的场景有哪些？

①茶歇消遣。②加班提神。③早起消肿。

第三个问题：平时喝咖啡时，你最担心的问题是啥？ 也就是顾客的痛点。

相信大多数人的答案都是这两个点：①怕胖。②怕晚上睡不着。

第四个问题：关于这个话题，能用的素材有哪些？

高圆圆微博晒咖啡的素材。

我们的目的就是要通过素材的加工，激发目标顾客对防弹咖啡的关注和兴趣，吸引他继续阅读原文。明白了以上问题之后，接下来看看具体要怎么写。

原文：

高圆圆一直是很多人心目中的女神，39岁还能保持着19岁的美貌与身材，着实让小梨羡慕啊！女神本人也说过，保持身材最重要的就是吃得有道，每天要让卡路里保持在一定的范围内。关注她和工作室的微博不难发现，除了一般的蔬果之外，高圆圆保持身材和美貌还有一大秘籍——咖啡！

其实，咖啡不仅仅是一种饮品，更是美好品质生活的一种代表。无论是贝多芬这样的音乐大师，还是伏尔泰这样的文学大家，他们的生活都离不开咖啡。甚至不夸张地说，咖啡是他们的灵感来源。著名音乐家巴赫就曾经说过："早上不喝咖啡的话，我就像块干瘪的烤羊肉。"

作为一个经常加班的新媒体人，咖啡是小编生活中的不可或缺。睁不开眼的早晨，泡一杯咖啡，小小啜饮一口，心满意足地咂咂嘴，大脑活过来了。

因为没时间、囊中羞涩又受不了酸涩口感，我一般会直接购买市面上能

买到的速溶和瓶装咖啡,虽然口感顺滑很多,但糖分含量也着实上升不少。这么高的热量,大脑是清醒了,肥肉也找上门了。现在又是夏天,出门随时能看到一水的漂亮小姐姐,长腿、美背、小蛮腰、性感深锁骨,又瘦又好看。再摸摸自己腰间的游泳圈,捏捏摇摇欲坠的双下巴,真是悲从中来啊,可不能再喝热量这么高的咖啡饮品了。

然而,坚持几天不喝咖啡,我又觉得工作效率大打折扣,迫切需要一款喝了不会长胖、口感顺滑、又方便冲泡的咖啡!

兔妈解析

通过女神高圆圆、音乐家贝多芬、文学家伏尔泰对咖啡的钟爱,从正面唤起人们对咖啡的需求。结论就是:**美好品质生活 = 咖啡**。

这时候,顾客可能会说:"我就是普通上班族,没有那么多闲情雅致品咖啡"。接下来,就通过日常的生活场景——加班、早起睡不醒等负面场景进一步激发目标用户对咖啡的需求。

发现了吗?其实这里用到的也是一正一反,先通过正面案例激发对美好生活的向往和憧憬,再给出负面场景刺激改变的欲望。

但对于普通人来说,买咖啡的首要选择渠道就是超市。所以,小编就非常聪明,用第一人称的角色替顾客表达出心声"没时间、囊中羞涩又受不了酸涩口感,我一般会直接购买速溶咖啡"。紧接着,通过认知对比,指出竞品的缺点,进而激发顾客寻找新的解决方案的欲望,也就是购买新型防弹咖啡的欲望。

注意,这里就用了兔妈一直强调的与竞品对比时一定要客观、真实,而不能盲目打击竞品。常见的竞品有:普通的速溶咖啡和瓶装咖啡。先指出竞品的优点:便宜、口感顺滑。再指出竞品的缺点:糖分多、热量高、易长胖。这样就显得很真实、客观,也更容易让顾客接受。

但如果只说长胖的话,并不能引起顾客重视,因为他脑海里没有具体的场景。这里就做对了,不但借势夏天的季节热点,指出长期喝热量高的咖啡会出现的痛苦场景"腰间的游泳圈,捏捏摇摇欲坠的双下巴",并且与又瘦又美的人形成强烈对比,非常有画面感,刺激目标用户主动拒绝掉竞品,顺着作者的思维滑梯，寻找新的解决问题的办法。

整个过程很紧凑，也很通畅。下一步要干什么呢？介绍防弹咖啡的卖点和特色吗？千万不要！如果直接推荐产品，顾客会觉得你只想赶快卖产品给他，会觉得上当了，很反感。**正确的做法是制造流行，进一步激发目标用户对防弹咖啡的好奇。**

三、权威+畅销+顾客反馈，制造流行激发欲望

原文：

这是一款减脂提神饱腹三合一的神奇咖啡，颇受好莱坞众明星的追捧。

型男小贝之所以在退役之后还能保持着这样的好身材，除了日常的运动健身外，他还有一款"神器"加持，那就是防弹咖啡，手上橙色杯子就是啦。

《变形金刚》的女主梅根·福克斯也是防弹咖啡的忠实拥趸，她第一胎怀孕时胖了20.9斤，靠喝防弹咖啡，配合运动，2个月瘦回模特身材。

美国女演员谢琳·伍德利在上《今夜秀》节目时大方表露："防弹咖啡会改变你的生活！"

主持人吉米也说："这咖啡简直太美味了，然后它对你身体还有益，对你的大脑也很有好处。"

《超人归来》的扮演者Brandon Routh，在喝过防弹咖啡后就表示："相比以前，我现在的精神简直好极了，台词就好像刻在我脑子里了一样，需要哪段说哪段。"

毕竟这样口感味道一流，还能减肥的咖啡，想不红都难，现在它已经成为品质生活的标配。

在ins上搜防弹咖啡的英文名"Bulletproof Coffee"，竟有超过18万+的真人秀照片！这还不包括其他的周边tag！

很多人通过自己DIY防弹咖啡成功瘦下来的经历更是让人看了心痒痒的，跃跃欲试。

最过分的是此人！她晒自己喝了防弹咖啡以后裤子小了3个码！！！

> 兔妈解析

好莱坞巨星实力推荐（权威），ins 社交软件上最火（畅销），用户喝完瘦身成功（用户反馈）……

给我们的启发是：在向顾客推销产品时，先不要急着推销产品，而是先告诉目标顾客很多人都在用，都说不错，明星大咖都爱，让顾客觉得这款产品很流行，他就会解除戒备心理。而且人性的从众心理也会促使目标顾客对这款产品更有欲望，并忍不住想要进一步了解产品卖点。

目标顾客内心的欲望已经被激发出来了，下一步就要讲述事实、摆出证据，赢得他的信任。

四、打造专家人设，引发情感共鸣

原文：

防弹咖啡为什么这么厉害？

防弹咖啡的创始人，可不是什么咖啡大师，而是硅谷云计算创业家 Dave。

曾经年仅 20 多岁的 Dave 为谷歌工作，曾出售过一个公司，据说到手就是 600 万美元。

可是这种硅谷大神 + 富豪，身形却重达 140 公斤。因为肥胖导致的倦怠和膝盖的疾病，促使他下定决心改变。他一周健身六天，每天一个半小时，仍不见改善。

在一次偶然的西藏之行中，他品尝到了当地流行的酥油茶，这种饮品帮他克服了严重的高原反应，在旅途中一直精力充沛。

回到美国后，他将茶这个载体换成了咖啡，加入了奶油和椰子油用来代替糖，研制出了口感比酥油茶要好很多的防弹咖啡。

Dave 本人表示靠防弹咖啡他已成功减重约 45.4 公斤。他说：“我的能量改变了，大脑改变了，我更能集中注意力，想东西也更快了。"

Dave 没有藏私，2014 年年底，他出版了《防弹饮食》一书，公布了防弹咖啡的配方以及相关的科学原理，在美国狂销几十万册。

兔妈解析

通过塑造创始人的人设，赢得人们的情感共鸣和信任。这里的人设就是：硅谷大神+富豪+胖纸+肥胖导致的亚健康。通过这些细节经历，让主人公真实地展现到顾客面前，也更容易让目标顾客产生代入感，并给读者一种积极的心理暗示"主人公靠防弹咖啡成功瘦身，改变了亚健康，我肯定也可以"。

人设的本质是通过读者对主人公经历的共鸣和信任，反过来为产品背书。这也是很多产品推文经常用到的创始人人设卖货的技巧：主人公或亲密的人遇上某个严重问题+寻找解决问题路遇坎坷+某个契机找到灵感+主人公创业攻克难题。这是塑造人设的四个核心要素，如果你的产品想通过打造人设销售，一定要先把这四个关键点捋清楚，然后再填充，你会发现顺畅很多。

延展知识点：如何用人设卖货？

什么是"人设"呢？简单理解就是：你以什么身份和谁说话？你以什么样的身份向目标受众展示？也就是作为一个产品，搞清楚我们的文案以一个什么样的"人设"与用户对话，用户才会喜欢。

为了方便理解，我来举两个例子。

案例一：卖吹风机

这款吹风机的发明者叫林源，是一个彻头彻尾的理工男。

林源曾就职于大疆无人机公司，参与研发过多款产品，期间拿下十余项技术专利。从大疆离职创业后，林源开始研究吹风机。

他拆了市面上几乎所有的吹风机，发现吹风机已经几十年没有技术更新了。

很多贵价吹风机依然是不变的结构，加热不精准。同样的模式，在北方寒冷环境下使用可能只有70℃，在南方炎热环境下就会到120℃……

兔妈解析

这是研发人的人设，在卖货文案中也是最常见的方式。这里凸显的是"理工男""无人机研发"，这样的人有什么特点呢？就是特别专注认真、精益求精、注重细节。顾客就会觉得：他研发的吹风机是按照无人机的质量和要求，这样的吹风机会差吗？突出产品的品质可靠，进而赢得顾客的信任。

这种人设的重点在于研发人做这件事的态度上。比如，是为了孩子研发的，是为了老婆研发的，或者是为了做这件事，花费了多少财力、物力和精力。通过主人公的价值观，获取顾客的好感，并打动读者用购买产品的方式，为主人公点赞和投票。

案例二：防晒霜

作为成分党，我研究了一下盒子上的成分，有意外惊喜。

它里面含有二氧化钛，采用的是物理防晒，在肌肤形成保护膜，阻挡紫外线进入肌肤。

还有丁基二本甲酰甲基甲烷，采用的是化学防晒，吸收遗漏的紫外线，有效组织UVA对表层肌肤的伤害。

物理防晒+化学防晒，涂一层，拥有双重保护，防晒力超好。

兔妈解析

这段用的是体验者人设，也就是小编，这也是卖货文案中常见的人设用法。但这里的小编，不是普通的使用者，而是行家，是挑剔的美妆达人、博主。他的言外之意就是，我这么挑剔的美妆博主已经帮你研究、确认过了，产品是有质量保证的，是经得起考验的，进而赢得顾客的信任。

达人人设的重点在于对产品的剖解和体验上，比如把皮鞋用剪刀剪开让你看，体验完产品是什么样的感受，体验过程是什么感受，或者是蹲点产品生产工厂，给你揭露厂家的生产环境等。需要说明的是，这里需要公平公正地描述，且有亲和力、口语化，也就是讲人话。这样才能获得顾客的信任，让他相信你是公正的法官，是为了他好、对他负责，而不是为了急于卖产品给他。

> **兔妈总结**
>
> **第一个知识点**：悬念性标题常用的关键词有竟是这样、居然、如何、什么样、这一个、这一招、它等，而且一般还会加上省略号、问号。
>
> **第二个知识点——写开场白的四点思考**：写开头时，先思考清楚四个问题，分别是：产品的目标人群有哪些？生活中使用产品的场景有哪些？顾客的痛点有哪些？关于这个话题，能用的素材有哪些？然后，根据这四个问题组合可以用的素材。
>
> **第三个知识点——打造创始人专家人设的模板**：主人公或亲密的人遇上某个严重问题 + 寻找解决问题路遇坎坷 + 某个契机找到灵感 + 主人公创业攻克难题。

3.3 高潮正文：
不自嗨、不生硬，零基础写出通顺又引爆销量文案的秘密

3.3.1 激发欲望：让顾客3分钟就跳入你设计的"欲望陷阱"

3.3.1.1 《2小时狂销10 000份的小龙虾文案，如何隔着屏幕就让顾客口水直流？》

关键词：小龙虾、高标准验证、类比、感官体验

爆款详情：客单价98元，2小时卖出10 000份

爆款标题：《夏天吃小龙虾只有一个坏处，丁香医生冒死告诉你》

接到社群学员LP爆料，在某TOP5的健康类公众号大号上，一款小龙虾卖爆了。据透露，销售额预计70多万元。对于美食类型的产品，首要职责就是调动顾客的感官体验，刺激顾客想吃的冲动和欲望。而这篇推文在这个点上做到了极致，本节将带你一起来深度拆解这篇爆文。

一、标题：设置悬念，引发好奇

《夏天吃小龙虾只有一个坏处，丁香医生冒死告诉你》

🐰 **兔妈解析**

这是典型的悬念型标题。我们先来看上半句，首先，"夏天吃小龙虾"这六个字借势了热点。但这是当时非常普遍的事情，也没什么值得关注的，但"只有一个坏处"就立马吸引了顾客眼球，因为人本性都是逃避痛苦的。如果说"夏天吃小龙虾有5个好处"，顾客就不会太关注。但到底是什么坏处呢？没有说，为了寻找答案，就要点击标题看正文。

后半句"丁香医生冒死告诉你"用到了"权威揭露内幕"的技巧，让顾客觉得这条信息是可靠的、有价值的，不能错过。而且"你"字就像与顾客聊天对话的感觉，拉近了顾客距离，更容易吸引关注。

二、开场白：化解顾虑开场，破除顾客心理负担

原文：

"虾"红是非多，有关小龙虾的各种传言一波接一波：听说，小龙虾体内有寄生虫？

水产品都很可能携带寄生虫，比如贝类、鱼类，甚至牛蛙。想要安全享受，彻底煮熟就好啦！

听说，小龙虾很脏？重金属超标？有重金属和"重金属超标"是两回事。

重金属主要聚集在小龙虾的外壳和头部，但外壳中的重金属会随着小龙虾生长中的脱壳而减少。至于头部，大部分人都不吃。再说，传闻污水里顽强生存的小龙虾，如今已经毫无尊严地被养在清水里了。

🐰 **兔妈解析**

这段内容是在辟谣科普。可能有小伙伴会说，这段看起来很平淡，也不吸引人。的确，那它的用意是啥呢？第一，借势热点。当时关于小龙虾重金属超标的言论非常多，通过借势热点吸引顾客关注。第二，给出明确结论，

化解顾客的顾虑。很多人看了关于小龙虾的负面新闻,就会坚信小龙虾不能吃。所以,看到小龙虾的信息本能也是拒绝的。这样下文写得再如何动人,顾客也不会买单。而聪明的小编明确告诉你"小龙虾很安全,请放心吃",而且与该平台科普健康常识的定位也是吻合的。

三、设置悬念+感官占领,激发购买兴趣

方法一:设置悬念,引发兴趣

原文:

作为小龙虾深度爱好者,纵览

蒜蓉、麻辣、红烧、椒盐、爆炒

十三香、油炸、水煮、白灼、冰镇……

等十几种吃法,怎么也算得上"吃虾狂人"。

直到收到了这份隔壁严选平台送来的小龙虾:

打开一看,哈?

竟然是一群被"绿"的小龙虾!

兔妈解析

这里过渡得非常成功,也非常吸引人。即便是吃过十几种小龙虾的"吃虾狂人",也是第一次吃到这样的小龙虾,勾起目标顾客的好奇心"到底是什么样的小龙虾呢?"进而继续阅读原文。注意,如果直接说"我尝遍了世界上各种小龙虾,却是第一次见到这种",就非常平淡。

所以,给我们的启发是:过渡产品时一定要像讲故事一样,先塑造人物形象"吃虾狂人",然后给出细节——蒜蓉、麻辣、红烧、椒盐、爆炒……,增加真实感。最后,设置悬念——一群被绿的小龙虾,这样才能像钩子一样勾着顾客坐上文字滑梯一直读下去。

比如卖颈椎枕,就可以说:有个朋友喜欢买枕头,不是因为有收藏癖,而是因为颈椎不好,常常睡不好觉,所以对床品要求很高,尤其枕头。荞麦枕、乳胶枕、药物枕,他买过的枕头可以摆满一张床。前段时间,他兴冲冲地给我推荐了一款非常好用的枕头。

这里先"塑造人物形象",让顾客觉得他是对枕头有研究的,推荐的产品肯定靠谱。紧接着,指出体验过很多枕头,给出具体细节,增加真实感。最后,兴冲冲地推荐一款非常好用的枕头,设置悬念,让顾客好奇"到底多好用,才能打动这个对枕头要求极高的人呢",进而勾着顾客一直读下去。

方法二:感官占领,文字试用激发欲望

接下来,怎样激发目标顾客的购买欲望呢?在这之前,我们先来看看常见的小龙虾文案:鲜香四溢、爽辣可口、个大体肥、肉满黄肥……看完这种文案,你被打动了吗?流口水了吗?没有吧。很多人把卖点包装成由一个个形容词堆积的"华丽辞藻",放进文案里,看似高大上,却不能激发顾客的购买欲望。那么正确的要怎么写呢?

来看下面这篇关于小龙虾的文案,用的方法就对了。

原文:

打开锅盖,麻椒的香气迫不及待汹涌而出,四窜在房间的每一个角落。妹子们的香水味都掩盖不了……

仿佛听到了热油淋泼在翠绿的麻椒上、滋滋的响声……受不了……"咕噜",口水根本控制不住。捞出一只,先嘬一口汤汁,椒麻味更为浓厚,麻辣结合的同时,还多了一点青椒蔬菜的清香。掰开小龙虾的红外衣,黄满丰腴的虾肉就露了出来。

经历了酱汁的长时间浸润,虾肉超级入味。入口后肉质很有弹性,丰盈的汤汁从虾肉中慢慢溢出,包裹着舌尖味蕾。香、麻、鲜,几种味道融合在一起,满嘴都是。

回味的时间,一盒已经被清空了,只能把手指放进嘴里,嘬口汤汁回味解馋了……

🐰 兔妈解析

精彩的文案,绝不是写"产品卖点",而是写的"感官体验"。其实很简单,就是假设顾客正在使用你的产品,从头到尾使用下来,眼睛看到了什么、

耳朵听到了什么、鼻子闻到了什么、舌头尝到了什么以及身体和心里的直接感受和获得了什么。仔细琢磨就会发现，在用感官占领时，动词占主导地位，比如咬、嘬、掰、捞等。

所以，走心又走胃的文案相当于试用产品的感官体验。因为顾客隔着手机屏幕闻不到小龙虾的味道，看不到小龙虾诱人的汁水，你要通过文字表达出来，让顾客觉得面前就摆着一盘小龙虾，就有一个人在津津有味地吃。由于心理学的镜像效应，读者就会开始分泌唾液，产生食欲。

延展知识点：如何写出一段打动人心的感官体验呢？

第一步，化身消费者，从头到尾体验一番，记录下给你最深刻的体验。

第二步，辨清产品属性和核心卖点。很多学员说："兔妈，从拆包装、品尝、体验，五官感受全部写了一遍，但觉得很啰唆，也没有特别的亮点。"其实，就是第二步没有做好。体验之后，哪些值得重点描述，哪些要一笔带过，甚至省略掉呢？简单的原则就是根据产品的属性和核心卖点来定。产品属性分为美食、饮料、化妆品、功能用品等，核心卖点指味道好、手感好、体验感舒服。其中，味道好又分为辣、香、麻。

然后根据这两个维度，侧重写出某部分的感官体验。

比如你卖牛肉干，主打卖点是麻辣，你就要着重描述出舌头和嘴巴尝到了什么、内心感受到了什么，把那种舌头被电击的刺激写出来。如果你卖毛巾被，外表很难看出质量的优劣，但你可以把手摸到的、盖在身上感受到的以及内心的感觉描述出来。

接下来，我来举个例子。

蟹肉粽：

在经过高温蒸煮后，

蟹肉化入棕米的缝隙之间，

大闸蟹的肥美、干贝的淡咸、精肉的酥油

与粽叶的清香味融为一体，

一点腥味都没有！

舌尖舔到 Q 弹的蟹肉，

恨不得在口腔里细细咀嚼，
舍不得吞下！
糯香的糯米包裹着整颗鸭蛋黄，
泛着些许琥珀黄的颜色，
吃起来面沙糯香，充满整个嘴巴，
满足感不要太强！
连吃几口，软糯中不失嚼劲儿，
丰富口感仿佛在唇齿间跳起了芭蕾，
一切鲜美得恰到好处。

蟹肉粽的属性是美食，核心卖点是香而不腥、软糯、蟹黄很足。与香和腥相关的感官是鼻子，与软糯相关的感官是舌头，蟹黄很足的感官是眼睛。在大家的普遍认知里，大闸蟹中蟹黄最好吃，鸭蛋的蛋黄最好吃，而蟹黄和鸭蛋黄除了能品尝出来，还能通过眼睛看到那种正宗的色彩。所以，这里的感官占领就可以着重描述眼睛看到的、鼻子闻到的、舌头尝到的和身体感受到的。

一句话，感官占领不需要面面俱到，只需要根据品属性把与产品核心卖点相关的感官体验写出来。这样看起来文字精练，而节省出来的文字又能把产品主打的核心卖点描述充分，也更容易打动顾客，让产品走心又走胃。

四、摆事实讲道理，赢得读者信赖

证据一：高标准验证

原文：

资深吃货都知道，判断一只虾是否新鲜干净，得看虾鳃够不够白。因为鳃是小龙虾的呼吸器官，水里的杂质都要经过鳃的过滤。

据说，这款小龙虾的原料直接来自湖北潜江——小龙虾知名产区，简直是"为你承包一片虾塘"，鲜活好虾，天生白腮。

经过人工筛选，每只小龙虾至少 4~6 钱，大概有 iPhone 6 那么大。

> 🐰 兔妈解析

先看这段的第一个亮点——判断一只虾是否新鲜干净，得看虾鳃够不够白。从专业人士角度，先给出一个判断产品好坏的高标准，然后再证明你家产品符合这条高标准，从而说明你家产品好。我把这招叫作"高标准验证"。

它的深层逻辑就是，我达到了最高的标准，所以我的品质是最好的，也就是常见的三段论结构。

举个例子：

卖卸妆产品，怎么让顾客相信你家产品卸的干净呢？这时候可以用上三段论的"高标准验证"的技巧。比如，你可以这样说：

经常化妆的人都知道，检验一个卸妆产品卸妆是否干净有三座大山：防水防油睫毛膏、珠光腮红和亚光口红。

这样顾客就会觉得最难卸掉的三个彩妆都卸干净了，那肯定卸妆很彻底。

证据二：类比

原文：

大概有 iPhone 6 那么大。

> 🐰 兔妈解析

很多产品在描述产品规格的时候，最常用的方法就是用尺子或计量称量一下，然后把数据直接标注上。比如樱桃26mm、橙子75～80mm或140g，但顾客根本想不出这个数据标准到底有多大。这里就做对了，告诉顾客每只小龙虾有 iPhone 6 那么大，顾客一下子就知道了。

这里给我们的启发是，如果你想突出产品体积大/小、量大，不要直接把数量列出来，这样往往没用，而要选一个目标顾客熟悉的东西进行类比。

兔妈总结

第一个知识点：好文案＝感官的美好体验。具体可以是眼睛看到的、耳朵听到的、鼻子闻到的、舌头尝到的，以及身体和心里直接感受和获得的。

第二个知识点——三段论高标准验证模板：在凸显产品某个卖点时，不要直接说出来，而要先提出一个高标准，再通过事实证明你推荐的产品符合高标准，让顾客自己得出结论："这是好产品。"

第三个知识点——类比：用顾客熟悉的产品类比，把模糊的概念具体化，让顾客秒懂。

3.3.1.2 《138元一斤的土蜂蜜靠啥卖脱销？31个下钩子句式，你也能写出卖货的好故事！》

关键词：土蜂蜜、讲故事、认知对比、锚定效应

爆款详情：138元/斤，转化率预估5%以上

爆款标题：《别乱喝蜂蜜了，天天喝蜂蜜，15天后结果竟是这样……赶紧看看》

一斤蜂蜜138元，比市面上的价格高出几倍，推文怎样写才能卖脱销？让顾客不觉得贵呢？本节，我们来拆解这篇让无数文案大神都点赞的蜂蜜推文。

一、标题：设置悬念，引发好奇点击

《别乱喝蜂蜜了，天天喝蜂蜜，15天后结果竟是这样……赶紧看看》

兔妈解析

这是典型的好奇悬念式标题。它就像一个钩子，让顾客忍不住想点进去了解情况到底是什么样？具体来说，好奇标题常用的方法有以下四种。

第一，正话反说。

第二，把不可能说成可能。比如，美容院凸显效果好，把老婆带来，我

们给你换个新的。

第三，打破已有认知。比如，网购平台，会败家的女人更幸福！

第四，采用问题方式做标题。

好奇标题中常用的关键词有竟是这样、居然、如何、什么样等，而且一般会加上省略号、问号等。另外，为了抓住目标顾客的注意力，大多数情况下会配合数字、夸张等技巧一起来用！常见的也会用反问来表达。比如：

- 一块来自死海的国宝级皂，是如何 1 分钟征服所有毛孔垃圾？
- 用 1 次 = 敷 100 张面膜？什么样的治愈瓶可以让你省掉一年面膜？
- 能有多好吃？民国时期金条都以它为名，3 000 万人吃了再也忘不掉！
- 决定你看起来老不老的秘密，就在于你不曾留意的这条线！

人们天生都有猎奇心理，好奇就像一个磁铁，能吸引着客户点击原文寻找答案。所以在写标题时，如果产品在某个功能方面比较有特色，可以提炼出来，用好奇的形式表述。

二、开场白：人物故事，引发兴趣

原文：

我是小王，5 年前，我大学毕业，从事一项独特的工作：在悬崖上养蜜蜂……你可能觉得这不可思议，但这是真的……我想跟你分享一些匪夷所思的事情……它们非常有趣。

我为什么要在悬崖上养蜜蜂呢？

事情是这样的：我出生在陕西秦岭太白山的一个农村，大学毕业之后，一次偶然的机会，我去太白山一个峡谷探险，我发现了丛林深处的一个秘密：而且，仅仅 30 分钟之后，我身体出现了变化，大便瞬间通畅了……

这件事一直留在我心里，后来我终于发现了这其中的原理：木头中间是空的，蜜蜂以为是天然的巢穴，于是它们在里面筑巢酿蜜，而峡谷的溪水为蜜蜂提供了天然的水源，满山遍野的杂花野花是蜂蜜最佳的蜜源，所以这种蜂蜜才会有奇异的味道。

想明白了这些之后，我和家人做了一件大胆的事情。

> 兔妈解析

开头是整个故事的背景，短短300多字信息量却很大。首先，"在悬崖上养蜜蜂"这件事与大多数人的认知是不符的，更重要的是，他用对了这一系列钩子句子，比如"我想给你分享一些""在悬崖上养蜂""匪夷所思""为什么要在悬崖上养蜜蜂""事情是这样的""我发现了一个秘密""做了一件大胆的事情"，这些句子就像一个个钩子一样勾着顾客一直读下去，就像串珍珠的绳子，动了第一颗珍珠，就会一连串受影响，从而一直读下去。

这对我们写卖货推文有什么启发呢？就是段落衔接。

很多小伙伴说：每次写推文，段与段之间感觉连贯不好、很生硬。如果你也存在这样的情况，就可以多用一些类似的"钩子句子"。

类似这样的钩子句式还有——

1. 看一些例子，你将发觉……

2. 猜猜怎么了？

3. 毕竟……

4. 尽管……

5. 你被我说对了吧？

6. 正如我所说的……

7. 你看这个……

8. 现在你可以……

9. 那么现在……

10. 这只是我们所为你准备的一小部分。

11. 当然了，这只是个开始……

12. 这只是开端。

13. 然而并不仅仅是这些。

14. 结果呢？

15. 然而这只是冰山一角。

16. 那么如果我可以，会怎么样呢？

17. 当我们忙于的时候……

18. 哦！是的，我们不要忘记了……

19. 不管怎么样……

20. 我们疯了吗？

21. 结果……

22. 正如我所曾说的……

23. 正如你可能记得的……

24. 继续阅读，我将告诉你关于……

25. 在那时……

26. 相信我……

27. 更好的是……

28. 但是在我们讨论这些之前……

29. 但更棒的是……

30. 但还有更好的……

31. 但请不要误解我……

这就像抛下了一个钩子，让目标用户忍不住一直读下去，看看接下来到底会发生什么。所以在以后写推文时，你可以在逻辑梳理时或段落衔接处用上这些词。

另外，需要说明的是，除了有钩人的文字，还要有与之匹配的照片。就像这篇推文，如果没有主人公悬崖上采蜜的照片，很难获取顾客的信任。所以，一定要重视图片素材。

三、摆事实讲道理，证明对用户受益

方法一：制造稀缺+费时费力

原文：

每年到了 5 月份左右，开始取蜜，一桶只可以取到 10 多斤蜂蜜。

可惜，总有意外发生，因为峡谷时不时山洪暴发，如果木桶放的位置比较低，就会被无情地冲走……所以，每一年，我们将卖蜂蜜的钱都用于添置新的木桶，和父母辛苦地将这些木桶背上悬崖……直到放养了上千桶。

每一年到了收获的季节，就是我们最开心的时候，我把它从悬崖上小心

翼翼地取出来，装进水桶，然后提回家。接下来我开始榨蜜，将蜂巢放入簸箕，捣烂，让蜜流入盆里，再通过第二次过滤，最终就是可以食用的蜂蜜了。

兔妈解析

这段描述了采蜂蜜的过程，增加真实感。另外，"一桶只有10多斤""还意外时有发生、从悬崖上取下来"，突出产品原料的稀缺性和工艺的费时费力。

不但要花费大量物力成本去购置新的木桶，还要花费大量的人力成本（和父母辛苦背上悬崖，收获时再从悬崖上取下来），通过"匠人精神"和"情怀"赢得顾客情感上的认同和好感。但推文没有直接说"我们不顾生命危险""我们多么用心""花了多长时间"，而是换了个角度，从细节上凸显出这个过程中会遇到的困难和挑战，以及应对困难和挑战要花费的成本，让顾客自己去领悟过程的不容易，感受到主人公为了一罐纯天然蜂蜜付出的代价和匠心。

通常来说，人们普遍会认为：生产一个好产品，花费的成本越多得来的东西就会越好。所以，这也是为什么各种手工面条、手工月饼、手工红糖、手工皮鞋等，只要加上"手工"二字，就比普通产品贵，而人们也更愿意买单。

比如，我曾经写过一篇野生蓝莓汁的推文，就用到了三个费时费力的细节。

第一，寻找原料费时费力。为了找到营养价值最高的野生蓝莓，深入丛林。那里极度炎热，而且蚊虫肆虐，就算穿着防晒衣、带着防蜂帽也仍被各种毒蚊子和虫子咬出红肿的大包，甚至还有被蜱虫咬丧命的风险。这样一天下来却只能采摘到10多斤蓝莓。

第二，寻找厂商费时费力。接下来就是洽谈生产厂家的过程。为了保持蓝莓的营养活性和较好的口感，找了很多厂家，在谈判过程中遇到了很多问题，小厂家技术达不到、大厂家又提出了很高的要求。

第三，配方工艺费时费力。打样了100多次，浪费了几万元的野生蓝莓，最终定下配方。

这给我们的启发是：想一想你在打造产品过程中有没有费时费力的细节，真实、客观地把它描述出来。这些细节就像一部微电影，把你做这件产品的艰辛和挑战真实地呈现在顾客眼前，这种细节可以是诉诸感动、诉诸情怀、诉诸励志等。

方法二：揭露行业内幕，打造专家人设

原文：

不过，这些采收下来的蜂蜜，我们卖给了谁呢？

我最初的想法是如果有人能品尝到我的蜂蜜，他一定会流连忘返，一定会在内心称赞我，虽然他不知道我是谁。但是后来我才发现，这么好的蜂蜜，实际上并没有到消费者手里，它们被收购公司收走，然后进入了工厂，和那些劣质的蜂蜜、白糖、糖浆混合在一起，制作成各种乱七八糟的蜂蜜，然后进入超市，卖给那些不懂行的消费者……

这让我很生气，你可能无法体会那种气愤，这些悬崖上的木桶是我们一步一步背上悬崖的……你也知道其中的辛苦……一怒之下，我开始拒绝将蜂蜜出售给收购商……

可是，我很快发现，收购商掺杂掺假也是有原因的。因为，当他们卖给零零散散的客户时，他们其实承担了巨大的销售成本，这些成本包括店铺费用、营销费用、包装费用、人工费用……

于是，他们只有两个选择。要么是卖一个高价，一斤卖260元只能保本，260元以上才能有微薄的利润。但是很明显，这种价格过高，只有少部分人愿意花这么高的价格购买。

兔妈解析

这段话是站在一个行家的角度揭露行业内幕，目的是打造专家人设，获取顾客的好感和信任。但是要注意，这里并没有赤裸裸地批判，而是诉诸情怀和感性，因为人们有非理性的一面，就像一个老艺人看到自己辛辛苦苦经营的行业规矩被不法商人破坏的那种心痛，塑造出了一个有责任心、有良心的养蜂人的人设。

最后指出市面上的蜂蜜商人之所以这样，是因为要支付各种成本，也是无奈之举。暗示顾客平时在超市买蜂蜜，花了高价钱却没有买到等价的商品，是非常不划算的，只是额外付了房租、营销成本等。这样就会促使顾客在他这里买一手货源的土蜂蜜。

另外，260元一斤只能保本，其实是提前埋下一个价格锚点。这样的好处是，让顾客最后看到138元一斤，会突然觉得很划算。

给我们的启发是：在平时用"揭露行业内幕"打造专家人设时，不能赤裸裸地抨击，而是要表示感叹和理解，再指出问题之所在。这样可以塑造有责任心、有人情味的专家人设，获得顾客的信任和好感。

因为很多顾客原本也知道便宜没好货的道理，他寻求新的产品，也肯定有对竞品不满意的地方。但如果你完全否定了他原来的选择和判断，就算最后顾客买了你推荐的产品，心里也会不舒服。所以，你要告诉他这种产品尽管有各种不好，但它便宜。只是你现在这个情况，更适合我推荐的这款，并告诉他为什么。只有这样，顾客才会满心欢喜地选择你推荐的产品。

四、讲故事+拼团，引导下单

除了推文直接转化，更重要的是它通过拼团引流，把客单价做到最大，并让客户实现多次复购。

方法一：价格锚定+畅销

原文：

但是，我也发现了另外一个事实：偶尔，有一些人来峡谷旅游，他们临走的时候会购买我的蜂蜜，一斤的价格是288元。在他们购买之后，神奇的事情发生了：在以后的岁月里，其中的一部分人会反复购买我的蜂蜜……

于是，我决定成立一个俱乐部，采用会员制的供应方法，以极低的价格供应……原价卖288元一斤，针对会员卖138元一斤。

因为会员价太低了，所以起初我招收会员的时候，需要每人收取200元会员费，并要求一年购买3次以上……去年我招收了358名会员。结果大部分会员购买超过15斤以上蜂蜜，这让我大为震惊……原来识货的人还是占多数的……

所以，现在我招收会员的方式是不收会员费。

兔妈解析

这里设置了三个锚点：①288元一斤的单价。②200元会员费才能享受138元的价格。③会员有一年购3次的要求。当顾客脑海里有了这个锚定价格，然后他突然说"现在我不收会员费，也不限制一年购买几次"，顾客就会觉得这个机会好难得。反之，如果没有这些锚定，而是直接报价，就很难促使顾客采取行动。

另外，这样还暗示了产品的畅销。比如，"在以后的岁月里会反复购买""大部分会员平均购买超过15斤蜂蜜以上"，这里用的是打造畅销的高复购技巧，并且通过顾客的复购反馈，间接证实产品品质可靠，以获取顾客的信任。

方法二：化解顾虑+退货保证，获取顾客信任

此时，大部分顾客已经被打动了，但在决定要不要付钱的那一刻，理智占了上风。他会想："比平时买的蜂蜜贵那么多，真的有他说的那么好吗？会不会是广告噱头？"各种疑虑涌上来，就会阻碍顾客的成交决定。所以，还要主动化解顾客的疑虑。

原文：

第一次交易，你无须马上支付货款，你可以货到付款。

我先给你发几瓶我的蜂蜜（如果全家都喜欢蜂蜜，可以最多买3瓶），货到之后，你开箱验货，确认无误之后，你把钱给送货的人即可。然后你来品鉴……

如果你觉得不好，随时都可以找我退货退款，我会不问原因，立刻退全款给你。

你不仅可以货到付款，不用担心我是小商贩不给你发货。而且还可以开箱品鉴，不满意，找我退货退款。

总有少部分客户因为各种原因拒收，这给我造成了很大的麻烦……有朋友建议我先收20元的快递费用，之后再发货到付款的快递……但是我选择最大限度地相信我的客户……

最终决定，在我给你发货之前，你只需要支付我0.1元的诚意费。

兔妈解析

"如果拒收，来回需要20元快递费，但现在你只需要付0.1元的诚意费。"运用锚定效应，让顾客觉得这个机会很难得，而且通过退货保证和货到付款，凸显主人公的诚意和主人公对产品品质的信心，也间接证明产品品质的可靠，进而打消顾客的疑虑。

方法三：认知对比 + 用户证言

原文：

因为它的功效比任何一种蜂蜜都要神奇：便秘了，只需要喝一小勺，几十分钟之后，大便就会瞬间通畅。

如果嗓子干，或者有严重的咽炎，只需要坚持喝一周时间，马上咽炎就完全好了，这真的很神奇……

如果皮肤粗糙，那就坚持喝一个月吧，你会有惊人的变化，到时候皮肤会变得光滑细腻，你会变得光彩照人……

如果你总是疲惫不堪，抵抗力差，坚持喝半个月，你会发现全年都不再生病……

"你家蜜这么贵？有啥不同，对我有啥好处？"让他告诉你喝了这个蜜，会获得哪些好处，让你想象到自己皮肤变美、大便变通畅的感觉。"我的母亲几十年的老胃病，仅仅坚持喝我的蜂蜜一个月，现在她的胃病痊愈了……"其他的蜂蜜可以吗？完全不能。

比如鼻炎，你喝普通的蜂蜜没有多大效果，但是喝我的就不同了，我朋友喝了11天，多年的鼻炎得以缓解……这有点不可思议，但是却是真的。

更严重的疾病如肝炎、肝硬化、脂肪肝、高血压、动脉硬化、神经衰弱、慢性支气管炎……这类人群一定要吃我的蜂蜜，而不是普通的蜂蜜，因为我的蜂蜜有直接的调理作用。

> **兔妈解析**

首先，这段用到认知对比，指出市面上的蜂蜜没有调理健康的效果，而这款可以，进而塑造产品的高价值。而且"为了拥有健康的好身体买蜂蜜"，这是正当消费，让顾客无法拒绝。

其次，这段用到顾客证言，既能通过顾客的好评反馈进一步激发顾客的购买欲望，又能赢得信任，让顾客产生"这么多人吃了都有效果，我吃了肯定也有效果"的积极心理暗示。另外，土蜂蜜的特色是药蜜，可以辅助调理亚健康问题，所以顾客证言全都是围绕"调理亚健康问题"的核心卖点来写的。所以在选择顾客证言时，一定要选能够击中目标顾客核心需求的证言。什么算核心需求呢？就是顾客愿意为之付费的需求。

比如，如果单说好喝、淋在面包上好吃，普通蜂蜜也可以做到，为什么要花138元买贵的呢？而调理亚健康问题是人们愿意为之付高价格的核心需求，也只有这样才会让目标顾客感觉到138元一瓶的蜂蜜并不贵。

> **兔妈总结**
>
> **第一个知识点——31种钩子句子**：在写推文时，段与段之间多用钩子句式，可以让顾客盯上你搭建的文案话题，一直阅读下去。
>
> **第二个知识点——费时费力三个角度**：寻找原料、寻找厂商、配方工艺。另外，一定要具体、有数字、有细节，这样才能增加真实感。

3.3.1.3 《比竞品贵3倍，3天卖了142万元，这三个字让它称霸伞界》

关键词：洞察力、挖掘痛点、需求排序、认知对比

爆款详情：客单价89元，1.6万单，销售额142万元

爆款标题：《德国变态发明，风靡欧洲，像手机一样大！专治一种病叫"懒得带伞"！》

先来思考一个问题：为什么原来受欢迎的产品，现在却被摆在角落，无人问津？为什么原来有用的营销方法，现在却没效果了？

就拿雨伞来说，对于父辈和祖父辈来说，什么样的雨伞最好呢？够大，够结实。为什么？那时候，家里普遍人多、孩子多，大的雨伞可以满足一家人的需求。比如，我和姐姐一起上学，俩人撑一把伞，完全不会担心被淋湿。家里人多，又不富裕，一把伞可以好几个人用，满足了当时便利和节俭的需求。结实，也可以用得更久。而且那时候的生活节奏没有现在这么快，出行也没有现在这么频繁，真的遇到下雨，找个地方躲一会雨，也耽误不了什么事儿。所以，够大、够结实，才是好的！

但对于现代人来说，出行更频繁，凡事都追求简约化。即便看了天气预报，但只要出门时没有下雨，就不想带雨伞。

所以，哪里有需求，哪里就有机会，哪里就有订单。**那么，如何挖掘出新的需求呢？学会多观察你身边人的生活方式。**

有企业洞察到顾客这个需求变化，研发出了轻简、好看，可以装进口袋的手机伞，满足人们对便利的需求，因此而大受欢迎，一上市就卖爆了。本节就给大家拆解这款火爆全网的手机伞。

一、标题：爆炸新闻体标题，吸引眼球

《德国变态发明，风靡欧洲，像手机一样大！专治一种病叫"懒得带伞"！》

🐰 兔妈解析

好标题要满足四个要素：①吸引人注意。②筛选目标用户。③引导阅读全文。④可量化的价值利益。根据这个标准，我们来分析这个标题。

- "德国""变态""发明""风靡欧洲"，这些词语都具有很强的吸睛效果。尤其是"发明"这样的词，让人觉得这是一款我不知道的新东西，要了解一下。类似的词还有"研发""最新""全新""发现""首发""首次公布""问世"等，利用的都是人们的好奇心和优越感。

- "像手机一样大"，通过具体的量化指标，突出了产品的差异化优势，满足人们对便利的需求。这款雨伞的核心卖点不是结实、防晒、速干，而是小巧、便利。小到什么程度呢？像手机一样大，让顾客秒懂。

- 专治一种病叫"懒得带伞"，非常符合现代网络化的语言风格，更重

要的是，这个痛点能够引发目标顾客的共鸣。顾客会忍不住想"我就是出门懒得带伞"，快速筛选目标顾客。

二、开场白：热点+痛点开场，激发需求

原文：

小编最近的朋友圈炸锅了，

南方的小伙伴纷纷哭诉，

未来的一个月，

每天都有雨……

连续几个月每天都阴雨绵绵，

简直让人崩溃！

出门不仅要检查手机、钥匙、钱包，

更要带伞！

可是带伞真的是件痛苦的事，

因为又重又大还占地方啊！

小仙女们打扮得美美的，

精致的包包放不下又大又沉的雨伞！

男同胞们出门更是连包都不想拿，

恨不得什么都装口袋里！

还要拿雨伞？

这么累赘，恨不得淋着算了！

十个人里面，九个都不爱带伞。

可是，如果你有一把能够装进兜里的伞，

和手机一样大、一样轻的伞，

是不是"懒得带伞"就会被瞬间治愈？！

兔妈解析

这是典型的借势天气热点的开场。对于这个开场白，相信很多顾客非常有共鸣，尤其是南方的小伙伴。因为我也在自己的朋友圈看到过类似的截图

和抱怨。这给我们的启发是，热点不一定非要是某官方平台发布的，也可以是发生在你身边的能够引发目标顾客共鸣的事件。

然后，通过认知对比和gif动图，突出传统雨伞的不方便，"精致的包包放不下又大又沉的雨伞"。而且还指出男士的痛点，"出门连包都不想拿，恨不得什么都装口袋里，还要拿雨伞？这么累赘，恨不得浇着算了"，这就用了讲人话"替顾客表达"的方法，成功引发目标顾客的共鸣。

接下来，提出理想化的解决方案"如果你有一把能够装进兜里的伞，和手机一样大、一样轻的伞，是不是'懒得带伞'就会被瞬间治愈"，目标顾客就会忍不住好奇，真的可以放口袋里吗？进而忍不住翻到下一个页面，继续阅读。

这里需要说明的是，这部分认知对比没有把竞品的缺点都指出来，而是针对便利这个核心卖点，目的是凸显产品小巧的卖点。

三、讲事实摆证据，赢得读者信赖

顾客会怀疑：你推荐的产品真的可以做到这么小吗？这么小的伞会不会淋湿呢？结实吗？这是顾客脑海里浮现的问题。接下来，就要一一证明这款雨伞可以做到，是最佳解决方案。只有这样，顾客才能放心下单。

方法一：类比 + 事实证明

原文：

手机大小，收起来只有17cm。

通过称重测试，

比手机还要轻。

小到让你不敢相信，这是一把伞！

🐰 兔妈解析

如果单说雨伞只有17cm，顾客是感知不到的。但手机天天在眼前，与手机大小类比，让顾客秒懂产品的小巧。但顾客还会怀疑，这是真的吗？所以，要摆出手机和雨伞大小的对比图，以及与电子秤的称量对比图，让顾客清清楚楚地看到，真的和手机一样大，而且比手机还轻，进而凸显产品的核心卖点——方便小巧。

方法二：认知对比 + 使用场景

原文：

市面上的伞折后基本都是圆的，

但这款伞特有扁形外观。

时尚美观，更省空间，

就连裤兜都可以轻松装下，

上下班、出差、逛街、旅行，

多小的包都能轻松容纳，

再也不用负重累累！

兔妈解析

与市面上的竞品雨伞进行认知对比，凸显产品的扁形外观的设计，即便装裤兜里也非常方便。接下来，通过上下班、出差、逛街、旅行四个非常高频的生活场景，凸显产品给顾客带来的好处，不用负重累累，很方便。

这也是我们在写卖货推文时，都可以借鉴的要点。在凸显某个卖点后，可以用链接到目标顾客生活中的具体场景，让他清晰地感知到这个卖点带来的好处，这也是可量化收益的表达方法之一。

方法三：化解顾虑

原文：

别看这款雨伞迷你又便携，

撑开之后却很大，

完全不用担心他的遮雨能力。

打开后，伞下的直径接近一米，

再大的雨也不怕淋湿。

兔妈解析

这时候顾客会担心：这么小的伞，真的能遮雨吗？通过展示撑开雨伞的图片，主动化解顾客的顾虑，赢得顾客的信任。

方法四：彩蛋卖点

原文：

防泼水伞布和德国精密的纺织技术，

外层更是添加黑胶防水层，

轻轻一抖，伞面立刻干净，不留一滴水。

不用再担心雨伞的晾晒问题，

用完甩一下，

可以直接放在包包里。

兔妈解析

除了方便，雨伞的晾晒也是一个问题，尤其是出门拜访客户，湿漉漉的雨伞很不方便。所以，展示速干的彩蛋卖点，并通过gif动图展示，让顾客眼见为实。而且"用完甩一下，可以直接放在包包里"，这是我们强调的获得感文案，就是凸显速干的卖点给顾客带来的结果利益。彩蛋卖点进一步激发欲望，起到诱惑加强的效果。

在生活中，很多销售高手也经常用到这一点。就是当产品有很多个卖点时，常常会隐藏一个卖点，当消费者决定下单时再告诉他，消费者就会觉得"买得太超值了"。

方法五：认知对比

原文：

有的伞平时看起来还不错，

但风一大，立马被刮成各种奇形怪状，

让你十分尴尬，还淋了一身雨。

这款雨伞个头虽小，却可以力抗六级大风。

采用的升级版扁形伞架,

在传统伞架脆弱的部分,

使用玻璃纤维伞骨,

轻盈而坚硬,抗风能力杠杠的!

采用半机械半手工的制造模式,

伞面的制造及针织方法,

都是由德国进口机器制造而成的。

而伞架和伞骨,则是纯手工一步步完成的。

产品每经一道工序,都会一一检测,

合格率绝对是百分之百。

兔妈解析

通过两次认知对比凸显产品防晒、结实抗风的超值卖点,进一步增加顾客的购买欲望。

其实,当产品有多个卖点时,你可以借鉴这篇推文的卖点排序方法。这把伞的核心卖点是方便小巧,次要卖点分别是速干、防晒、抗风。根据顾客对这些卖点的需求程度和频率进行排序,然后用合适的表达方法(比如事实证明、gif动图、认知对比、使用场景等)描述出来。

延展知识点:认知对比/竞品对比

认知对比是写卖货文案时常用的方法,它非常有效。但很多学员说,兔妈,我用了效果不明显,还有很多人说这是"老王卖瓜,自卖自夸"。先不要怀疑方法本身,来看看大多数人写竞品对比时是怎么写的:

"市面上大多数产品都是用××废角料做的,而我家产品全都是有机原料,生态健康,对人无任何副作用……"

当然,这样说要比直接说你家产品是有机健康更容易打动人,但大多顾客会想:"你怎么证明市面上大多数产品是废角料做的呢?你评判的标准是什么?"这时候很多人就产生了怀疑,甚至还会说你"为了卖产品,不择手段"。所以,这种初级的认知对比浮于表面,就像隔着衣服挠痒痒,只能打动一小部分顾客。

正确的做法是什么呢？要给顾客一个评判标准，而且这个评判标准在顾客的认知里是成立的、客观的。只有这样，他才能听进去，发自内心地觉得产品不错，进而购买你推荐的产品。

我来举个例子：

选择钙片，不仅要看它的含钙量，还要看它是否易吸收。

这款钙片主要成分是柠檬酸钙，人体对这种钙的吸收率较高，是属于非常容易吸收的钙。

市面上常见的碳酸钙钙片，需要在酸性环境下才能被吸收，而柠檬酸钙不需要胃酸的帮忙就可以被吸收，不刺激肠胃。

兔妈解析

这个竞品对比就很巧妙。首先，"不仅要看钙含量，还要看吸收"就已经狠狠打压了市面上很多主打高含量的钙片了，比如那些"一片顶6片""高钙片"之类的。而且推文提出了除了"含量"之外的又一个评判标准——"是否易吸收"，就显得很科学、很客观了。

其次，指出这款钙片符合这个标准。不仅钙含量高，而且易吸收，并给出原因——因为它的主要成分是柠檬酸钙。

最后，竞品对比，指出市面上钙片的成分是碳酸钙，缺点是难吸收、刺激肠胃，进而凸显产品格外好。

所以，它给我们的启发是：不能无根据、无理由地盲目打击，会让顾客反感，当然也不会选择你推荐的产品。

认知对比模板总结：

选择……，不仅要看标准1，还要看标准2。

这款……，符合标准2。

市面上常见的……，而这款……

潜台词就是：市面上大多数产品只做到了标准1，但这款产品既符合标准

1，又符合标准2。顾客当然更青睐于后者。

比如，卖美白面膜就可以写：

选择面膜，不仅要看它的精华液含量多少，还要看它的成分。

这款面膜主要成分是烟酰胺，是SK-Ⅱ、小灯泡等千元大牌的核心美白成分。

市面上常见的美白面膜，仅仅只是补水让皮肤短期看起来好一些，甚至还有一些为了速效添加荧光粉，长期下去皮肤容易敏感，甚至会影响皮肤对护肤品的吸收。而烟酰胺安全温和，关键是能针对黑色素形成的根源实现美白去黄。

四、锚定效应，引导下单

原文：

迷你便携、防雨、防晒、防风，

多款颜色可以选择，

从此再也不会"懒得带伞"。

自己使用或送给亲朋好友，

都是一份时尚又贴心的礼物！

德国发明，风靡欧洲的，

迷你便携扁形晴雨两用伞。

原价158元，

春日限时特惠，只需89元/把。

下单两把，还可以减10元。

兔妈解析

结尾用到了限时限量和价格锚定的引导下单技巧。另外，除了自用，还提醒送礼，让顾客多了一份下单理由。通过下单两把的买赠政策，拉高客单价。

兔妈总结

第一个知识点——广告大师詹姆斯·韦伯·扬创曾说:"创意新就是旧元素、新元素的重新组合。爆品并不需要你完全创造,而是在原有产品基础上去创新,进而满足某些群体的需求。这离不开你日常的积累和观察。"所以,可以去留意身边人的需求和动态,提升自己的洞察力。

第二个知识点——**认知对比+使用场景**:在凸显某个卖点时,首先通过与竞品进行认知对比,然后链接到目标顾客生活中的具体场景,量化给顾客带来的收益,激发购买欲望。

3.3.1.4 《5小时65万销售额,这个小插座的爆文秘籍,你5分钟就能学会》

关键词:插座、网感语言表达、痛点挖掘、超值利益

爆款详情:客单价50元,卖出1.3万单,销售额65万+

爆款标题:《比普通插座好用100倍的智能插座,颜值爆表,智能衡压,价格却便宜到惊叫,妈妈再也不担心我没地方充电了!》

也许你听过太多老师说:"即便你文笔不好,完全零基础也可以学好文案。"但现实是,你写的文案就像产品说明书一样枯燥,自己都读不下去。

怎么办?答案是修炼你的文案表达力。

其实,并不复杂。想一想上学时语文老师教的比喻、拟人等修辞手法,这都是表达力的关键。很多人会困惑说:兔妈,不是说文案要直白、简单吗?这和修辞矛盾吗?答案是"不矛盾"。好的修辞,就是让难懂的文字更具象化、更直白、更有趣、读起来更不费力。但要切记的是,少用高大上的形容词。

本节拆解的这篇插座的爆文,在文案表达力方面就做得很好。尤其是开头,痛点描述就用到了**拟人的修辞,读起来诙谐有趣**。**更关键的是**,那些场景非常有画面感,忍不住让你想到平时的自己,进而激发购买欲望。

一、标题：认知对比凸显核心利益，顾客证言激发用户欲望

《比普通插座好用 100 倍的智能插座，颜值爆表，智能衡压，价格却便宜到惊叫，妈妈再也不担心我没地方充电了！》

兔妈解析

通过认知对比，凸显产品的好。另外，"100 倍"数据的应用更吸引人，虽然略显夸张，但数据本身更容易被顾客接收，让顾客可以感知到好用的程度。

"妈妈再也不担心我没地方充电了"，这是站在第三方的立场写的，凸显产品充电方便。而且语言俏皮、有趣。缺点是标题太长，优化建议是："智能恒压"这些专业术语可以去掉。

二、开场白：拟人化痛点开场，唤醒顾客共鸣

原文：

如今这个时代，
大部分人都拥有众多的电子产品，
手机、iPad、笔记本电脑、数码相机……
甚至连手表都越来越智能。
这么多的电子产品，
一个充电器肯定是不够的。
所以经常会看到这样的情况：
胖的、瘦的、长的、圆的……
五花八门的充电器，
总是惹人烦恼。
比如：
你让我怎么插？
两个孔还想插我？门都没有！
好不容易有个孔，身材不好还不让插。

哥们，想插我，先排队吧。
对不起，我不喜欢头圆的，
我插进去了，就是有点挤，
插是能插进去，但是好松……
尤其是强迫症患者
看着这么多孔空着，却不能插，
恨不得当场打爆设计者的头。

兔妈解析

这个开头非常巧妙，读起来也非常有趣。它上来没有聊产品，而是先聊生活。这样可以减少顾客的心理防备。给我们的启发是，如果你卖牙膏、牙刷类产品，可以先聊聊口腔的话题。如果你卖香水，可以先聊聊女性魅力的话题。再顺其自然地过渡到产品，会更容易被接受。

接下来，通过拟人化的修辞表达，描述日常充电过程中的各种痛苦场景，让人非常有共鸣。而且文案传达出来的语气，可以感受到不能充电时的无奈与焦急，进而激发顾客寻找解决方案的欲望——购买智能充电插座的欲望。

三、摆事实讲道理，证明对用户受益

给出了解决方案，接下来还要给出消费者选择产品的理由，并证实这款产品可以帮顾客解决日常充电问题。

方法一：事实证明

这款智能桌面插座附带高分子微吸材料，

无痕粘贴，可粘贴在各类光滑墙面，

大理石、玻璃面板、瓷砖面板、光滑木板，

哪里需要贴哪里（见图3-4）！

图3-4 可以随处粘贴的智能桌面插

操作方法也非常的简单，

你只需撕开背部爬墙贴的外层保护，

照着墙面"啪"一贴，就 OK 了，

而且是可以重复使用的。

兔妈解析

配合图片和小视频，让顾客看到操作方便。注意这里"啪"这个词，非常有画面感，也可以更好地凸显产品的方便性能。所以，你的文案想要有画面力，可以多用这类词。

延伸知识点：多用动词增加文案画面感

语言学大师索绪尔说过："语言的所指和能指间的关系是任意的、武断的。"所以，会很容易引发歧义和不解，形容词和副词这类抽象词汇尤其如此。例如，对"漂亮"一词的解释，有些人的标准是有一双漂亮的眼睛，有些人的标准是白嫩的肌肤，而有些人的标准是窈窕的身材，还有人理解为"不丑的，五官没有明显缺点的，一律都是漂亮"。这些理解上的偏差可能会导致说者与听者沟通不畅。而这恰恰违背了文案的核心，因为文案的本质是"沟通"。其中一个最常用的标准就是多用动词，其次是名词，排在最后的是形容词、副词。

先来看一组案例：

1. 又到了一年之中最难熬的季节，最可怜的就是离地面最近的双脚，每天冻的冰冰凉！一天下来膝盖以下都是毫无知觉、麻木的。特别是一天 8 小时的静坐，双脚冷得无心办公。

2. 又到了一年之中最难熬的季节，最可怜的就是离地面最近的双脚，隔着一层薄薄的鞋底，踩在冰冷湿凉的地面，那股子冷气透过鞋底，顺着双脚就蔓延到全身，瞬间透心凉！一天下来膝盖以下都是毫无知觉、麻木的。特别是一天 8 小时的静坐，双脚冷得无心办公。

对比上面两段文字，哪个让你觉得更冷呢？很显然是第二个。这里就用到了"隔、踩、透过、蔓延"一系列的动词，画面感非常强。

如何利用动词，写出具有画面感的文案呢？在这里，我提炼了以下三个步骤。

第一步，先按要求写出一句文案。标准就是用最简单的话把事情描述清楚，或者把自己想到的觉得不错的文案先写出来。

第二步，试着将这句话改写成含有动词的句子。

第三步，写出与一个动词相近的更多动词，试着找到更好的动词替换它。

比如，你要给一款自发热鞋垫写一句文案，目的是告诉顾客自发热效果很好，垫上它脚就不会凉了，是冬天必备神器。你如何去写呢？

第一步，先按照要求写出来："自发热鞋垫，恒温40℃，让你的脚一整天都是暖的。"凸显了产品核心价值，但比较平庸。

第二步，改成含有动词的句子："垫上这款自发热鞋垫，恒温40℃，脚下像有个小太阳。"而名词"小太阳"写出了自发热鞋垫的获得感，比形容词"暖暖的"好了很多。

第三步，换个画面感更强烈的动词："鞋子里装个火炉，恒温40℃，从此脚下踩着个小太阳。"将"垫"改成"装"，"有"改成"踩"，换了两个词，让语气强烈了不少，也让文案更具有画面感。

方法二：化解顾虑

原文：

不仅如此，这款智能桌面插的开关、USB接口均通过了3C认证，其插孔中还设有高阻力防护门，能有效避免儿童手指或金属物误插触电，为你杜绝各种安全隐患！

智能芯片保证了它高转换输出，使电流更加稳定，同时拥有温度保护、过充保护、恢复保护、短路保护、过功率保护等多种保护机制，充电不伤电池！

兔妈解析

前面介绍了特殊的工艺可以加快充电速度，这时顾客会担心："充电速度快，对电池会不会有负面影响呢？家里有孩子，安全性能好不好呢？"当读者有这些顾虑时，多半就会放弃购买。这里就写对了，主动帮顾客化解了这两大顾虑，获取顾客的信任。

方法三：彩蛋卖点

原文：

此外，贴心的智能 USB 指示灯，让你在黑暗中也能轻松找到插口。小夜灯也省掉了。

 兔妈解析

虽然这个功能很少用，但对于顾客来说有了这个彩蛋卖点，就会觉得有种物超所值的感觉。

> **兔妈总结**
>
> **第一个知识点——拟人化开头**：这篇推文的开头非常新奇，通过拟人诙谐的表达引发顾客共鸣。在你写文案时，千万不能固化写作风格，要多用修辞表达，帮助顾客更好地理解产品。
>
> **第二个知识点——多用动词可以增加文案画面感的三个步骤**：第一步，先用最简单的话把事情描述清楚。第二步，将这句话改写成含有动词的句子。第三步，试着找到更好的动词进行优化。

3.3.1.5 《上线秒卖2.1万单，"神奇帆布包"的爆款三步法，90%产品可套用》

关键词：热点＋痛点、社会认同、视觉化卖点

爆款详情：借势春节热点上线卖出1.4万单；多个分销渠道均卖出1～2万单

爆款标题：《魔术行李包，可大可小，防水耐脏超能装！出门旅行方便又实用》

很多人写文案，喜欢用娱乐新闻的热点。毋庸置疑，这是吸引顾客眼球很有效的方式。但在实际应用中，很多人很容易走进以下两个误区。

第一，热点和产品或者要阐述的主题不匹配。

第二，把自己以为的热点当成热点，或者把身边亲朋好友谈论最多的点当成热点，却忽视了目标人群是谁。对你的目标人群来说，这是不是他当下最关心的点？这里有个专业术语，叫作"知识的诅咒"。

那么，如何用热点撬动顾客的购买欲望，让它为卖货助力呢？

拿春节来说，在很多公众号上，有很多借势春节的产品上市，比如各式各样的年货，但大多卖得很一般。为什么呢？主要有以下四个原因。

第一，市场竞争太激烈。

第二，自媒体主流人群要回家过年，而父母都准备好了年货，自己并不需要买太多。

第三，家里会有各式各样的年货节。逛年货节也是过年的一种方式，也更有过年的氛围。

第四，很多人的观念已经改变了，不会在过年时囤很多年货，而且很多超市在春节期间都正常营业。

在这样的背景下，我看到一款魔术行李包，借势"过年回家"的热点，一上线就卖爆了。本节，我就来拆解它推文中的亮点。

一、标题：突出核心卖点，创造价值感知

《魔术行李包，可大可小，防水耐脏超能装！出门旅行方便又实用》

🐰 兔妈解析

这个标题包含了三个亮点：首先，给出了产品标签"魔术行李包"。其次，指出了产品的核心卖点"可大可小，防水耐脏超能装"。最后，通过春节期间两大场景"出门""旅行"，凸显对顾客的核心价值利益"方便""实用"。

这里，我提炼了一个爆款标题模板：产品标签+核心卖点+场景价值。

- 产品标签：区隔产品和同类竞品的差异化卖点。比如，曲奇界的爱马仕，日销5 000份的网红曲奇，都能体现和普通曲奇的不同。
- 核心卖点：卖点不要多，一定要是消费者最在意的点，而且要口语化。
- 场景价值：通过目标人群高频的生活场景，量化价值感知。

这是一个非常万能的标题模板，很多产品都可以直接套用。还拿曲奇举例：日销5 000份的网红曲奇（产品标签），入口即化，酥中带软（核心卖点），亲友聚会必备（场景价值）。

二、开场白：负面场景戳痛点，激发顾客需求

原文：

眼看就要过年回家了，这个包真的是刚需……

出门旅行难免会抑制不住那颗躁动的心，不停地买买买，以至于最后大包小包，一个行李箱根本无法装下，返程的途中就傻眼了……

同样的场景也会出现在一年一度的春运中，不管是回家前还是离家时，塞得满满的行李箱，还要外加包满爱意的大包小包，东西总是多到不知所措……

想要优雅又轻松的出行，又能将出门所需"一网打尽"，那么这款可大可小、又能装又方便实用的魔术行李包，也许正是你所需要的……

兔妈解析

"眼看就要过年回家了，这个包真的是刚需"，开头设置悬念，消费者会想"到底是个什么样的包呢？"也暗示消费者"如果过年回家，这篇推文就一定要看"。据说，2019年春运有29亿人，即便有很多人不是自媒体主流消费人群，但受众也非常多了。

紧接着给出两个痛点：第一个是回家前收拾行李，发现准备的东西根本装不下。第二个是回家途中，大包小包拎一堆，上楼都很不方便。而且配的gif动图非常有画面感，也非常有代入感，让顾客产生一种负面心理暗示"这样的情况也有可能发生在我身上吧"，成功激发顾客寻找解决方法的欲望——购买魔术行李包的欲望。

三、讲事实摆证据，赢得顾客的信任

如何证明这款行李包真的可大可小、防水耐脏又能装、对顾客有益呢？接下来就要摆出事实，给出证据。

方法一：借势权威

原文：

在"花儿与少年"中，这款魔术行李包曾多次出镜，明星们行李箱装不下的东西都全靠它……

🐰 兔妈解析

这里利用了社会认同心理，顾客就会觉得"明星都在用，这个包肯定不错"。紧接着是gif动图，展示产品"一拖即走，超省力"的卖点，凸显好用，激发顾客尝试的欲望。

方法二：事实证明，呈现价值

原文：

全部展开后，包包的超大容量等同于一个20寸的行李箱……毛毯、被子，或是换洗的衣物，各种瓶瓶罐罐的化妆品、洗漱用品等，全部都能轻松收纳其中，且明显能看出还有不少的剩余空间……

而不用时，啪啪几下就能轻松折叠收纳起来，瞬间变成手机般大小……折叠后仅手机大小，可放在行李箱中，或装在随身的包包中以备不时之需。比如出去旅行时剁手买的战利品，回家探亲时给亲朋好友带的土特产、小礼物，有了它就相当于有了两个"行李箱"，随取随用超方便……

除此之外，这款魔术行李包还有几个贴心的小设计，例如在包包的正面设计有行李箱固定袋，可直接插在行李箱的拉杆上，一拖即走，让行李箱替你"拎包"……

只要花一份力气，就能提两倍的行李，且避免了丢三落四、忘拿行李的烦恼，再汹涌的人潮也不怕被挤掉……

同时，固定袋还是一个带拉链的小口袋，数据线、证件、机票/火车票等小物件都能够轻松被收纳，避免了每次翻翻找找的麻烦……

　　细节方面，包身采用的是优质的涤纶面料，经车缝工艺编织而成，整体韧性超强，又防水耐脏。可轻松应对下雨、下雪等恶劣天气，而不用担心包内的物品会被弄湿。而细密编织的手提尼龙带结实耐磨，拎一桶19升的桶装水也没问题。

兔妈解析

　　这款包的卖点主要有容量大、好收纳、防水，但它并没有直接写"超能装""非常能装"，而是用一些非常具象的概念。比如，先通过20寸行李箱的尺寸对比，让顾客对它的容量有个清晰的了解。很多文案新手写到这里，往往就结束了，但这篇文案就非常巧妙，它又多翻译了一步，凸显容量大对顾客的具体利益。比如，可以塞下毛毯、被子、换洗衣物和瓶瓶罐罐的化妆品，这样更容易激发顾客的购买欲望。

　　紧接着，又用同样的方法呈现出"好收纳"的卖点，并通过与手机大小的对比证实好收纳。指出好收纳对顾客的具体利益是：出去旅行剁手时，随取随用很方便。并用gif动图分别展示了防水、方便、结实的卖点，让顾客眼见为实。而且用"拎一桶19升的桶装水"让顾客秒懂行李包结实耐磨的卖点，其本质是挑战试验，证明产品卖点。

兔妈总结

　　第一个知识点——爆款标题模板：产品标签＋核心卖点＋场景价值。

　　第二个知识点：呈现产品价值一定要具象。当介绍产品卖点时，要尽可能让你的文字"多走一步"。就是在写出自认为已经足够清晰的文案后，试着用更具象、更具画面感的词汇再"翻译"一遍。这样顾客更容易感知产品带给他的价值，也更容易产生购买欲望。

3.3.1.6 《周销 1.8 万单的小糖果,靠差异化命名,提升 2 倍转化,击溃 90% 对手》

关键词:清新口气、糖果、差异化卖点、产品命名、挖掘痛点

爆款详情:周销售 1.8 万单

爆款标题:《德国接吻糖,一颗从根源解决口气,比牙医还厉害!》

请问:名字对一个产品到底有多重要?我们先来看两个真实案例。

一个好名字能带来更多发展机会。前段时间,毛不易接下霸王防脱和某理财产品两大代言,大功臣就是他的名字。

同样,一个好的产品名能让你获得更多订单,甚至扭亏为盈。我熟悉的一个客户,他有一款产品是黄皮苹果,吃起来脆甜多汁,但线上就是卖不动。结果把名字改成"黄金冰糖心苹果",一跃成为月销 10 万单的大爆品。类似的案例还有"水密杏"等。

你发现了吗?这些好的产品名,很直观地体现出了产品的核心卖点,以及与竞品的差异点。不但更好记,还容易产生传播,所以也更容易脱颖而出,吸引目标顾客关注。

本节拆解的这款清新口气的糖果,在同质化严重、竞争激烈的口气清新市场中,就凭着一个好名字火爆全网。

一、标题:巧妙命名凸显利益,对比认知凸显效果

《德国接吻糖,一颗从根源解决口气,比牙医还厉害!》

兔妈解析

- "接吻糖",在吸引目标顾客关注的同时,也很好地与竞品区隔开来。其实,接吻也是一种使用场景,让顾客联想到和恋人约会时就要准备好接吻糖。换了个网红名字,显然比常说的"约会来一颗"更有吸引力。

- 另外,"德国"凸显产品进口身份,体现产品品质。因为对于大多数人来说,国外的产品就等于品质好。后半句指出产品的预期效果"从根源解决口气",通过与牙医的认知对比,体现产品的效果强大。

延伸知识点：三个方法轻松给产品起一个差异化的好名字

第一个方法是场景命名法。首先，思考顾客生活中哪些场景需要产品的核心卖点。其次，把场景与产品关联起来，比如接吻糖。

第二个方法是跨界命名法。首先，确定产品的品类名称。其次，确定产品的核心卖点。最后，跨界思考顾客还有什么产品满足这个点。比如口红电池，凸显电池像口红一样小。手机伞，凸显产品像手机一样小。水蜜杏，凸显杏像水蜜桃一样甜。水果玉米，凸显玉米可以生吃、脆甜多汁的核心卖点。

第三个方法是原料命名法。首先，找出产品的主要原材料，最好是原材料的功能就能突出产品的功效，比如核桃等于补脑，和产品效果一致。其次，用一个词语概括，比如六个核桃饮料、一朵棉花纯棉巾、三个辣椒酱等。

二、开场白：负面场景戳中痛点，认知对比激发欲望

原文：

当你面对一场甜蜜的约会，浓情蜜意正是 kiss 的好时机，要是你一开口就口气熏人，就别怪对方拒绝你！

甚至，每逢面试、见客户，还没展现自己，一张口异味散开，你可能就被 pass 掉了！

讲真的！在煞风景和毁形象这件事情上，口气的杀伤力毫无疑问能排进前三。口气已经严重影响到我们的日常社交，不解决它都不好意思在人面前讲话。去口气产品是刚需，只是漱口水太重，容易漏，不方便携带。口香糖嚼着累，一直咀嚼也会让咬肌变大，导致脸看上去比较方，影响颜值！

兔妈解析

开头直接写约会场景，与标题呼应，让顾客的注意力更集中。同时，还提到目标人群常见的另一个负面场景，就是面试、谈客户，并指出有口臭的严重后果——影响社交、错失机会。

这是典型的负面场景用法，就是指出在顾客没有这个产品时，可能会出现的麻烦和不方便。需要注意的是，推文没有写口气不解决会得严重的牙病，甚至牙癌这些用力过猛的点。而是锁定关乎顾客当下利益的两大场景痛点，

更容易刺痛顾客，促使其产生购买欲望。

接下来，通过认知对比，指出传统清新口气的两大竞品"漱口水"和"口香糖"的缺点——不方便，咬肌变大影响颜值，激发目标顾客寻找新方法的欲望，也就是购买产品的欲望。

三、讲事实摆证据，证明对消费者有益

方法一：顾客证言

原文：

某薄荷糖可以说是一款"网红"薄荷糖了，在网上广受好评。味道清新，比超市便宜很多，去口臭，保持口气清新。能随身携带，干净卫生。薄荷的味道不重，可以当水果糖吃。

兔妈解析

很多学员会说，顾客证言不都是放在引导下单之前吗？其实，这并没有一定的硬性标准。顾客证言是一种一箭双雕的方法，既能激发下单的欲望，还能赢得顾客的信任。具体要根据产品卖点和用户的需求排序来定。

方法二：认知对比

原文：

普通口香糖和薄荷糖只能缓解口腔内的异味，其含有的蔗糖更利于口腔细菌繁殖，细菌在分解糖的过程中会释放出硫化物，加重口臭。口腔中的致龋菌也会利用蔗糖产生酸性物质，对牙齿产生腐蚀。

而这款无糖薄荷糖不含蔗糖，不加重口臭，还能进入嘴巴后迅速地在肠道内和菌群产生化学反应，从身体内部溶解臭味。

兔妈解析

这里它打了一个卖点，可以从根源上解决口臭问题。但如果直接喊出来，顾客就会怀疑"你是不是自卖自夸呢？"即便相信你说的是真的，为什么要在你这里买呢？这篇文案就写对了，通过认知对比，先指出竞品的缺点，再指出产品的优点，进而显得产品格外好，激发顾客的购买欲望。并通过原理解

释，让顾客相信这款产品真能"从根源上解决口臭问题"。

方法三：使用场景

原文：

约会前来一粒，口腔无异味，被用户贴心赐予"接吻糖"称号。

如果你有口臭、开车犯困、晕车等表现或处在戒烟期，相信你一定会爱上它。

含有干薄荷成分，3分钟就能去除口腔异味。薄荷在口腔和胃部杀菌，达到去除异味和口臭的作用。有了它，大蒜、大葱、榴莲……想吃就吃！薄荷还能助消化、缓解肠胃不适，抑制体内胀气，特别适合消化不好、胃部有积食、胃泛酸的人。提神醒脑，超解困。薄荷中含有薄荷精及单宁等物质，吃到嘴里像吸了冷气一样凉，嘶，好爽！

当你上课昏昏欲睡、上班精神不集中、开车犯困时，吃一粒瞬间提神解困！给长途开车的家人/爱人备一盒，在家等待的你也更安心。

缓解恶心干呕，防晕车。很多人坐车就是受折磨，晕车药要提前30分钟吃，如果忘记，一路都是想吐状态。它能缓解干呕恶心症状，一吃见效，防晕车哦。比吃晕车药好，毕竟是药三分毒，还是少吃为好。

代替戒烟糖，犯烟瘾时必备；戒烟并不容易，依靠电子烟来戒烟，也很难摆脱对尼古丁的依赖，很多人戒烟都失败了。

而这款薄荷糖能当戒烟糖，不含尼古丁，犯烟瘾时吃一粒，转移想吸烟的注意力，渐渐就把烟给戒了。

更令人惊喜的是，烟抽多了容易咽喉肿痛，吃颗薄荷糖，入口冰爽，缓解嗓子疼。

🐰 兔妈解析

产品什么时候用、如何用是个选择题，但顾客天生是爱偷懒的，他根本不愿意去思考。所以，你要提前帮他规划好，什么场合可以用，顾客就会顺着你的思路，觉得"生活中需要这个产品的地方还挺多，买一个就能在很多时候享受它带来的好处和便利了"，也更容易下单。

除此之外，场景不但能刺激顾客下单，还能覆盖更多目标群体，让你有机会获取更多订单数量。比如，这里的上班、开车、晕车、戒烟、咽炎等，就覆盖了不同的群体，实现了扩大潜在用户的目的。

方法四：事实证明

原文：

金属铁壳包装，小巧便携；通过德国进口全自动无菌机械生产，采用食品级金属包装，抗耐摔，拿着也很有质感。

一盒21g的约35粒，1天两粒，享受美味+清新口气。盒子大小约是苹果6的三分之二，可以随身放包包、口袋里，带着出门很方便，做你24小时的口气清新"专家"。

兔妈解析

既然好处这么多，带着它方便吗？顾客在下单之前，还会有各种顾虑，这里主动告诉顾客携带很方便，并通过与苹果手机的大小对比，证实产品的小巧方便。并配上单手开盖的gif动图，凸显开盖方便的卖点。需要说明的是，这里有个可以优化的点，就是开盖方便对顾客有什么好处呢？可以通过开车提神单手开盖更安全，来凸显这个卖点给顾客带来的具体利益，促使顾客下单。

方法五：权威+畅销

原文：

通过国家品质检验，安全可食用。

吃进肚子里的东西，一定要安全、健康！这款薄荷糖可是通过国家质检部门多重严格品质检验的，品质是合格的，可放心食用！它在全国屈臣氏、沃尔玛等各大商超有售，因口味多、口感好，又能清新口气、提神而备受欢迎，完爆口味单一的普通薄荷糖。

兔妈解析

先分享一个行为学试验：专业人士问100多位买宝马的人，为什么买宝马。得到的回答是：宝马车的性能更好，动力更足，坐着舒服。但事实上真正的原因是，有钱人都买宝马，买宝马可以体现社会地位和高贵身份。也就是说，他们做出购买决策时会受权威人士的建议和行为所影响。所以不管做什么事，人们都避免不了受到外界的干扰，被营销界用得最广泛的就是：对权威的社会认同和从众效应。

同时应用了权威和畅销来获取顾客信任，本质也是利用了人性中的社会认同和从众效应。注意，这里借势的是权威报告和合作商的权威。

兔妈总结

第一个知识点：产品差异化命名的三个方法，即场景命名法、跨界命名法、原料命名法。

第二个知识点：扩大用户群体。在写卖货推文时，可以用不同的使用场景来覆盖更多的消费群体。

3.3.2 快速信任：教你不自嗨、不生硬，让顾客100%信任你

3.3.2.1 《3个月狂销2 500多万元，不被客户看好的产品如何救活一家企业？》

关键词：润喉糖、热点+痛点、故事开场、塑造信任

爆款详情：客单价148元，3个月销售额2500多万元

爆款标题：《咽炎嗓子干，有痰咳不出？澳洲国宝级清肺神器，每天1片，堪比万元洗肺！再也不怕雾霾二手烟》

这是一款我自己操盘的爆品，当时客户只给我一瓶样品和一张宣传小卡片，而且客户全公司的人对这款产品都不太看好。在这样一个背景下，要从哪里着手寻找突破点呢？我主要做了以下四件事：

第一件事，搜集与顾客相关的素材。

第二件事，搜集与产品相关的素材。

第三件事，搜集与原料相关的素材。

第四件事，搭建临时体验群，搜集顾客证言。

经过10天的打磨，上线测试转化率13.7%，3个月销售额突破2 500万

元。原本不被客户看好的一款产品，却撑起了公司一年的业绩。本节，我就来详细复盘拆解这篇爆文。

一、标题：痛点+可量化的价值利益，锁定目标顾客

《咽炎嗓子干，有痰咳不出？澳洲国宝级清肺神器，每天1片，堪比万元洗肺！再也不怕雾霾二手烟》

兔妈解析

这是功效养生类文案常用的痛点+解决方案模板。首先，指出目标顾客具体的痛点，这个痛点一定要高频、具体，越具体顾客点击的欲望越强烈。其次，给出你的破解方法。但你不能直接说：推荐你用澳洲清肺片，这样顾客看了肯定没有点击的欲望，所以我用到了快速抓人眼球的两个技巧。

第一个技巧：超级词语

什么是超级词语呢？就是不需要解释，一看就明白，而且带有强烈的感情色彩，能够使顾客产生冲动感。

比如"国宝级""神器"，"国宝级"凸显产品在澳洲的权威地位，"神器"是这两年的网上流行语，特指解决某问题的必备好物。

类似的超级词语还有震惊、神奇、逆天、太惊喜了、最爱、免费、秘密武器、秘密等。

第二个技巧：数字+结果，量化产品价值利益

人们点击标题的四大行为驱动因素，其中一条是急功近利。这里我就用到了"每天1片，堪比万元洗肺"，当然这是夸张的说法，灵感来源于网友关于雾霾的一场讨论。

再也不怕雾霾、二手烟，其实这是顾客的理想结果。因为咽炎遇上雾霾和二手烟会加重，而这又是他们生活中的两个高频场景。

二、开场白：故事+痛点开场，引发顾客共鸣

原文：

一个人最无力的时候，莫过于家人深受折磨，自己却无能为力。

上周慧姐 10 岁的儿子呼吸道感染住院了,医生说已发展成中度肺炎。小的还没好,那边老人又犯了哮喘病。她每天在医院、公司、家来回奔波。已经连续一周没有睡超过 3 小时了。

秋季干燥、雾霾又严重,呼吸道和哮喘病高发,要加强防范。

北京某三甲医院内科主任说:每年秋天呼吸道感染人数平均增长 48.2%,但八成人不自知,引发肺炎、支气管炎、鼻窦炎等。更麻烦的是,感染一次后就会反复发作。

孩子处于学习和社交能力培养关键期,反复发作不仅影响学习,还会因同学排斥产生社交恐惧。

不仅老人孩子,年轻人也很扎心好吗?

嗓子干痒,

一着凉就咳嗽,

早上刷牙恶心干呕,

呼吸困难、没跑几步就喘不上气。

兔妈解析

开场我用了金句+故事的技巧,金句传达情绪,故事让读者有代入感。接下来,引出当下热点:秋季干燥、雾霾频发,导致呼吸道感染和哮喘高发。这实现了两个目的:第一,让顾客觉得故事中的事是普遍发生的。第二,让顾客觉得如果不重视咳嗽、咽炎这些小症状,有可能像故事中的主人公那样遇到同样的情况,这是他不想发生的。为了避免痛苦,也更容易采取行动。

其中,"送女儿上学,校医挨个检查,稍有发炎、红肿都让回家看医生。"这是我从女儿身上获得的灵感,当时很多小朋友因嗓子红肿被校医劝退回家休息。所以这也提醒你:一定要留意身边生活中的素材。

然后,我又用北京三甲医院主任的身份,来说明现象的普遍性以及会带来的严重后果。北京三甲医院主任是权威的代表,他的言论更容易引起顾客的信任,让顾客觉得我不是胡编乱造恐吓他,而是好心提醒他。

这是我在新闻中看到的原话,只是把具体医院换成一个代指。所以这也是我强调的,一定要学会从新闻中找素材。因为一个热点出来时,就像雾霾,会有很多媒体报道，很多内容都是可以直接用的。

接下来是年轻人常见的症状，比如嗓子干痒、咳嗽等，这都是顾客生活中普遍、高频的痛点，而且很具体。

三、与顾客站到统一战线，顺其自然地引出产品

原文：

这些罪小编都受过。我是重度咽炎，一到雾霾天就加重。嗓子干、觉得有痰又咳不出，咽口唾沫都费力。严重时，说不出话，还头晕没劲儿。庆幸的是，今年躲过一劫！

其实，这些年我试过的方法不下上百种，菊花茶、红梨水、白萝卜水……传说润肺止咳的食材都煮过，基本没啥用。还亲身试过73种喷剂、含片，有三四百元的进口货，也有几十元的国产货，衡量价格、效果各因素，良心推荐买过最值、用后效果最好还不会反复发作的一款是澳洲考拉肺清。

它是专注清肺利咽的澳洲品牌，被当地人称为"抗霾神器"。由澳洲TOP3的制药公司Brand研发，主打天然桉树油成分，对抗雾霾、粉尘等细菌病毒引起的呼吸道和嗓子不适超有效，而且性价比很高。吃完一颗嗓子就光滑了，试用过的亲友都说超有效。

闺蜜扁桃体发炎说不出话，倔强的妮子坚决不吃抗生素，给她2颗考拉肺清，第二天就好了！她顺势说：这瓶我私藏了！比以前吃那种hou爽、hou宝强多了。

兔妈解析

戳完痛点，就要给出解决方案。但我没有直接写：给你推荐考拉肺清，而是"与顾客站到统一战线"，讲人话。先告诉顾客自己得咽炎的痛苦经历，让顾客觉得我不是在推销产品，而是分享我对抗咽炎的经历，迅速拉近与顾客的距离，获取信任。

其实，这段的本质是竞品对比，告诉顾客菊花茶、红梨水、白萝卜水、喷剂、含片这些方法我都试过了，效果都不好。其中，"三四百元的进口货"这里是个锚点，在引导下单时，顾客会觉得148元就没那么贵了。而且告诉

顾客并不是越贵越好，也不是国外的全是好的，让顾客觉得我很有经验，也很真诚。

然后介绍产品核心卖点，并摆出权威和顾客案例两个信任状，让顾客相信我推荐的产品的品质和效果是有保证的。

此时，成功撩起了顾客的兴趣，但顾客会有疑问："你说的这个考拉肺清真的像你说的一样好吗？"所以，要罗列产品的证据链，证明产品是可靠、有效的。

四、权威流行打消顾虑，激发顾客欲望

原文：

在澳洲，考拉肺清口碑爆棚，是国宝级天然抗霾神器。大多数人吃过之后会说这样一句话：

"含进嘴里嗓子立马就光滑了，口感很清爽，吃完嘴里不粘不酸。高浓缩配方，融化很慢，持续20分钟滋润嗓子。"还有人说：吃一颗整个肺部像换了一次空气一样，清爽极了。

最初是被澳中企业家俱乐部主席袁祖文先生作为礼物送给中国佛教协会会长释永信（少林寺方丈）后，它的人气就在名人圈一直居高不下。

小小的澳洲清肺片，因为独特的清肺效果，被阿联酋很多土豪使用推荐。

2017年在东莞举行的由56个国家参展的海丝会上，被瞬间抢购一空！成为海丝会上妥妥的断货王。

考拉清肺片在澳洲很多知名的店铺都有卖！深受澳洲民众的喜爱！

打开国内"种草"必看的小红书，对它也是一片赞美：

"嗓子很顺滑，咳嗽也好多了，好神奇！"

"秋冬必备抗霾神器！"

"老爸哮喘的毛病好了，太厉害了！"

"连着吃1个月，孩子今年肺炎没复发。"

🐰 兔妈解析

先通过试用感受激发顾客尝试的欲望，接下来是中澳主席、海丝会的权威背书和小红书的顾客证言。

这里需要注意的是，很多学员拆解时，就指出用了什么套路，却不会思考：为什么要把顾客证言和权威摆在第一项呢？之所以把这几项摆在第一位，是因为这是个新品。当时市面上的竞品主要有两大类：第一类是国内的中低端润喉糖，中医类枇杷膏、清肺止咳膏。第二类是国外的高价口服含片。

这意味着顾客对这个产品认可度是很低的，这时候直接讲产品如何好，顾客不感兴趣，甚至会怀疑："你说这么好，为什么我没见人用过？"所以，我就通过权威和顾客证言制造流行，利用人们的社会认同心理，让顾客看到很多高端人士都在用，让他觉得"这个产品肯定值得买"。因为在很多消费者的认知里，高端人士用的品牌＝大家都在买的品牌＝我也买的品牌，这也是从众消费和权威崇拜的逻辑。

五、讲事实摆证据，证明产品对顾客有益

方法一：痛点恐惧

原文：

也许你会疑惑：澳大利亚空气好啊，为啥研发"抗霾神器"？其实，澳大利亚烟民很多，露天铁矿也很多，而且墨尔本也出现过PM2.5爆表。

雾霾对心脑血管、神经系统都有影响，但首当其冲还是呼吸系统。

人每6秒呼吸一次，一天呼吸2万多次。PM2.5细颗粒物直径不到头发的1/20，很容易进入呼吸道，并黏着在肺泡上，影响肺泡细胞的通透性，轻者出现咳嗽、咽喉炎等呼吸道感染，严重者会引发肺组织纤维化，甚至肺气肿。

秋冬季节，每人肺部每天吸收的PM2.5相当于抽掉3包香烟！

对抗雾霾，大多数人首选口罩，这是抗霾第一步，但90%的人却忽略了最重要的一步。暂且不说很多口罩不合格，就算专业的防霾口罩也很难做到100%服帖。

漏网的PM2.5细颗粒物长驱直入，损伤你的呼吸道和肺。

怪不得小编每次到办公室摘掉口罩，两个鼻孔处总是黑黑的。就算戴100多元的防霾口罩，鼻孔里还是很脏。

大人还好，但孩子没有鼻毛，鼻腔比成人短，雾霾更容易侵入。小孩一旦患流感、夜里咳，全家睡不好，治疗不及时还有可能引发支气管炎、肺炎。

不仅雾霾，汽车尾气也很严重。你上下班、孩子上下学恰是车流高峰，这阵势一点不输雾霾！

所以，及时清肺很重要。否则，等到细颗粒物开始侵蚀呼吸道黏膜和肺脏，用再贵的药也于事无补，动辄上万元的洗肺可能都没你认认真真做好肺的保护有用。

兔妈解析

这部分再一次用到了痛点恐惧。首先，站在顾客的角度提出疑问"为什么澳洲要研发抗霾产品"。其实，不管顾客是否疑惑，这都是一个很好的阅读钩子，能够让顾客继续阅读。真正的目的是自然过渡到雾霾的话题，引出雾霾对人体呼吸系统的危害。

当时很多针对雾霾的产品会罗列雾霾对人体各个系统的危害，但我只强调呼吸系统，也就是咳嗽、咽炎嗓子不舒服的范畴。把雾霾的热点和顾客痛点结合起来，用雾霾的热点引爆顾客痛点。

但预防雾霾，顾客的首选是防霾口罩，而且这个行为习惯已经有很多年。怎样找到突破点呢？

当时雾霾天出门，到办公室摘掉口罩发现两个鼻孔处还是黑的，这就给了我灵感，让顾客把清肺片作为防雾霾的第二道防线。具体内容是这样的：对抗雾霾，90%的人只做对一半。很多防霾口罩是不合格的，也很难做到100%服帖，所以PM2.5还会进入呼吸道，甚至肺部，损害健康。并摆出鼻孔处发黑的口罩照片，证实防霾口罩不合格。而且又用了一次价格锚定，让顾客觉得一个防霾口罩100多元，还不一定有效果，还不如买普通口罩，再备一瓶抗霾神器划算。

其实，这个点当时与客户是有分歧的，他的观点是：吃了清肺片，雾霾天就不用戴口罩了，很方便。但这不符合顾客的行为习惯，而且与口罩对着来的结果是：顾客买，或者不买。但如果把切入点作为第二道防线：所有买过口罩的人都是产品的目标顾客，这种策略可以拥有更大的市场空间。所以，很多时候不要逼着顾客二选一,而是要站在他的立场,真正替他着想,让他觉得你是真诚可信的,而不是急于忽悠他买产品。

但此时又有个问题,市面上宣称清肺的产品很多,顾客为什么要买你的呢?所以,我又用到了"竞品认知对比"。

方法二:认知对比

原文:

曾经为了咽炎,小编试过N种方法,推荐最方便有效的还是含片,不像糖浆那么麻烦,也没有喷剂那么刺激,更关键的是能增加活性成分作用的时间。随时随地含上一颗,可以持续滋润修复。

然而,市面上大多是薄荷脑之类的产品。这类含片比较便宜,但只能作用于鼻腔和上呼吸道,不能从根本上修复呼吸道黏膜和肺泡细胞。还有很多厂家为了降低成本,加入大量添加剂。

这是市面上卖得很火的某大牌hou爽含片,其主要成分是白砂糖、色素和香料。怪不得小编一天吃一盒,咽炎也没减轻,说多了都是泪。

兔妈解析

先指出市面上糖浆、喷剂带来的麻烦,再指出含片类成分的不安全,凸显竞品质量差,让顾客主动放弃竞品。"既然别的产品不靠谱,你推荐的这款考拉肺清成分和效果就真的可靠吗?"接下来,就要从正面构建产品的信任矩阵,获取顾客的信任。

方法三:原料、产地、工艺具体化

原文:

桉树油是澳洲三宝之一,大约100公斤的桉树叶以及16小时的人工与机器工作才能萃取出一升油。因此,澳洲桉树油是世界上最稀少珍贵的油之一,又被称为澳洲的"液体黄金"。

因其叶子里含有的活性成分具有强大的清肺利咽和修复呼吸道黏膜的效果,澳洲原住民经常用它煮水来缓解咳嗽、嗓子发炎和呼吸道感染,甚至当地很多烟民和露天工人把它作为清肺的日常手段。野外不小心割伤时，也会用桉树叶捣糊敷在患处，能很快痊愈。所以，它被称为"澳洲人的救命药"。

桉树的种类有522种，但全球公认效果最好的桉树油是生长在澳洲极度严寒高山的邓恩桉，是世界珍贵树种。我国农林学家曾在广西、湖南等地尝试培育，13年都没成功。

从邓恩桉中提炼的桉树油，吸收性一级棒，能够以低端桉树油7.2倍的效率，实现惊人的抗菌修复效果。

- 高度抗菌消炎，修复呼吸道黏膜，缓解咳嗽、气喘、支气管炎等。
- 形成保护膜，有效阻隔PM2.5、粉尘等细颗粒物吸入。
- 促进黏着在肺泡细胞的细颗粒物排出，提升肺泡细胞通透性。

已进入美国食品、药品监督局（FDA）采购名单。

兔妈解析

承接着其他产品的成分不安全，讲述考拉肺清的原料、产地和工艺等事实，凸显原料的稀缺性、配方的安全性和效果的可靠性，并指出被列为美国FDA采购清单，借势权威，打消顾客的疑虑。

这里需注意的是，我通过澳洲原住民的做法，证明当地人几百年来对桉树油的信赖，衬托产品的安全可靠性。常用的还有泰国人对某乳胶枕的喜爱，一家几代人对某馅饼的喜爱等。

方法四：权威背书

原文：

澳大利亚TGA是全球公认最严格、最权威的食品药品认证，考拉肺清一上市就拿到了TGA认证证书。

兔妈解析

注意，我没有直接说通过TGA药品认证，而是先说明TGA是全球公认最严格、最权威的食品药品认证，再说考拉肺清一上市就拿到了TGA认证，凸显产品的厉害。就是把权威翻译成了大众熟知的权威。

方法五：使用场景

原文：

雾霾、汽车尾气双重袭击……孩子更扛不住，还不喜欢戴口罩，苦口婆心说 N 遍，不如在他书包里放一瓶考拉肺清，天然有效防龋齿。孩子少生病，你也少操心。

秋季温差大，一不注意就感冒，加上空气干易上火，嗓子疼、嘶哑说不出话，一颗就有明显感觉，喉咙变得异常顺滑。

澳大利亚原装进口，一瓶 30 颗，能吃一个月，像小编这样的老咽炎一瓶就好了。随时含上一颗方便又有效……

早上出门来一颗，给呼吸道加一层保护膜，有效阻隔霾尘细颗粒物的吸入，减少感染和流感发作！

明知道抽烟不好，但想戒又戒不了。那就只能认真做好清肺工作了，及时修复尼古丁、焦油等有害物对呼吸道黏膜的损伤，减少肺部疾病发生。赶上约会，还能避免嘴里烟臭味的尴尬。

二手烟民更要注意了！数据显示：二手烟中焦油、苯并芘等有害物是主流烟雾的 5 倍以上，很容易引发咽炎、呼吸道疾病，每天一颗清肺利咽，减少有害物侵入。

下午三四点犯困？开车时间长疲乏？来一颗！振奋你的大脑皮层，比薄荷清爽 10 倍，提升工作效率，开车也更安全。

据吃过的朋友反馈，对付晕车也很有效！桉树油活性成分可直达中枢神经，减少眩晕、恶心，比晕车药还管用。

坚持每天 1 颗，咽炎、哮喘不易复发，流感、呼吸道感染和肺炎也少发作，一个秋天能省掉四五百元的医药费。

兔妈解析

但此时顾客可能会说："我没有咽炎或所在城市没有雾霾，是不是就不需要吃了？"所以，就要通过顾客生活中的具体场景，让顾客想象一天下来，可以一次又一次地使用产品，不断避免痛苦、获得好的体验，成为他成活中离不开的必备品，从而刺激购买欲望。

汽车尾气、感冒、流感、抽烟、二手烟等，这些都是目标顾客生活中会遇到的高频场景。更重要的是，不同的场景可以覆盖更多的消费人群。

方法六：借势权威

原文：

2017年10月，在悉尼举行的澳中企业家俱乐部10周年庆典上，考拉肺清成为官方指定伴手礼。这里聚集着澳大利亚、中国各行业TOP100的企业家。据说，都是身价百亿。

《澳洲日报》刊登的优秀企业榜单，第三位就是大名鼎鼎的Brand（布兰德）。

兔妈解析

虽然该产品是澳中俱乐部周年庆典伴手礼，但顾客不晓得澳中俱乐部是个什么样的组织，所以我指出俱乐部里都是身价百亿的企业家。利用顾客的社会认同心理，让他觉得高端人士都在用，肯定是值得购买的，进而获取信任。

六、塑造产品稀缺价值，快速引导顾客成交下单

原文：

流感、咽炎、呼吸道感染……都不算大病，但严重起来嗓子干疼喝水都难，不停吐痰影响形象。如果发展成肺炎还得请假看病，工资被扣还耽误工作，看病回来还得加班补上。

去医院一次没几百元下不来。关键是检查一圈下来，还是用抗生素！

抗生素有耐药性，这也是为啥哮喘、咽炎、支气管炎容易反复的原因。与其每次花钱又遭罪，不如学学聪明的澳洲人，每天吃一颗考拉肺清。

对孩子来说，幼小的身体更扛不住流感和呼吸道反复发作，生一次病，学习就落下一截，时间久了还易厌学。与其每次跟着焦心，不如给他更好的保护。

在某宝上，同类产品都在200元以上，还不能保证是正品。但原装进口

的澳洲考拉肺清，原价 199 元/瓶，粉丝福利价 148 元/瓶，也就吃一次肯德基的钱，却能让你和孩子免于流感和呼吸道感染反复发作。30 粒吃一个月，一天只要 4.9 元，超划算！

我们在前期售卖的时候发现，部分用户在一周内可以在此复购，而且单次购买的数量在 3～5 瓶之间。由此可见大家对清肺片的认可。

经历海丝会和澳中企业家俱乐部袁祖文主席的推荐，考拉肺清常处于断货状态，建议嗓子不适、咽炎、哮喘的朋友赶紧囤上两瓶，雾霾最严重的两个月它能帮你扛过去。

兔妈解析

结尾处，我用到了三个引导下单的技巧。

第一个技巧：负面场景

指出顾客不购买可能出现的痛苦：请假、扣工资、看病花钱，孩子学习落下一截，甚至厌学。这是顾客不想看到的，为了避免痛苦就更容易采取行动。

另外，还用到了制造反差的技巧：一边是你花钱遭罪，一边是聪明的澳洲人每天一颗考拉肺清，轻松解决流感咽炎、避免雾霾危害，让顾客觉得购买产品才是最明智的选择。与其……不如……这个制造反差的表达句式你可以记下来。

第二个技巧：价格锚定 + 偷换心理账户

这里用到了两个锚定，一是给同类产品做对比，二是给产品本身做对比，让顾客觉得现在购买是最划算的。并且用到偷换心理账户的方法，让顾客从吃肯德基的心理账户中取出 100 多块钱来治疗咽炎、避免流感，降低顾客花钱的难度。

第三个技巧：塑造稀缺性

假如和你说不用急，随时都能买到，你肯定不会急着买。但如果告诉你现在不买可能就买不到了，你就更有紧迫感。所以，这里给出首批顾客购买截图，让顾客觉得别人都在抢着买，还经常断货，现在不买就可能买不到，促使其马上下单。

兔妈总结　**第一个知识点——关于搜集素材的四个要点**：首先，搜集与顾客相关的痛点。其次，搜集与产品相关的素材。然后，搜集与原料相关信息以及成分作用机制。最后，搭建临时群，搜集顾客证言。另外，要注意身边生活中以及新闻素材的搜集。

第二个知识点——故事开场的两个要点：第一，符合顾客画像。第二，有关键细节。这样才能让顾客有共鸣。

第三个知识点："与顾客站到统一战线"，讲人话。不管是写什么类型的推文，都不要急着推荐产品，而要想办法与顾客站到统一战线，让他觉得你是和他一样的，而且你的经验还能帮助他少走弯路。只有这样，他才更容易接受你推荐的产品。

3.3.2.2 《被称为"死亡之品"，这款原先卖不动的靠枕，只用这一招，销量翻了10倍！》

关键词：腰靠、功效预防型产品、故事开头、获得感、紧迫感

爆款详情：卖出1.6万单、销售额284.8万元

爆款标题：《不只是舒适，简直是享受，Google公司用的腰靠，到底有什么秘密？》

先来思考两个问题：

第一个问题，为什么抗皱、祛斑类护肤品一般都比日常护肤品贵，但却不影响它的销量？

第二个问题，为什么你给顾客推销一种预防疾病的药成功的机会很小，但如果像很多保健企业一样，把产品包装成治疗某疾病的药，推销成功的概率就会大很多，而且这些人还会愿意付更高的成本？

问题的本质在于，很多人认为自己有很低的概率会患上某种疾病，而且预防型产品起效的时间往往是在数月之后，导致人们没有动力买，所以你很难推销出预防性的产品。但如果脸上已经长了皱纹、斑点，或患上某种疾病，这时候会愿意花更高的代价和成本，也就是人性——"病急投医"。

从中能得到的启发是：治愈型产品更好卖。所以，你要推销治愈型产品，而不是预防型产品。

回到本节要拆解的案例，作为单价近 200 元的"预防型"产品，这款预防中年人腰椎病的腰靠几乎没有任何胜算。但它一上线却卖出 1.6 万多单，销售额 284.8 万元。它的文案到底做对了什么？有何亮点？它是如何把预防型产品转化成治愈型产品的呢？本节，我就来揭秘腰靠的爆单真相。

一、标题：借势权威，制造悬念

《不只是舒适，简直是享受，Google 公司用的腰靠，到底有什么秘密？》

兔妈解析

首先，前半句"不只是舒适，简直是享受"直接描述产品的试用体验，突出身心的获得感，激发目标人群的欲望。其次，后半句借势权威，衬托产品品质有保障。最后，一个"什么秘密"又设置了悬念，引发目标人群点进去寻找答案。

二、开场白：典型故事开场，戳中顾客痛点

原文：

前几天遇到一件可怕的事情，办公室的美女同事打了个喷嚏，突然腰就不能动了，疼得直流眼泪。大家都以为要瘫痪了，送到医院一检查原来是腰椎出了问题。

据统计，我国腰椎病患者已经突破 2 亿人。30~40 岁人群中，患有颈腰椎病的占比 59.1%。而且有着越来越年轻化的趋势，办公室不少 20 多岁的同事都已经开始颈椎、腰椎有问题了，久坐的上班族，腰部真是"伤不起"。

久坐不动和坐姿不正，正是腰酸背痛的罪魁祸首。腰部是人体的一个支撑，就像是动力机械的大轴。所以一旦腰出现了问题，那么全身上下都会不舒服。

人坐着的时候，不良姿势下脊柱所承受的压力可高达 270%，几乎等于 3 倍自己正确姿势下的重量，长年累月下来所造成的慢性伤害却往往被人们所忽视。

腰肌劳损、腰椎间盘突出是无法痊愈的：医学上所讲的腰椎病，只能通过各种手段在一定程度上缓解，想要完全恢复是非常困难的。腰椎病的严峻性，让官媒都开始积极普及如何"拯救腰椎"。

🐰 兔妈解析

如果开头写"你必须要重视腰椎问题了"，请问你会继续读下去吗？90%的人可能都不会理会。消费者不喜欢听别人讲道理，但对故事几乎没有免疫力。这篇推文的开场通过生活中的故事，引发顾客对腰椎这个话题的关注。接下来，科普腰椎病的现状以及高发原因，并指出腰椎病的严重后果——全身上下都会不舒服，而且不能痊愈，激发顾客的恐惧感。

三、利用认知对比，激发欲望和期待感

原文：

那到底有没有解决办法呢？

清华大学的一项细致的研究显示，与无腰靠的汽车座椅相比，在腰靠的支撑下，驾驶人腰部的椎间关节力平均下降8%、肌肉负载平均下降15%。所以说一个好的腰靠，能平均分布受力点，帮助血液循环，缓解疲劳，有效减少腰背疼痛和坐骨神经痛的发生。

划重点：首先要保持端正坐姿，其次不管是办公还是开车，在后背放一个支撑物，千万不能让腰部悬空，这样可以最大程度地减少腰椎的压力。但现在市面上充斥的腰垫大多缺少有效支撑力。抱枕式的最常见，虽然能填充上空隙，但是因为太软，其实根本没有给腰部任何承托力。

那种从侧面看是半圆形的，有一定硬度的腰靠，因为整个曲线都不随着身形走，靠着硌得慌，打字时候又悬空。

还有那样的，围着腰部一圈，感受虽然比前两款好，但是一方面到了夏天热的要命，另一方面支撑力也不够，还不够智能，要想舒服需要你主动去找它的角度。

根据医学研究表明，只有使用"人体工学设计"腰垫才可以在缓解腰肌劳损的同时纠正不良坐姿。请注意"人体工学设计"六个字，因为如果没有

这六个字，普通的腰垫就无法达到支撑背部、缓解腰部不适的作用，充其量也就是一个心理安慰。

论每天坐着工作时间，如果做个排名，各大IT公司的程序员们如果说第一，恐怕没人敢跳出来反驳。下面推荐大家一款人体工学减压腰垫：互联网公司的标配，绝对是腰垫中的战斗机。

兔妈解析

对于很多人来说，腰靠就是一个预防腰椎病的产品，如果强调买回去可以很好地预防腰椎病发作，相信很多人就会觉得"预防的，用了也没用""我还年轻，不需要吧"，可能就会丧失兴趣，关掉页面。但这篇推文就比较巧妙。

首先，通过科普正常坐姿对腰椎的压力，把问题聚焦到腰椎的压力上，而腰椎病是长期压力导致的结果。而腰靠的作用就是很好地承托腰部，解决对腰椎的压力问题。通过这样的转变，就把原本"预防腰椎"的问题转变成了"解决腰椎压力"的问题。这时候，腰靠成功被包装成一种解决问题的手段，而不是预防手段。

但是市面上同类腰靠有很多，所以需要解决的问题就是告诉顾客为什么要选这款、它比竞品好在哪。这里用到了认知对比，通过与市面上常见的腰靠做比较，指出竞品的缺点，并得出结论：普通腰靠无法达到支撑背部压力的作用，进而引出最佳解决方案——今天要推荐的这款腰靠。

四、讲事实摆证据，赢得读者信赖

前面做了很多铺垫，但消费者摸不着、体验不了，还是会有很多疑虑。你推荐的腰靠真的有这么好吗？如何证明？所以接下来就要讲清楚事实，摆出证据，让消费者信服。

方法一：权威+畅销

原文：

人体工学减压腰垫，算是最近才流行起来的新型靠垫。作为引领时代节奏的IT公司，怎么能少得了它？

新型腰垫的卖点主要在于设计上能够极大地贴合人体腰背弧度,给腰部恰到好处的承托,又有绝佳透气性。

所以很多加班重灾区的互联网公司,如腾讯、谷歌、新东方、猎聘等,其员工都使用了人体工程学腰垫。

兔妈解析

它没有讲太多科学原理,而是告诉顾客这是 IT 公司流行的新型靠垫,加班"重灾区"的腾讯、谷歌等大集团员工都在用。这里可以起到两个作用,一方面凸显产品很畅销,很多 IT 公司的员工都在用;另一方面是通过腾讯、谷歌等大公司做背书,凸显产品质量可靠。

方法二:试用体验 + 事实证明

原文:

作为一个长期伏案设计工作者,工作强度堪比程序员的小编最推荐的就是这种类型的腰垫。几周使用下来,它算得上是我用过最舒服、最有效的靠垫了,没有之一!

兔妈解析

别人都说好,但顾客还会怀疑:到底有多好呢?这时候小编告诉顾客,"我已经给你测评过了,我用过很多腰靠,这个是最有效的。"其实,试用体验 + 事实证明是一对非常有效的组合拳。先通过试用体验激发顾客的感性欲望,再通过事实证明 gif 动图让顾客看到真实效果,获取顾客理性的信任。

方法三:获得感

原文:

区别于传统腰垫,外形就跟人的肺叶一样,背后有弹簧调节,能 30°开合调节。但靠上去之后,就理解它为什么这样设计了。不像一般靠垫那样人一移动就悬空,这个肺叶会根据坐姿自动调节开合角度。

所以不分胖瘦,不管什么坐姿,不管你怎么动,腰部都能和左右全方位贴合,紧紧承托着。入座以后,往后一靠,整个腰靠就像一双手一样紧紧托住整个腰部最受力的部分。

> 🐰 **兔妈解析**

为什么这个产品有效呢？激发欲望之后，还要给顾客解释原因，这样他才会相信你的产品效果不是自夸，而是有真实依据的，才能进一步获取顾客理性的信任。除了告诉顾客产品的基本属性，像肺叶一样，还用比喻的手法写出了这个卖点的获得感，"就像一双手一样紧紧拖住整个腰部，有坐着享受马杀鸡的感觉"，突出产品给顾客带来的好处，让顾客秒懂。

方法四：使用场景

原文：

无论你是办公室工作狂人、开车族，还是孕妇、小孩，都可以使用，纠正各种坐姿不正、缓解腰酸背痛。

- 办公室加班族：腰痛远离我，上班精力更充沛。
- 学业繁重的同学们：矫正坐姿，培养良好的学习习惯。
- 有车一族，老司机：舒服的坐姿，是安全的第一步。
- 孕妇：孕妇的辛苦更需要关照，有个腰垫能缓解一些腰椎负担，让腰部更放松、更舒服。

> 🐰 **兔妈解析**

场景文案是卖货文案中非常重要的一种方法，它的底层逻辑就是假设顾客已经拥有了这个产品，然后把产品在不同场景下给顾客带来的舒适体验描述出来，让顾客觉得自己已经拥有了它，如果不买就会觉得非常痛苦，进而激发购买欲望。其实，这些具体的场景也利用了"锚定效应"，当顾客处在这个场景中时，就会觉得要垫上个腰靠才舒服。

方法五：产品演示

原文：

除了设计出众，这款腰垫在做工上也绝不马虎。

1. 坚固耐用，极度承压。

腰靠是一体成型的 ABS 工程塑料，非常结实耐用。100 公斤体重的人使用也不会有任何问题，进行暴力测试时，丝毫无损。

2. 超透气网布，可拆洗。

外层包裹的是 3D 网布面料，特殊的织法使其自带弹力并具有缓冲作用，使用感更舒适。用久了还可以直接拆下来清洗，非常方便。有 166 个双向透气孔，散热性也要比普通网布好得多。炎热夏天时使用绝对通风，不会让腰部感到闷热和潮湿。

兔妈解析

此时站在顾客的角度，他还会想："我已经相信这款腰靠能缓解腰压力，对腰椎有好处了，但我还不知道产品的使用体验好不好，是否好清洗、是否耐用等。如果使用体验不好，即便对腰椎再好，买回去也像鸡肋，而且几百块钱并不便宜。"所以，还要证实产品的质量和使用体验。这里通过产品图片的特写和 gif 动图演示，告诉顾客这个产品耐用、透气，而且好拆洗、好安装、好打理，打消顾客的疑虑。

方法六：借势权威

原文：

在德国、荷兰、迪拜和中国都有分公司，产品主要在高端商场销售，比如迪拜购物广场、迪拜机场免税店、山姆会员店等。

兔妈解析

人们长期以来都是以他人，尤其是权威人士和机构作为消费的参照系，买权威人士都在用的、权威机构都在销售的产品。因为权威机构合作的品牌肯定是最值得买的，决策风险是最低的。这就是消费者的权威崇拜心理。所以，文案里告诉顾客全球很多国家的权威商场都在销售，进而凸显产品品质可靠，赢得顾客的信任。

常用的权威背书资源还包括权威供应商、权威合作商、权威媒体报道、权威组织认证证书、明星或专家代言，还有一些国家级或者世界级的赛事、组织、论坛等。

兔妈总结

第一个知识点：消费者更愿意购买能解决问题的产品，所以，销售治愈型产品要比销售预防型产品容易得多。如果你的产品是预防型产品，可以参考这款腰靠文案的思路，通过强调它能解决和痛点有关的某个具体小问题，把它转化成治愈型产品，这样会更利于销售。

第二个知识点：试用体验＋事实证明是写卖货推文时常用的组合拳。先通过试用体验激发顾客的感性欲望，再通过事实证明获取顾客理性的信任。

第三个知识点：常用的权威背书资源包括权威供应商、权威合作商、权威媒体报道、权威组织认证证书、明星或专家代言，还有一些国家级或者世界级的赛事、论坛等。

3.3.2.3 《卖货高手不会告诉你的文案秘诀！只因做到这三点，祛痘精华转化率提升30%》

关键词：祛痘、解决问题式销售、产品故事、化解顾虑

爆款详情：单价88元，卖出1.4万单，销售额123万元

爆款标题：《万年痘印都没了！24小时祛痘褪斑不留印，明星都在用的祛痘精华》

你知道顶尖销售（卖货高手）和普通销售（普通文案）的区别在哪里吗？很多时候，文案没有销售力，不是文笔的问题，而是没有展示产品能为用户解决问题的能力。

普通文案：只关心自家产品——功能好、性价比高、明星代言……总之就是"我超棒，来买我"，这是典型的产品思维。当然，并不是说这样不能卖产品，但需要品牌持续投入资金打造知名度，塑造信任背书，不适合中小企业。

卖货高手：先了解顾客背景、现状，生活中存在的苦恼和痛苦，并提示问题如果得不到解决可能带来的严重后果，激发兴趣。被刺痛的顾客会主动向内找问题，你的产品就是它的"解药"。所以，顾客比较忠诚，也不容易跑单。这就是典型的解决问题式销售。

如何做好解决问题式销售，这里有四个核心，即背景问题、难点问题、暗示问题和价值问题。其中，最核心的前三步特别适用于写**卖货推文的痛点式开头，尤其适合功能型、省事型的产品。**

- 背景问题：找出有关顾客日常生活中的现状。
- 难点问题：发现和理解顾客可能存在的问题、困难或不满。
- 暗示问题：揭示问题如果得不到解决将会给顾客带来的后果和影响。

本节要拆解的祛痘精华的案例就是典型的解决问题式销售，这也是它快速决胜祛痘红海市场的关键。

一、标题：可量化价值利益 + 权威背书获取信任

《万年痘印都没了！24 小时祛痘褪斑不留印，明星都在用的祛痘精华》

兔妈解析

这个标题的本质是实用锦囊，实用锦囊有两个核心：问题（祛痘痘印）+ 解决方案（明星都在用的祛痘精华），这里有三个点值得借鉴。

第一，首先强调效果"万年痘印都没了"，指出预期效果，并用口语惊叹词调动顾客情绪。

第二，"24 小时"利用具体数字量化产品的价值利益，激发点击欲望。

第三，"明星都在用"有两层含义：一是说明畅销。二是借势明星的权威性，利用顾客的社会认同心理，吸引点击。

二、开场白：背景 + 难点 + 暗示 = 解决问题式开场

原文：

不长痘的人永远不懂长痘的痛苦与自卑！

泰国有支公益短片《Lalin》，刚一发布点击量就过百万，甚至轰动了整个

泰国……短片中的女孩 Lalin 是名社交网红，更是所有网友心中的理想女神。可现实生活中的她总是戴着口罩，没人知道她长什么模样。因为 Lalin 知道，一旦摘掉口罩，便意味着她网红时代的结束。一脸痘让她没法以真容示人，

正因为没人能接受她真正的样子，所以她不敢与网恋男友相见。她甚至没有一个朋友，很孤独、很痛苦、很自卑，毕竟……现实的世界里不能修图。

一则仅 14 分钟的短片竟能引起如此反响，想必大家都是感同身受吧！因为现实生活中有太多像 Lalin 这样的人了。容易长痘的人，姨妈来了，长！熬夜加班，长！吃个火锅，长！压力过大，长！卸妆不干净，长！内分泌失调，长！最最可恶的是痘皮肌平白无故也会疯狂地长！

你以为长痘就完了？NO，NO，NO，有几个人能忍住不去挤？痘印痘坑反反复复消不掉，最后演变成坑坑洼洼的痤疮脸，堪比毁容。作为颜值杀手的痘痘痘坑粉刺，不仅给整体形象带来毁灭性的影响，更严重的是对人心理的摧残。

喜欢的东西不能吃，喜欢的人不敢在一起，也不敢化上美美的妆，不愿出门，少言寡语，形单影只，会变得愈发痛苦和自卑，爱情、事业更是频频碰壁。你可曾想过，如果没长痘，颜值会不会还蛮高、还蛮自信?!

兔妈解析

我还是以核心的三步法来分析。

首先，通过一个公益短片给出目标顾客的背景问题，即长痘人的生活现状——自卑、痛苦，活在修图的世界里。

其次，寻找顾客生活中存在的难点和痛点问题：姨妈来了长痘，熬夜加班长痘，吃个火锅也长痘，卸妆不干净也长痘，总之就是各种苦恼。

然后，"暗示问题"，也就是问题不解决可能带来的后果和影响。值得注意的是，推文没有单说"毁容""不美丽"这些和顾客当下利益关联不紧密的问题，而是上升到对顾客生活、事业和爱情的影响，增加紧迫感。放大痛点，激发顾客马上解决问题的欲望。

最后话锋一转"你可曾想过，如果没长痘，颜值会不会还蛮高，还蛮自信?!"让顾客产生期待，想象自己不长痘后变美的具体场景。一正一反的反差，进一步激发顾客对长痘现状的不满和痛苦，吸引他继续阅读原文，寻找

解决问题的答案。

三、讲事实摆证据，证明对用户有益

如何让顾客相信这款产品能帮他解决问题呢？下面就要给出事实和证据，证明产品真正能帮他摆脱苦恼，并且让他看到产品带来的结果利益。如果收益大于成本，他就会毫不犹豫地采取行动，马上下单。那么，如何证明呢？

方法一：认知对比 + 典型案例

原文：

小编既然敢放话就不会打自己的脸，祛痘效果怎么样，视频为证。记得不要眨眼睛哦！

看清楚了吗？没有美颜，没有滤镜，没有修图，轻轻抹几下，红肿痘痘就以肉眼可见的速度消掉了，连痘印都没留下，比人体自己修复的时间缩短了 N 倍。

作为一名"战痘士"，小编也是过来人，深知痘皮肌男女同胞们的痛苦。而让小编结束这种痛苦的，就是这瓶祛痘精华。当初那张自己都不愿意看的痘肌脸，现在已经光滑到连自己都不相信。

🐰 兔妈解析

祛痘效果到底如何？真的 24 小时就能祛痘去痘印吗？直接摆出效果认知对比图，让顾客眼见为实。事实证明，效果图片的认知对比是对人类的旧脑最有冲击力的。但此时顾客可能会怀疑，图片会不会是 P 的呢？所以小编又通过自己的案例，告诉顾客"自己曾经也是痘皮肌"，并且已经亲身试用，成功祛痘。最后一句"光滑到连自己都不相信"，就像和闺蜜聊天一样，非常真实，而且还能间接体现出小编开始和顾客也是一样怀疑，与顾客站在统一战线，获取顾客的信任。

方法二：权威 + 畅销

原文：

它是近几年来美妆护肤界最火爆的品牌之一，自面市后一直被众多明星强力推荐，刷爆了微博、抖音、小红书。它以打造女性完美肤质为出发点，

凭借自己独有的专业研发师、先进技术、产品的高质量和良好口碑，一度成为"国内第一时尚嫩肤品牌"。

兔妈解析

数据表明，即使错得离谱，74%的人也会从众随大流。这里指出小红书、微博、抖音都有它的身影，很多明星都在用，暗示产品很畅销。另外，用"国内第一时尚嫩肤品牌"塑造产品的权威性。也许很多顾客并不知道这个称号是什么机构颁发的，但加上"第一"就会潜意识觉得它是大品牌，是值得放心购买的。

这给我们的启发是，在借势权威方面，可以通过产品在某个垂直细分领域排名第一的地位塑造产品的权威性。

方法三：研发故事+实验证明

原文：

1988年，韩国最大的护肤品公司研发了一种用于面部保湿的精华液。在临床试验过程中，发现了一个非常奇怪的现象：实验者脸上的痘痘都消了，万年痘印也淡了。这种现象很快引起韩国科研人员的注意，并进行了科学研究和考证。研究结果显示：精华液中存在一些成分，能溶解油脂、吸附污垢，促进肌肤受损细胞的生长和修复，祛痘淡印。

他们在此基础上加以改良配方，经过30年的潜心研究，选择500名年龄在18~45岁的易痘志愿者作为实验对象，在痘痘、痘印、粉刺等方面确认了有效性和安全性后，最终研发出了这款能让红肿痘24小时瘪下去、痘印快速淡化的祛痘精华。

兔妈解析

销售就是卖故事，故事永远是最有说服力的。这个故事比较巧妙，它区别于以往常见的花费多长时间、耗费多少人力物力研发的产品，而是源于一次意外发现。这种意外发现之旅的故事，本质也是讲述研发的细节，让人觉得更真实。另外呈现出实验结果，选择500个痘痘肌的人做了实验，证明这个意外发现的配方针对祛痘确实有效，进而获取顾客的信任。而且故事的可读性强，吸引顾客继续阅读原文。

延伸知识点：三种常见的产品故事类型

第一是概念故事，常见的就是产品发布会。这种故事一般是针对产品给用户解决的问题，进而让顾客接受产品的概念。比如，先指出目标人群当下的状态，也可以是身边人的故事（代表目标人群），再提出解决方案，并指出行业现状或揭露行业内幕等。紧接着提出产品的创意和概念，以及产品给顾客带来的价值利益，引发顾客好奇。

第二是研发故事，也就是产品的发现之旅，具体包括费时费力和意外发现两种。本节案例就属于意外发现，下面再来看一个姜果茶费时费力的研发故事。

"这个茶原名姜果茶，从材料到配方都是奶奶传给我的。本来我没太在意，在英国伦敦帝国理工学院读书的时候想着给女友做一些喝一喝吧。没想到本是个驱寒暖宫的滋补品，却治好了她多年的痛经。这一下身边的闺蜜和同学们都知道了这个好东西。"

"那段时间，我变成了女生之友，隔三差五地给她们做一罐姜茶。"Joe 回忆道。"这么好的东西，为什么市面上买不到啊？"大家都表示可惜。

就是受这句话的影响，回国后一年的时候，他通读了《中药炮制学》和《中草药全图鉴》，走访山东、山西、河南、陕西、云南、浙江的 20 多个城市，寻找原产地的最优质原料，做了近百次试验。他在家传配方的基础上添加两味食材，辅以科学的炮制工艺。

第三是使用故事，是在顾客使用的过程中可能产生的一系列故事，也就是常见的典型顾客案例。使用故事的目的就是让其他顾客看到一个完整的体验过程，从痛苦状态到如何结缘产品，再到使用产品，最后问题得到解决。这个过程包含顾客痛点，以及产品的试用感受、使用场景以及效果对比。通过这个过程，让顾客产生一种积极的心理暗示，相信自己的痛点也可以通过产品得到解决。

方法四：试用体验

原文：

祛痘淡印效果真的很惊艳，小编第一次用印象最深刻的就是，抹完不到 24 小时，下巴新生的红肿痘肉眼可见抚平了，一周左右痘印也看不见了，皮肤明显稳定很多，没有再长新痘！

兔妈解析

效果如何，顾客没有试用是感受不到的，所以要通过"文字试用"的方式让他感受到产品的效果，并且相信产品能 24 小时祛痘。给消费者制造想象空间，想象自己涂上 24 小时，痘痘就没了，皮肤就变好了。

方法五：使用场景

原文：

闭合性粉刺虽然不像痘痘那么明显，但是密密麻麻的，感觉真的很恶心，坚持使用不到半个月，你会明显看见整张脸变干净了，皮肤细腻很多。如果你是那种久治不愈的重度痘痘肌，每天抹一抹，不断刺激表皮细胞生长，新的细胞不断替换老化死去的细胞。坚持使用 28 天，真的可以为你换一层皮！

兔妈解析

在前面的章节中我们提到过，场景式文案不一定是局限在某个地点、某个时间的物理场景，还可以是针对某种人群、某个症状的适用场景，这里就是后者。产品不但可以祛痘，还可以有效去除粉刺。这样的好处是，可以扩大目标人群。

这里给我们的启发是，产品核心卖点要聚焦，但可以扩大痛点和卖点需求的人群范围，进而覆盖更多人，有效提升销量。

方法六：成分说明

原文：

长痘是因为毛孔堵塞不通畅，皮脂堆积无法排出，细菌发酵导致毛囊发炎，痘痘就冒出来了。所以要想痘痘快速消肿瘪掉，第一步要做的就是杀菌消炎，这款祛痘精华最大的特点在于加入了祛痘的王牌成分——苦参。

苦参祛痘是有历史可寻的，在《本草纲目》等古代医书中都有关于苦参祛痘的神奇疗效解释，苦参能高效杀菌、抑菌、抗炎，素有"天然消炎抗生素"之称，其杀菌祛痘原理在于，可刺穿病菌细胞壁，让病菌细胞裂解失去活性，抑制细菌的滋生和变异，有效预防交叉感染并高效杀菌。

导致毛囊发炎的病菌被杀灭了，肌肤得到镇静消炎，新生痘痘不到 24 小时就能瘪下去，挤破的痘痘也能很快结痂。而对于那种丘疹脓包会进行催熟，缩短其成长周期，基本涂抹一周左右，不仅红肿痘痘会消掉，痘印也会很快消失。

兔妈解析

你发现了吗？不管是试用体验、使用场景还是痛点恐惧，这些都是调动顾客的感性情绪。但此时他还会犹豫："产品效果这么速效，是如何实现的呢？会不会对皮肤不安全呢？"当他有这种想法的时候，基本上就不会购买。所以还要从理性层面获取顾客的信任，用理性事实支撑感性欲望，让顾客觉得"这是我对产品深入研究后做出的最后选择""选择这款产品是明智的"，并且让顾客相信产品效果之所以这么好是有原因的。否则，效果和利益就会变成空洞的辞藻，经不起顾客的反复推敲，等顾客下单时就会捂紧钱包。

方法七：竞品对比 + 化解顾虑

原文：

如果只是单纯的祛痘，却把痘印痘坑留在脸上，美丽自信同样找不回来。

这是款性价比超高的祛痘单品，能一次性做到祛痘、淡印、填坑，而且修复速度很快，尤其针对新生痘印，每天以肉眼可见的速度变淡。

兔妈解析

其实，这段话的本质是竞品对比。因为市面上祛痘产品很多，但很多都只是祛痘，却会残留痘印（竞品缺点）。正是体验过市面上这些产品，顾客才会产生疑虑：这款产品是不是也一样，只能快速祛痘，但会留下痘印呢？如果此时你不理睬顾客的顾虑，他纠结来纠结去，最终为了避免损失就会关掉页面放弃购买。这个文案就做对了，主动通过竞品对比，提出顾客担心的问题，并主动打消顾虑，获取顾客的信任。

四、锚定效应，引导下单

原文：

祛痘效果立竿见影的祛痘精华，天猫旗舰店卖到了 188 元/瓶。而老板为了回馈广大粉丝，现给出特别优惠价，只卖 88 元/瓶。同样的成分和功效，便宜太多的价格，库存有限，比手速啦！

别让满脸痘毁了你的整个人生，祛痘精华让你小痘瘪掉、大痘催熟、痘印消掉，轻松还你一张原始的健康脸庞，从此人生就像开挂一样！

兔妈解析

设置价格锚点，凸显产品便宜。最后，再一次塑造产品价值，强调给顾客带来的结果利益。其实，这也是解决问题式销售的第四个核心要素——引导和暗示顾客对解决问题后的汇报和价值，即"还你一张干净的脸庞，让你的人生开挂"。

兔妈总结

第一个知识点：写卖货文案要有解决问题式销售的思维，包括四个核心，即背景问题、难点问题、暗示问题和价值问题。顾客都不喜欢被推销，都不喜欢被洗脑，所以要从专家的角度引导顾客主动做出解决问题的决定。解决问题式销售的核心就是：找出客户的背景问题和难点问题，引导顾客注意得不到解决的"暗示问题"，并展示顾客解决问题后的"价值问题"。做到这四点，客户才能毫不犹豫地下单。

第二个知识点——三种常见的产品故事类型：第一是概念故事，第二是研发故事，第三是使用故事。通过故事，更容易让顾客产生情绪起伏，有情绪起伏才会产生交易。

3.3.2.4 《1 个月 106.8 万元销售额！保暖背心打造高转化推文的卖点排序法则！》

关键词：服饰、卖点排序、获得感、场景利益

爆款详情：单价 89 元、卖出 1.2 万单、销售额 106.8 万元

爆款标题：《黄圣依同款背心，修身塑形，超薄又保暖，让你 24 小时处于温暖的怀抱！》

很多文案大佬经常强调一个原则"卖点要聚焦"，否则，卖点太多，消费者根本记不住，结果等于没说。

但真正实操起来，你会发现有些产品仅凭单个卖点，很难说服用户下单。比如你在某宝买衣服，八成顾客都会问客服的问题是：掉色吗？起球吗？我这样的体型可以穿吗？修身吗？如果是冬天的服饰，还会考虑保暖性能到底如何，保暖的同时会不会显得臃肿。

那是不是卖点就不必聚焦了呢？当然也不是。其实，这个问题要具体情况具体分析。

什么时候该聚焦呢？比如，一位客户拿着产品找我合作，他做的是功能性养生产品，说产品很好。男人喝了解酒护肝、女人喝了美容养颜、老人喝了延年益寿、孩子喝了长得更高更健壮、病人喝了还能快速痊愈……反正就是"万能神药"，适合所有人群。他信心十足地说："你看目标群体这么大，肯定不愁卖吧？"结果被我拒绝了。为什么？因为这些卖点对应的不是一类人群，症状也不是一类症状。所以，这种情况下，产品卖点就要聚焦，比如选其中一项作为核心卖点。

另外，还要学会在聚焦的基础上延展卖点。比如，针对上文提到的衣服的案例，这些卖点服务的都是同一个核心人群，卖点多反而可以塑造产品价值。所以，这时候就要在列出一级卖点的基础上，把另外几个点作为二级卖点，辅助阐述，进而塑造产品的高价值，激发顾客的购买欲望，让他心甘情愿地下单。

本节要拆解的这款女性保暖背心的爆文，就是多卖点塑造产品价值的范例。它的逻辑很简单，就是罗列一个个卖点。但阅读起来很通畅，给顾客一

层层剖开、说明，带顾客一步步了解了产品、化解了顾虑，最终将购买欲望推向高潮，刺激顾客做出购买决策。

一、标题：巧借明星效应，凸显核心价值

《黄圣依同款背心，修身塑形，超薄又保暖，让你24小时处于温暖的怀抱!》

兔妈解析

首先，借势明星抓人眼球。明星自带流量，所以只要能找到和明星扯上关系的点就要去蹭。不过明星的负面信息不要用。如果是负面的点，最好是被主流娱乐网站曝光过的，或者是明星本人自黑自嘲过的，也就是热点要顺大流走，跟风大媒体，不要独家爆明星的黑料。否则，一不小心就可能收到明星的律师函。

其次，用数字+结果，量化产品价值。冬天穿保暖背心，女生必须考虑的因素是暖和、塑形。所以，直接给出"修身塑形，超薄又保暖"的核心价值，也就是产品的一级卖点，并给出产品的可量化价值，24小时都不冷，让顾客秒懂。

二、开场白：好友对话拉近距离，戳中痛点激发需求

原文：

这几天你是否已经感受到冷空气的袭击了呢？

冷空气肆虐，干什么都冻手冻脚，小编连早晨钻出被窝的勇气都快没有了。

不想穿的秋衣秋裤、保暖衣保暖裤是不是都已经统统套上身，一层一层把自己裹成北极熊？

好好的一个前凸后翘的M号身材变成松松垮垮的XXL号，真的很影响气质，很容易把漂亮的衣服穿出地摊货的感觉。内心一万个拒绝。

可是，总能看见寒风里几个穿着艳丽，依旧前凸后翘的美女。这么冷的天，她们怎么还能穿的这么好看？

真相总是出乎你的意料！科技发展，面料也跟着升级，现在市面上很多超薄的面料都具有很厉害的抗寒效果！小编种草黄圣依代言的一款锁温面料背心，就是一件又薄又保暖的过冬神器。

🐰 兔妈解析

首先，开场第一句就加入"你"字，也就是我们常说的"互动式开场"，就像与顾客对话一样，快速吸引顾客的关注。这也是很多爆款案例中使用频率最高的开场方法之一。

想象一下这样的场景：过马路时，如果你冲着一个人说"让一让"，80%的人不会回应，为什么？因为他以为你在和别人说话，和他是没有关系的，当然不会回应。但如果你说"请你让一下"，得到的结果就大不一样。因为"你"就像和好朋友面对面聊天，可以迅速唤醒对方的关注，快速建立链接。

接下来，挖掘目标用户的核心痛点，制造冲突——冬天穿秋衣秋裤，臃肿不好看，不穿又怕冷，到底要怎么办？

紧接着，配上一张前凸后翘的美图，并提出"有些人穿得暖和又好看"，一正一反制造反差，引发读者好奇，进一步阅读原文，寻找解决问题的方案，并了解产品到底有什么不同。

三、摆事实列证据，证明对客户受益

但此时顾客会有疑惑："这款产品真的暖和又修身吗？"接下来，你就要像电视栏目《这是真的吗？》一样，请专家、做实验，通过一系列手段证明"这是真的"。只有这样，顾客才会付款购买。

方法一：认知对比

原文：

这款设计师专门为"爱美星人"设计的保暖背心，采用独特循环锁温面料。穿一件这个薄薄的背心抵得上你穿一件厚重保暖衣的效果！很多人觉得不可思议，那么薄怎么可能暖和呢？但其实你想想，穿的厚就会暖和吗？

小时候冬天出门，妈妈哪次不是给我们里三层外三层的套，一开家门面对冷空气还是瑟瑟发抖冻到不行。

这是因为衣服虽然穿的厚但是热量藏不住，风一吹，透心凉！

而这款背心采用循环锁温面料，再加上3D人体工学与织品技术，交织成整套衣物特有的炭黑色母粒，贴身而穿，可以起到保暖的"特效"。

兔妈解析

首先，推文打出了产品核心卖点"既薄又暖和"。但它没有干巴巴地喊出来"这款产品又薄又暖和"，而是站在顾客的角度提出问题"那么薄怎么可能暖和呢"。其实，这就是我们经常说的讲人话。这句话就像钩子一样，勾着顾客继续阅读。

紧接着，以小时候的情况为例，与传统厚衣服进行认知对比，打破"穿厚了就暖和"的认知误区，让顾客接受"又薄又暖和"的概念是科学存在的。并且通过产品原理，指出支撑"又薄又暖和"的理由，凸显产品的高科技含金量。

方法二：使用体验

原文：

小编第一次穿就感到它不像普通背心那样有明显的束缚感，爽滑的面料特别贴合身体，暖暖的就像男朋友从背后锁抱一样，感觉很温柔……

尤其是来姨妈的那几天，肚子被暖暖地呵护着，避免了着凉肚子痛的问题。一件背心就能给女生带来很大的幸福感，简直比老公还靠谱。

兔妈解析

接受了产品"又薄又暖和"的高科技概念，但隔着手机屏幕，顾客是感知不到的。所以，还会怀疑它的真实性。怎么办？正确的方法是文字试用。通过小编自己的亲身体验，告诉顾客穿上它的舒服感受和获得感，让顾客忍不住想象自己穿上它的场景，甚至还有大姨妈不痛了的理想场景，进一步激发购买欲望。

方法三：痛点+场景利益+卖点获得感

原文：

除了保温，它还有一个很暖心的设计，那就是自带无钢圈文胸。有了它，冬天真的可以光明正大的不穿内衣出门了，这满足了多少女生的愿望啊！

实不相瞒，小编对它一见钟情，也是因为这一点。女生都不喜欢穿内衣，再贵的内衣穿上也会有勒的感觉。可是不穿内衣前凸后翘的S身材全没了，更重要的是长期不穿内衣会影响乳房健康，最好还是要小心一点。

天气一冷，穿内衣成了女生的一个大挑战。一起床就得穿内衣，冻手冻脚还得认真调整胸型，折腾后面几排扣子。内衣还没有穿好，人都快要冻死了。有了它，你只要在被窝里把这款背心轻轻松松地从头上套进去就OK啦，一秒完成，穿在身上根本不会有普通内衣的束缚感，就像置胸于云朵之上。

这是因为它是自带按摩功能的3D一体式罩杯。完美金三角立体承托，无论你是大胸小胸，还是胸部外扩、乳房下垂都能完整地包裹。很贴合、很舒服，完胜市面上95%的高档内衣。

内杯是可以拆卸的，晚上睡觉的时候可以直接抽出来，睡觉会更加舒服。尤其是女生在外地出差游玩的时候，穿上这么一件背心，一整天都舒服心安。

长期久坐，再加上天冷胃口会变大，很多女生都会有小肚腩。这款背心的腰部位置是一体成型的螺纹结构，能够自然塑力，纤腰收腹，穿上超级显瘦呢！秒变小蛮腰，视觉效果绝对显瘦不止5斤。

兔妈解析

这段打出了三个卖点，分别是"自带无钢圈文胸""穿脱方便""显瘦收腹"，但它并没有简单写出来，因为直接写出来顾客很难感知到它的好。正确的做法是，通过认知对比和痛点恐惧，先指出竞品缺点——穿上太憋太勒、一排扣子很不方便，进而凸显产品的舒服和方便。

并借势当下冬季的热点，凸显女生普遍的三大痛点，"不穿下垂，没有前凸后翘好身材""冬天调整胸型很冷""冬天胃口变大有小肚腩"，让顾客对号入座、产生共鸣，觉得说的就是自己。紧接着，给出"自带无钢圈文胸"的场景利益——出差游玩、晚上睡觉舒服心安，以及卖点的获得感——就像置胸于云朵之上一样毫无束缚感，视觉效果显瘦5斤，成功激发目标顾客的需求和欲望。

延展知识点：FAB 翻译法则，写出卖点获得感

F = Feature，即产品属性、特点。

A = Advantage，即产品优点。

B = Benefit，即对受众的益处。

接下来，我来举几个例子。

案例一：美白牙膏

这款美白去渍牙膏最突出的地方是它的配方——火山珍珠岩。（F - 特点）

珍珠岩是自然中难得一见的能同时抗击顽固牙渍、亮白牙齿的强效美白天然成分，而且纯天然很温和。（A - 优点）

用它刷牙不会有任何不适感，儿童也可以用，刷完就能感觉牙齿表面光溜溜的。刷完照照镜子，你会发现牙齿变白了好多。（B - 对目标受众的益处）

案例二：防晒帽

与普通帽子完全不同的是，这个防晒帽采用专门为防晒设计的高科技布料——"光学布"。（F - 特点）

这种材质是取聚酯纤维尼龙及弹性纱为组织材料聚合物，具有弹力大、透气性好、透光性强及吸旋光性能力。摸起来像丝绸一样顺滑清凉，舒适度极高。（A - 优点）

防晒测试中，连续2小时光照，在光学布的遮盖下，皮肤都没有变黑。不管你出门逛街还是去海边旅游，戴上它，就算40℃高温也晒不黑。（B - 对目标受众的益处）

案例三：蜂胶面膜

这款效果逆天的面膜，其核心成分是非常昂贵的"肌肤软黄金"——蜂胶。（F - 特点）

实验发现，蜂胶含有4.13%类黄酮，能有效促进细胞代谢，滋润肌肤，是为数不多能有效改善粗糙的天然物质。（A - 优点）

只要连续敷3周，就能让粗糙的肌肤变光滑，连毛孔都肉眼可见地变小

了,大大提升了肌肤的细腻度!(B－对目标受众的益处)

方法四:化解顾虑

原文:

穿衣服最怕起球,起球的衣服穿在身上会让人显得很掉价,人也很邋遢。这款衣服采用的是3D立体针织法,不起球、不变形!穿再久,面料也会像新的一样。

贴身穿的衣服最怕的就是掉色、染色了,洗衣服的时候一不小心就会把其他心爱的衣服染上色,很糟糕。更可怕的是不良商家使用的不合格的化学染料,会引起皮肤病,严重的还会引发癌症。

> 兔妈解析

顾客的欲望被激发出来了,但当他想要下单时,还会有一些顾虑,比如会不会起球、会不会掉色染衣服等。而且在自媒体渠道买产品和淘宝、天猫又不一样,顾客不能在线咨询客服人员,怎么办?如果顾客的问题得不到解答,他就会放弃购买。

聪明的小编主动提出来顾客最新的问题,化解顾客的顾虑。另外需要特别说明的是,在化解顾虑时,又融合了"恐惧诉求"。这有什么好处呢?一来可以让顾客放弃其他没有承诺不会掉色的内衣。二来,如果此时此刻顾客穿的是会掉色的内衣,就会被吓到,进而激发马上下单的欲望。

方法五:使用场景＋送礼

原文:

每一件背心都是精工细作的作品,产品包装也精美大方、卫生环保。不管是自用还是送闺蜜、朋友,都是很拿得出手的礼物。

老公或者男朋友买来送给爱人,会更暖吧!

> 兔妈解析

送礼是中国永远不会过时的话题,闺蜜买2件、男友送爱人,进而增加订单数量,提高销售额。

兔妈总结

第一个知识点：**卖点排序法则**。如果产品有多个卖点，可以列出两个核心卖点，再罗列 2~3 个二级卖点，然后通过认知对比、场景利益等方法来塑造产品给顾客带来的价值利益，层层递进，激发顾客的购买欲望。

第二个知识点：FAB 获得感文案翻译法则，F 即产品属性、特点，A 即产品优点，B 即对受众的益处。

3.3.2.5 《3秒就让顾客听懂、记住，付款下单！这款"神器小黑布"引爆销量的五大策略》

关键词：黑科技、科普开场白、原理解释、视觉化、讲人话、化解顾虑

爆款详情：单价 49 元，卖出 3.1 万单，销售额 151.4 万元。

爆款标题：《神器！汽车划痕一抹就不见？从此不用去 4S 店花冤枉钱》

很多营销高手都在强调写文案要讲人话，那你有没有思考过：到底怎样才算是讲人话？

先给大家讲个反面案例。我见过很多卖货文案，在很多自媒体大号上，各种各样的黑科技产品非常流行，但销量往往很惨淡，其中一个重要原因就是不说人话。

提到黑科技，就免不了要解释它的原理和工艺。而这类推文中往往都充斥着各种专业术语、专家语言。然而，面对这样冷冰冰、干巴巴的"原理说明书"，顾客根本看不懂、记不住，更没有往下看的兴趣，结果就是直接退出推文页面。

国内著名营销机构华与华曾指出：口语的思维模式，才是人的思维模式。想要目标顾客快速对你的文案内容做出反应，就要用不需要顾客绞尽脑汁思考就能理解的超级话语，要口语、要套话、要俗话、要顺口溜，直接陈述事实和要求行动。

本节要拆解的爆款案例——黑科技车漆宝在这方面就做到了极致。文案

很简单，也很有趣，就算是小学生都能一看就懂。

一、标题：给出痛点解决方案，凸显用户利益价值

《神器！汽车划痕一抹就不见？从此不用去4S店花冤枉钱》

兔妈解析

其实，这是典型的实用锦囊式标题。核心痛点是：汽车划痕。圆满结局是：一抹就不见，从此不用去4S店花冤枉钱。开头又通过超级词语"神器"，快速吸引读者关注。

但需要注意的是，这里的痛点部分不仅指出了痛点，并用反问句隐藏了预期效果，这样的好处是不仅可以锁定目标顾客，还能吸引顾客的好奇。

这给我们的启发是，实用锦囊模板并非一成不变，具体的可以结合其他表达技巧，让标题更抓人眼球。但两大核心元素就是：痛点和解决方案，或者是解决痛点后的圆满结局和获得感。

另外，对于功能型产品，消费者之所以愿意花钱购买，有两个原因：第一，让他省力。第二，帮他省钱。这里没有单说"一抹就不见""很神奇"等，而是站在顾客的角度帮他省钱，凸显对用户的利益价值和获得感，吸引用户关注和点击。

二、开场白：戳中用户极痛点，激发潜在需求

原文：

开车在外，小剐小蹭很难避免。眼看着爱车出现一道划痕，简直是大写加粗发光的心痛。送去4S店修复，整体补漆的话，苦苦等待三五天不说，至少要花费上千块；而想省点事做个局部补漆的话，又容易产生色差。那自己动手，用补漆笔来补吗？呵呵，没有点专业技术，色差只会越涂越大……这叫补漆？不想浪费钱补漆，又想效果好，其实，用一块布就能解决车身划痕！

兔妈解析

开场直接切入主题，指出目标顾客的痛点。对于开车的人来说，尤其是

新车主，小剐小蹭是高频、普通的痛点。紧接着，通过与传统方法进行认知对比，凸显传统方法的缺点，激发目标用户寻找新的解决方案的欲望——购买产品的欲望。

最后一句，"其实，用一块布就能解决车身划痕！"提出了解决方案，但并没有说明是什么产品，而是用产品的形态"一块布"代指，就像钩子一样，吸引顾客继续阅读原文。

延伸知识点：痛点 + 科普

很多时候，开场还经常会用到痛点 + 科普的方法。通过科普打造专家人设，痛点激发目标顾客的欲望。这个方法在推广有专业度的产品时经常用到。先给目标顾客科普他原来不知道的信息，然后，通过痛点让顾客产生自我反思，认识到传统方法的错误以及可能会产生的严重后果，进而激发购买产品的欲望。

例如：

羊绒金贵，肤感一流。贴身穿轻薄保暖，亲肤软糯，是顶级的服装面料。

但这类珍贵面料不好护理，我身边不少朋友吐槽：买得起羊绒，穿不起羊绒。每年不到最冷的那几天，根本舍不得拿出来穿。

为啥？还不是因为干洗费太贵！

现在随便一家干洗店，单次洗护的价格都至少几十元。

干洗费一年比一年贵，越来越多的小伙伴选择在家手洗护理。勤快是好事，但每年没少在朋友圈看到洗坏了羊绒衫的故事。

为了省下百十元的干洗费，洗坏好几千的羊绒衫，这种委屈找谁哭去？

想要延长羊绒/羊毛的使用寿命，在选择手洗时，你一定要注意这两个关键：力度要轻柔，水温不能高于人体温度，一定要平铺晾晒。

清洗剂一定要专业！羊绒/羊毛属于蛋白纤维，普通洗衣液里通常含有碱性助剂、活性酶或者漂白粉，它们会破坏羊绒/羊毛的蛋白纤维和表面染料，导致掉色、破损、缩水、变形，还会让羊毛/羊绒丧失原有的蓬松柔软，变得易起球。

上千的羊绒衫，洗一次就薄一层，越穿越硬，还有比这更让人心塞的事情。

小编作为羊绒/羊毛的脑残粉，没少用过国内外的各种洗护产品。老实讲，专业又好用的羊绒清洗剂都不便宜，哪怕做活动的时候也得近 200 元一瓶。

兔妈解析

先科普洗羊绒衫的关键，给顾客的大脑植入一个信息：手洗羊绒衫一定要选专业的羊绒衫洗涤剂。其实，这也算是一种概念的锚定。然后进行简单的科普，让顾客认识到传统洗衣液为什么会损伤羊绒衫，以及可能出现的严重后果。

紧接着以一个专家的身份告诉你：专业好用的羊绒衫洗护产品都太贵了。先让你看到希望"羊绒衫可以手洗"，接下来让你又跌到谷底"专业好用的洗护产品太贵"。顾客心里就会产生"那到底应该怎么办呢"的疑问，并且埋下了一个 200 元的价格锚点，目的是凸显产品的便宜，一步步引导顾客找到最合适的解决方案。

其实，这里用到了写卖货推文常用的一种方法，就是科普。因为你写的领域，顾客可能是陌生的，所以你不把原理讲清楚，直接讲产品卖点和好处就容易让顾客产生疑惑和费解。然而，常见的科普写法就是把百度百科的内容直接复制过来，很生硬，很难让顾客读下去，也搞不懂你想传达的要点。这段话就很巧妙，先制造冲突、化解冲突，然后升级冲突，再化解冲突，就像读故事一样，非常顺畅，也非常吸引人。

三、塑造信任：摆事实列证据，证明令用户受益

一块小小的布，真有这么神奇的效果，还让我不用去 4S 店花钱？对于这个卖点，顾客是心存疑惑的，所以要摆出证据，证明产品对顾客的收益。

方法一：事实证明，用效果吸引眼球

原文：

这块神奇抹布简直就是司机必备神器，它叫车漆宝！别看它只是一块不起眼的小黑布，只要在有刮痕的地方轻轻一擦，3 秒就能清除顽固车痕。擦拭

前后对比可以看到，车身上显眼的划痕在小黑布的来回轻擦下，很快就消失了！

兔妈解析

很多人写产品推文，习惯一上来就说这款产品多厉害、是什么黑科技，但顾客根本不关心。正确的做法是，先通过效果验证让顾客眼见为实，快速打消疑虑。这里小编就做对了，给出了效果证明的对比gif动图，效果一目了然。

这给我们的启发是，对于很多功效明显的产品，尤其是黑科技，千万不要先介绍原理，而要展示产品的神奇效果，就像变魔术一样，先吸引顾客的注意力，再解释原理。只有这样，他才愿意继续了解。

方法二：类比+效果对比，凸显产品价值利益

原文：

为什么它能这么神奇？奥秘全在它的布面上。

车漆宝布料使用了纳米技术，成分包括纳米海绵、醋离子和微金属粉末等，通过多个功能层组合起来。

它修复划痕的原理，其实和抛光有点类似。布面上的纳米级金属粉末和醋离子，可以高效激活油漆分子。

通过微金属粉末的移动，调和原漆色差，填补划痕，从而实现还原车漆的奇效。酒红色车漆的划痕也能修复。更厉害的是，它是利用车本身的漆色进行修补（实际上就是把附近的车漆平摊到划痕处）。

因此，不管是什么颜色的车，它都能用。不需要像补漆笔那样，还得重新配色，也不会在修复后形成色差，毫无处理痕迹。只要是不露底漆的车身划痕，不管长短粗细，它都能有效修复。（注：黑色或接近于黑色系车辆，建议先小面积试用，确认无色差后再使用）

兔妈解析

站在顾客的角度考虑，看完了产品神奇的演示，他会想什么呢？毋庸置疑，肯定想了解是怎么实现的。所以，接下来就要告诉顾客产品的原理。

但很多人在解释产品原理时，往往很生硬，顾客看完似懂非懂。这段话就比较巧妙了，没有专业术语，非常好理解，也就是我们常说的讲人话。尤其值得我们借鉴的是，它通过类比——修复划痕的原理，和抛光有点类似，让顾客秒懂产品的原理。巧妙的地方还在于，通过抛光进行价值锚定，凸显产品的价值利益。因为经常开车的人都知道，抛光一次是很贵的，而且还需要花时间。有学员会说："兔妈，这会不会不严谨呢？"不会，因为这里用的是"类似"，顾客看完就秒懂了。

举个例子：假如你卖的是美白面膜，卖点是吸收性好，就可以说它的原理和医美玻尿酸导入类似。这样不仅能让顾客秒懂，还能提升产品在顾客心中的价值感。

方法三：营造使用场景，制造期待感

原文：

除了修复划痕外，它的去污能力也堪比专业护理。布料表面添加了醋离子，能简单清除各种常见污渍，比去洗车店更省心。无论是防不胜防的尸屎虫，还是令人反胃的口香糖，对小黑布来说都是小事一桩。连最烦人的小广告都能搞定。

此外，冰雹砸印记、树叶分泌物、氧化层黄锈、爆竹爆炸痕迹、沥青化合物等各种复杂的污垢和顽渍，车漆宝都能轻松应对！

兔妈解析

写卖货推文，如何让用户更想拥有呢？答案就是"假设成交"。假设他已经有了这个产品，在生活中用到的场景会有哪些呢？先帮他一一列出来，然后告诉他产品用处很多，购买后可以处处感受到产品带来的方便。

并且通过gif动图让顾客相信真的可以解决生活中的这些小问题，而且还会让他想到自己使用的场景。事实证明，把产品的价值利益通过动图视觉化表达，更容易对顾客大脑形成冲击，顾客购买欲望也会更强。

方法四：化解顾虑+借势权威

原文：

如此惊人的清洁护理功效，它对人体有害吗？

通过国际认证的第三方检测机构的检测报告打消了这份疑虑。经检验，车漆宝不含对人体有害的物质，大可放心使用。

> **兔妈解析**

顾客下单时，肯定还会有各种各样的顾虑。比如，清洁力这么强，安全吗？如果你不写清楚，顾客很可能就会放弃购买。这里就做对了，站在顾客的角度提出疑问，其实，这也是讲人话常用的技巧。并给出证据化解顾客的疑虑，让他相信产品是安全有保障的，促使顾客放心下单。

这给我们的启发是，在写产品推文时，一定要站在顾客的角度，思考他可能会有哪些顾虑，然后主动帮他解决，这样才能获取信任，让他快速做出购买决策。

四、价格锚点 + 算账，快速引导下单

原文：

相比4S店动不动上千块的修复费用，两片装的车漆宝太便宜了。随时带在身上，爱车脏了、花了，或是不小心蹭了他人的车，都能第一时间处理。万一出现一些轻微剐蹭，再也不用等警察或保险公司派人来处理了。一片可以使用10～15次，也就是说修复一次只要几块钱，性价比超高！

那么最后问题来了，万一不小心蹭了马云的车怎么办？用车漆宝啊！车漆宝汽车划痕修复纳米布2片装，看似很普通，实则无比实在的它，解决了我们对汽车划痕的顾虑；估计4S店老板也蛮尴尬的！

> **兔妈解析**

首先，通过4S店修车的千元价格做锚定，凸显产品实惠省钱。其次，通过设定使用场景，比如脏了花了、剐了蹭了或蹭了别人的车，来塑造产品的价值利益——方便、好用。接下来，一片可以用10～15次，每次几块钱，通过算账，凸显单次收益大于成本，让顾客觉得产品不贵，降低下单阻碍。最后还用幽默的表达"蹭了马云的车都不怕"，来凸显产品给顾客带来的价值利益（蹭了别人的豪车，不用赔钱），促使顾客下单。

>
>
> **兔妈总结**
>
> **第一个知识点——痛点+科普开场**：通过科普打造专家人设，痛点激发目标顾客的欲望，适用于专业性较强的产品推文。
>
> **第二个知识点**：解释产品原理时，可以用类比来让顾客秒懂，并提升产品价值感。具体方法是，找到与产品功能类似的项目，且该项目是顾客熟知的、高端的。

3.3.2.6 《比普通铁锅贵20倍，上线秒卖1 100单！做到这一点，5倍提升爆单率》

关键词：用户思维、开篇金句、试用体验、获得感、稀缺性

爆款详情：单价999元，卖出1 100单，销售额99.8万元

爆款标题：《厨神不会告诉你，做菜特别好吃的秘密就是……》

经常有学员问我：兔妈，产品思维和用户思维到底有什么区别？

我先通过一个案例，帮你快速理解。还记得经常被营销人提到的"甜过初恋"的广告语吗？它就是典型的产品思维。可能有学员会说：这个文案在圈子内很流行呀？的确，但这样的文案能带来传播，却很难带来销售。我们不妨做个比较，两个卖橙子的商贩。

文案一："甜过初恋"；

文案二："不甜包退"；

你会买哪一家？大多数人会选择后者。为什么？因为顾客**只会为能帮他解决问题的产品买单**。

顾客看到文案会绞尽脑汁想：到底甜不甜呢？毕竟每个人对初恋的感受是不一样的，更别谈小孩、老人了，他们对初恋更加无感。而看到文案二的态度是：不甜可以退，也就是说在这里买是没有风险成本的。所以，最终顾客会选择后者。

本节拆解的这篇爆款铁锅的推文，全篇只用了一个绝招，就是站在顾客角度，替顾客解决问题。

一、标题：设置悬念，引发好奇

《厨神不会告诉你，做菜特别好吃的秘密就是……》

兔妈解析

这是典型的悬念好奇型标题。它就像一个钩子，让人忍不住点击，想要知道厨神做菜好吃的秘密到底是什么。关于悬念好奇型标题的四种方法和常用关键词，可以参考前面的案例。

另外，厨神也代表着专业权威，顾客会觉得厨神私藏的秘密，肯定值得了解，而且更有可能提升自己的做菜水平。

二、开场白：戳中顾客痛点，并揪出问题元凶

原文：

如何做出一顿美味的饭菜，是很多人头疼的事。

其实厨艺渣真的不是你的错，因为做菜好吃的秘诀，还在于厨具！好的厨具让人省心省力，简简单单就能做出可口美味。烹饪大师能做出令人赞不绝口的菜肴，关键在于好的厨具。

兔妈解析

开门见山，直指冲突，切入话题。痛苦的人往往不愿意找自己的问题，而总是希望找到"元凶"，以解心头之恨。小编帮顾客找到了做菜不好吃的"元凶"，就是厨具不行。顾客不但不会反感，反而会非常感激。更重要的是，可以顺其自然地过渡到产品。

其实，这个开头的方法很容易掌握，效果也很好。我提炼出了一个模板，在你写推文没有思路时可以直接套用。

揪出"元凶"的开场模板是：

1. 提出问题：如何……

2. 给出结论：其实……

3. 价值诉求、社会认同：×××的关键在于……

举个例子：

如何在冬天穿的显瘦又暖和，是令很多女生头疼的事。

其实穿得像企鹅一样真的不是你的错，因为显瘦的秘诀在于选对保暖裤！好的保暖裤，穿上就像24小时裹着层羽绒毯，即便-7℃也不觉得冷，最惊喜的是显瘦。明星网红能在冬天凹造型，关键在于显瘦又保暖的保暖裤。

你学会了吗？赶快练习一下吧！

三、讲事实摆证据，证明对消费者有益

一口好锅，真的能像厨神一样提升厨艺吗？这款锅和普通锅有什么不同呢？顾客心里会存在各种疑虑，得不到解决就不会下单。所以，接下来就要给他讲述事实、罗列证据，证明这口锅真的可以帮他解决做菜不好吃的问题。

方法一：试用体验（使用场景+感官体验）
原文：

最近买了一口铸铁炒锅，炒菜特别香。

菜一放进去，马上就有响亮的"滋啦"声，手快的炒菜，很快就能出锅。炒出来的菜香喷喷的，蔬菜爽口香脆，肉滑嫩可口，有镬气。做个黄焖鸡，鸡肉充分吸收了汤汁的鲜辣，咕咚咕咚翻滚出香味，口水都要流下来。猪脚也能炖，炖出来的猪脚，用筷子一戳就骨肉分离，特别软糯。这口锅，可以说是煎、炒、焖、炖、煮，样样在行。

🐰 **兔妈解析**

很多人写推文，一上来就喜欢吹嘘产品多厉害，其实，这就是典型的"产品思维"，但消费者只关心自己。这款铁锅的主打卖点是做出的菜更好吃。如何证明呢？小编先给出了自己的试用体验。

注意：锅只是道具，它本身并没有价值。所以，要通过常见的做菜场景来凸显锅的价值，并通过感官体验的方法描述出用这口锅做出的食物真的很美味，让顾客相信这口锅做的菜是好吃的。

方法二：借势权威

原文：

它来自德国锅具品牌 Velosan（韦诺森），源自1896年的铸铁世家，有百年历史，是全世界最为古老的铸铁锅品牌。Velosan 的锅都源自德国最纯净的海岛——希登塞岛的海盐铁矿石，那里的矿源纯净无污染并通过了欧盟苛刻的验证标准，含有36种微元素，7层矿物结构，对人体补铁效果作用显著。

🐰 **兔妈解析**

通过试用体验，顾客已经相信用它做的菜好吃了。这时候他会关心，和平时买的其他锅有什么区别呢？这里明确指出：对人体有补铁的效果。并且借势产品的百年品牌和欧盟验证标准的权威，获取顾客的信任。另外，"36种微元素、7层矿结构"利用具体的数字吸引顾客关注，并增加可信度。

方法三：获得感

原文：

铸铁锅满满都是德国处女座品牌的体现，因为它歇斯底里任性地……坚持不使用任何化学涂层。

最让人惊喜的是，这款锅不含任何化学涂层，却能做到不粘。秘诀在于它的物理不粘技术，锅具内壁表面有许多小突起（这是天然颗粒），矿石气孔颗粒让食物与锅底呈半架空的状态。烹饪的时候，菜悬浮在颗粒上，能够减少食材和锅面的接触，不容易粘锅。锅做好后，锅壁还用上好的菜籽油烤入铁锅的"毛孔"中，这是一个"养锅"的步骤，能让锅黝黑发亮，而且不容易生锈。虽然颜值高，但是这口铁锅一点都不娇气，不挑锅铲，不怕剐蹭，可以放心用钢丝球、百洁布来刷洗。也不挑炉具，既可以上明火，也可以用在电磁炉和电陶炉上。

兔妈解析

这里提到两个产品卖点，一个是内壁的小突起，推文没有说小突起的工艺和原理，而是直接告诉顾客"烹饪时可以让菜悬浮起来，不容易粘锅"，凸显这个卖点给顾客带来的获得感。另一个是"烤入菜籽油，不生锈、不怕剐蹭、不挑炉具"，这就很好地展示了卖点解决冲突的能力（顾客买锅常见的冲突有怕粘锅、怕生锈、不能用钢丝球）。这就是为用户解决问题的"用户思维"，进而打消顾客的疑虑。

方法四：认知对比

原文：

铸铁锅很厚，但是导热性能却意外地好，螺旋式的锅底，让它的导热提升了200%。一个科学的解释叫"发射率"：不锈钢的发射率大约是0.07，用这种锅烧菜，热量只能抵达食物与锅触摸的那一面（所以要反复地颠，才能使食物的每一面都吸收到相同的热量）。

而铸铁锅的发射率高达0.64，是不锈钢的近10倍，能够充沛加热食物的各部分。因为铁导热性好，即使关了火，也有足够的余温能够做熟食物。尤其是做炒滑蛋的时候，将蛋炒到五成熟，然后关火，利用余温翻炒几下，这样炒出来的蛋，特别嫩。

兔妈解析

这段又给出了导热性好的产品卖点。但如何凸显这个卖点的价值呢？答案就是认知对比。首先，提出一个导热性能的衡量标准——发射率。紧接着，指出其他竞品的缺点——发射率低，给顾客带来的利益差——炒菜要反复颠。再给出这款铁锅的优点——发射率高，并指出给顾客带来的利益大——炒滑蛋特别嫩。

这里需要注意的是，很多人在写认知对比文案时，经常指出竞品的缺点和产品优点就结束了，但这样顾客就很难感知到这个点给他带来的影响是什么。所以，在指出竞品缺点和产品优点后，还要和顾客的利益相关联，让他认识到产品卖点给他带来的好处。比如，这里就通过炒滑蛋、煎鱼的生活场景，展示了产品发射率高这个卖点给顾客带来的价值。

方法五：满意度保证
原文：

更关键的是，这口锅竟然有逆天的 50 年的质保！用一辈子都不成问题。

🐰 兔妈解析

普通不粘锅使用寿命都不长，这个锅这么贵，会不会也是这样呢？主动提出顾客的顾虑，并给出满意度保证，让消费者无忧下单。

方法六：稀缺 + 费时费力
原文：

因为手工制造，Velosan 的锅具产量一直都不高。一个模具一口锅，每个月只产 5 000 口锅，每成功铸造出 100 口锅，意味着有 900 个炒锅已被淘汰，因为德国人觉得这已经是最低的工匠标准了。每一口锅都历经 126 道工序与 8 000 小时的手工打磨。

🐰 兔妈解析

这里通过稀缺 + 费时费力的方法塑造产品的高价值，这也是写价格偏贵的产品时常用的方法。只有这样，才能让顾客接受产品的高价格。

类似的案例还有：①某爆红全网的洗面奶：经过 2 个月的配方试用，800 天研发等。②卖皮鞋：用剪刀剪开多少残次品等。③卖羊绒围巾：羊绒一年只产一个批次，每年春季，匠人师傅们会用精致的铁梳子像梳头发一样一点一点梳下来，每只羊身上只能收获几十克，一件羊绒围巾相当于6只山羊的产绒量。

四、锚定效应，引导下单

原文：

这口锅，京东全球购售价1 488元，亚马逊售价1 998元。价格都在四位数，可谓是贵得惊人。

看到这里，可别被价格吓退了。若不是有好折扣，还真不好意思让大家剁手这么一口价格甚至不到四位数，能用一百年的锅。

兔妈解析

人们在进行决策时，会过度偏重第一眼看到的价格。这里主动告诉顾客京东和亚马逊的价格更高，然后再展示999元的"相对低价"，顾客就会觉得这个价格并不算贵，让他产生"还是在这里买划算"的想法。另外，通过"一口传家宝，能用一百年"凸显产品品质，塑造产品的高价值。

兔妈总结

第一个知识点——产品思维和用户思维的区别：产品思维就是自嗨，像专家写说明书一样，罗列卖点词汇，如"EWG认证""ABC黑科技""LEEP技术"，却不想能为目标顾客解决什么问题，顾客看了无感。用户思维是站在用户的立场为他解决问题，比如保暖背心穿上抗-10℃寒冷，又塑形凸显好身材；比如支付宝的公交卡广告"刷卡乘地铁，3次只需2次的钱"。

第二个知识点——揪出"元凶"开场模板：如何（提出问题）……+其实（给出结论）……+×××的关键在于（价值诉求、社会认同）……。

3.4 快速促成交易：
让"铁公鸡"也能3分钟心动爽下单

3.4.1 《5个月销售额4 000万元，芝麻丸如何打造"超高性价比"，10倍提升复购率？》

关键词：滋补食品、挖掘痛点、塑造产品高价值、提升客单价

爆款详情：单价49.9元/瓶，卖出80万单，销售额4000万元

爆款标题：《明星都在用的千年养生秘诀，从根上缓解脱发、白发！》

对于客单价低的滋补养生食品来说，说服顾客购买下单并不是特别困难，难的是如何让一个顾客多买3~4倍的量。只有这样，销售业绩才能呈指数级增长。

我们简单来算一笔账：假如花了10 000元的广告费，吸引了500名顾客购买，每位顾客购买一瓶，客单价30元，产生的销售业绩就是：500×30 = 15 000元。扣除10 000元广告费成本，利润只有5 000元。但如果500名顾客每人购买3瓶，甚至4瓶，产生的销售业绩就是500×30×3 = 45 000元，同样扣除10 000元广告费成本，利润就是35 000元，是原来的7倍。也就是说，在广告费不变的情况下，提升客单价就能实现7倍以上的业绩增长。

对于大多数中低价产品来说，利润率普遍是偏低的，加之推广费日益增高，所以想要花费同样的广告费获得更大的收益，除了提升转化率，更要想办法提升客单价。本节要拆解的这篇黑芝麻丸卖货推文，就是靠高客单价实现销售业绩呈指数级增长的典型代表。

一、标题：权威 + 畅销抓人眼球，痛点过滤目标人群

《明星都在用的千年养生秘诀，从根上缓解脱发、白发！》

兔妈解析

说到标题,很多人为了提升阅读量搞"标题党",比如,"不看损失 1 000 万元""你家孩子有危险了"等,这样的标题可能会提高阅读量,但吸引来的目标人群不精准,对卖货转化没有太大帮助,甚至还会造成负面影响。

标题的作用除了抓人眼球以外,一个更重要的作用是过滤目标顾客,就像街头商店的门头,吸引来的人越精准,成交的概率越高。

这个标题就同时兼顾了吸引眼球和过滤目标人群的作用,并且有以下三点值得学习借鉴。

第一点,明星都在用。这里有两层含义:第一层含义,"明星都在用"说明这个产品得到了明星的认可,借势明星的权威效应。另外,对"都"字本身有两种理解:①"明星都",听起来有好多明星。②"都在用"说明很多明星在用,暗示产品畅销。第二层含义,明星在用?哪个明星在用?没说,想知道答案就要点击阅读原文,调动目标顾客的**好奇心**。

第二点,千年养生秘诀。这里也有两层含义:第一层含义,在大多数人的认知里,千年传承下来的东西肯定是经得起验证和考验的,打历史牌,赢得信任。第二层含义:"养生"一词把喜欢养生的人吸引了过来。

第三点,从根本上缓解脱发、白发!这里描述了这个养生秘诀的预期效果,就是彻底从根本上缓解脱发、白发。把关注养生,且有脱发、白发需求的精准目标人群吸引过来。

从表面上来看,这个标题挺普通的,但为什么有效?就是因为解决了标题的两个使命:**第一,抓眼球**。**第二,过滤目标人群**。所以,好的标题除了能抓人眼球、提升阅读量,更和转化率、出单量息息相关。

延展案例:

案例一:那些瘦身成功的人,饭前都在吃这个

瘦身成功,说明了产品的效果。饭前吃这个,引起目标人群的好奇。而且,吸引的都是想瘦身的人,目标用户比较精准。所以,这个标题看着很短,但可以评 80 分。

案例二：打结？脱发？这把维密天使都在爱用的网红梳，干湿两用，一疏到底

按照抓眼球和过滤目标人群这两个点来分析，这个标题也还不错。打结、脱发，直接锁定目标人群。而维密天使都爱用，又是网红梳子，不但能权威转嫁引发信任，更能暗示畅销、流行，激发顾客的好奇心，到底是什么样的梳子呢？"干湿两用，一疏到底！"突出产品的差异化卖点和价值利益，同时又可以起到引发好奇和锁定目标人群的效果。

二、开场白：三段论抢占用户心智

原文：

经常熬夜、加班、久坐不动，加上巨大的压力，很容易损伤肾精，销蚀身体健康。根据中医理论，肾藏精，其华在发，所以脱发就成了肾虚很直观的症状，连第一批90后都已经秃头了。

兔妈解析

看到这里你可能觉得有点普通，但如果你正处于脱发状态，会不会被打动呢？熬夜、加班、久坐不动，这就是目标人群普遍的生活状态，实现让目标顾客对号入座的目的。然后继续告诉顾客，这些生活状态会伤肾精，而肾又主发，所以脱发需要先补肾经。这是为下面的原理做铺垫的。

但你发现了吗？短短几句话，却在你的头脑里植入了一个结论，就是脱发要先补肾。

其实，这就是**营销中常用的"三段论"法则**。先指出什么样的症状，会出现什么样的结果，而这个结果就是出现某种问题的根源。这样的好处是，可以顺其自然地过渡到产品，激发顾客对产品的需求。因为产品就是解决这个问题的方法。

"三段论"的方法也经常被用于证明产品的品质和效果。比如先提出一个标准：起小泡沫的洗面奶洗脸更干净。再描述事实：这款洗面奶能产生绵密小泡沫。最后得出结论：这款洗面奶洗脸干净，不会长痘。甚至，当你下次去买洗面奶还会主动问售货员：这款洗面奶是大泡沫还是小泡沫。这就是三

段论的威力。

就像脱发一样，仔细想一想或问一问医生就知道，脱发的原因有很多种，并非都是肾不好。但大多数人是很懒的，他们不会反向证伪，只会觉得"好像还挺有道理的"，然后就会一路坐着你构建的思维滑梯滑下去，认可你推荐的产品，进而产生购买行为。

三、讲事实摆证据，证明产品有益

此时站在顾客的角度，他已经认可了熬夜、加班导致脱发的事实，也知道了黑芝麻丸可以解决脱发。但他还会犹豫："为什么要相信你推荐的产品呢？"所以，这时候还要讲述事实、摆出证据，证明这款产品可以帮顾客解决问题。

方法一：权威顾客证言，凸显产品卖点

原文：

还有就是最近我经纪人拿给我的一个芝麻丸，据说是九蒸九晒制法。因为我有的时候经常想事情，偶尔就会长一些白头发，经纪人看到以后就很心疼，然后就去买这个黑芝麻丸。我也不知道吃了它到底会不会就不长白头发，但是，太好吃了。也不会很甜，有那个很香很香的黑芝麻的味道。所以如果是在平常把它当成一个小零食真的不错呦（尤其是在减肥期间！）还可以顺便滋润头发和皮肤，反正最近被我吃掉好几罐了。

🐰 兔妈解析

顾客证言是卖货推文中常用的方法，它既可以激发顾客的欲望，又能获取顾客的信任。但有个原则是，好的顾客证言一定是诉诸产品核心卖点的，也就是顾客愿意为之付费的。这个顾客证言就做到了这点，突出了产品的核心卖点"不会长白头发"。

而且还满足顾客证言的两个标准：①美好体验。②高频使用。

美好体验： 太好吃了，平常当成一个小零食也不错。

高频使用： 最近我吃好几罐了。

延展知识点：

假如卖美白面膜，产品核心卖点就是"快速美白"。这时候，如果顾客证言写"精华很足，脸上的痘印都淡了"就没有力度。

正确的是：香香的，第二次回购了，既便宜又好用！很好涂抹，并且不拔干，用完感觉自己的皮肤明显滑滑的，现在每晚都要用。连着用了一个星期，男友都说我皮肤变白、变嫩了。

美好体验：香香的；用完感觉自己的皮肤明显滑滑的；男友都说皮肤变白、变嫩了。

高频使用：第二次回购；现在每晚都要用；连着用了一个星期。

所以，不管写朋友圈的顾客证言还是卖货推文的顾客证言，写完一定要想一下：有没有包含产品的核心卖点，有没有体现顾客使用的美好体验，有没有体现顾客生活场景中的高频使用场景。按照这个逻辑，写出来的顾客证言才更有打动力。

方法二：讲述工艺事实 + 竞品认知对比

原文：

黑芝麻功效虽好，但生芝麻含油量高，油腻、难于消化。经过九蒸九晒的黑芝麻，营养成分充分分解，油腻性大大地减少，易于人体吸收。

经过九蒸，芝麻的营养成分充分分解，油腻性大为减少，人体易于吸收。经过九晒，黑芝麻又能获得大量来自于太阳的纯阳之气。中医认为正是这股天地间的纯阳之气对人体大有裨益。黑芝麻经过九蒸九晒能扬长避短，充分发挥出黑芝麻里蕴含的能量，背后则是匠人们繁琐和艰辛的付出！

每次蒸煮都要 3 小时以上，这样才能祛除芝麻的燥热，利于人体吸收。晒一次黑芝麻就要数日，而晒九次就要晒足一整月，九蒸九晒之后的黑芝麻，还需要经过炒香、磨粉、炼蜜等环节。

注意！吃芝麻丸有个讲究，一定要细细咀嚼，不能把整颗药丸完全吞下去，这样吸收不了。

兔妈解析

这段又给出了一个"九蒸九晒"的概念。但顾客不晓得为什么要九蒸九晒,如果直接说"九蒸九晒效果更好",顾客会觉得是不是编造概念糊弄人的。

这篇推文就比较巧妙了,站在顾客的角度解释传统黑芝麻吃法的缺点,再指出"九蒸九晒"的黑芝麻丸的优点,以及对顾客的利益,让顾客认可产品"九蒸九晒"的核心卖点。

并通过历史背书——千年传承和古代著名道士的权威,获取顾客理性层面的信任。然后指出九蒸九晒工艺的复杂性,塑造产品的高价值。

黑芝麻在全国各地都很常见,并不是什么稀缺原料,如何塑造产品的高价值呢?最大的差别就是工艺,这也是产品的核心卖点。所以,这段就描述出了产品工艺的详细过程和细节,通过这些细节事实获取顾客的信任,提升产品价值感。

最后一句"注意!吃芝麻丸有个讲究,一定要细细咀嚼,不能把整颗药丸完全吞下去,这样吸收不了。"为什么要加上这句呢?事实上,基本上不会有人直接一颗吞下去。这句话的目的,就是通过细节打造专家人设,同时也让目标顾客对产品效果有更高的期待和预期。

就像去医院看病,医生开了一大包药,如果什么也没有嘱咐就让你自己回去吃,你会怀疑药到底有没有效,还会觉得医生很不专业。但如果医生告诉你:这个药要吃几粒,是饭后还是饭前,用温水还是热水,你就会觉得这位医生好专业,而且回家后也更容易按照医生制定的方案坚持吃药。

所以在写推文时,有时候要注重细节的描述,让顾客有点仪式感,这样会增加顾客的信任度和对效果的期待。只有这样,才能进一步提升顾客的购买欲望。

延伸知识点:好产品 = 稀缺原料 + 复杂工艺

如何塑造产品的价值呢?有两个要素:一是凸显产品的原料稀缺;二是凸显产品的工艺发杂。我来举个例子。

卖樱桃：

为了保证送到你手上的樱桃有最好的口感，所以只能每天清晨采摘。

只有在太阳出来之前采摘下来的樱桃，才能最大程度地保证樱桃水分充足。并且采摘后需要在低温环境下立马进行人工挑选，樱桃的新鲜度才能达到最高。

这次的樱桃都挑选 26mm 以上规格的佳品，全部手工挑选。

兔妈解析

其实，这里就打了两个点。

第一个点是原料稀缺：每天只能清晨采摘，这样才能保证水分充足新鲜，所以，每天的供货量是有限的，凸显樱桃的稀缺。

互联网上卖茶叶也经常用这个技巧，比如：茶叶必须在清明节前 3 天采摘，而且只能清晨 5 点，并且只能按一心二叶的标准，摘取茶尖最尖端的部分，1 000 亩茶园只能采摘 100 斤的新茶，非常珍贵。通过原料稀缺的事实，塑造产品的高价值。

第二个点是工艺复杂：比如"要低温下挑选，而且只能是人工，还要保证每颗樱桃 26mm 以上的规格"。顾客一想到工人要在低温下挑选，要求如此严格，人力成本又那么高，就会觉得产品品质肯定是好的，是值得购买的。

四、价格锚点 + 买赠策略，刺激顾客一人买多份

价格锚点，大家都不陌生。但这篇推文结尾巧妙的地方在于"买赠政策"，具体内容是这样的。

如果你每天吃 2 颗芝麻丸，一瓶正好可以吃一周，4 瓶为一个疗程，会使掉发、白发情况有所改善。

兔妈解析

首先，告诉顾客吃 4 瓶，白发脱发的情况才会得到明显改善，买 3 瓶就可以免费获赠一瓶，这时候很多人就会选择 3 瓶。因为顾客会觉得有一瓶是不要钱的，就会觉得物超所值。

可能有学员会说：兔妈，我们公司的产品利润很低，设置买赠政策就会赔钱，怎么办？其实很简单，你只需将统一零售价稍微提高一点，然后再送一瓶。就像超市的促销，基本上都用这个技巧，但仍然不妨碍每次买赠都能提升销量。这就是顾客的心理，因为他会觉得免费得到一瓶。而打折的话，顾客会觉得即便打折，商家肯定也是有利润的，每瓶都是自己付钱购买的。但买赠的话，顾客就会觉得有一瓶是不付钱的，他只关注免费得到的这一瓶。所以，也更容易产生购买决策。

这个方法尤其适合客单价不贵的农副产品，以及需要按周期用的产品。比如，很多养生滋补产品都用这个方法。但对于客单价贵的产品就不太适合，因为顾客的试错成本比较高，会增加他的决策难度，让他直接放弃购买。

> **兔妈总结**　第一个知识点：如何塑造产品的高价值？一个万能的好产品公式就是：好产品＝稀缺原料＋复杂工艺。
>
> 第二个知识点：对于客单价低的产品来说，要学会设置买赠政策，提升单个顾客的客单价。这里的核心是，先给出顾客多买的理由，再用买赠政策刺激顾客下单。

3.4.2 《3 天销售额 51 万元，包界黑科技让"抠门顾客"爽快下单的秘招》

关键词：黑科技、SCQA 模型、事实证明、彩蛋卖点

爆款详情：3 天销售额 51 万元

爆款标题：《包界又出黑科技！有了它一只手能搞定一堆行李，拉杆箱最佳伴侣！》

老爸是一个节俭的人，却经常买回来一些新鲜的小物件，比如绞菜机、削皮刀、光波炉、切菜神器、拖地神器等。这些东西不是大牌子，也没有商场专柜展示，但它们有一个共同点，就是"现场演示"。

比如绞菜机，现场没有宣传页，没有促销员，只有堆满的白菜、胡萝卜、

黄瓜、紫甘蓝等，只有一个工作人员现场演示，1分钟就能把菜剁碎。再如拖地神器，地上摆了2大块瓷砖，上面满是泥污、油污，然后工作人员用拖把轻轻过一遍就干净。这些技巧已经屡见不鲜，但对于卖货来说，还非常有效。

为什么？一款产品到底好不好用，能带来什么好处，这需要一个思考和判断的过程，但现场演示能让顾客所见即所得，省去判断的过程，让顾客把注意力更多地聚焦到"购买之后，也可以像工作人员这样快速搞定复杂的小事"，比如剁饺子馅、拖地板等，进而产生强烈的购买欲望。

本节要拆解的这个包界黑科技的案例，就把传统街头常用的方法用在了卖货推文中，转化率超出同行近2倍。

一、标题：超级词语快速抓眼球，量化价值利益调动好奇心

《包界又出黑科技！有了它一只手能搞定一堆行李，拉杆箱最佳伴侣！》

🐰 兔妈解析

标题中有三个可以借鉴的点：第一，超级词语"黑科技"，黑科技三个字包含着创新、酷炫、好用、最新发现等多层意思，自带吸睛效果。第二，"有了它一只手能搞定一堆行李"，量化产品价值利益，凸显产品对顾客的核心利益诉求。第三，"拉杆箱最佳伴侣"，指出使用范围，锁定目标人群，即经常使用拉杆箱的人。

二、开场白：戳中普遍痛点，激发用户需求

原文：

很多时候，只带一个行李箱出门够吗？

不够！

你还会有许多的大包小包：随身背包、电脑包、礼物袋、零食袋……不仅扛得肩膀疼、勒得手上全是红印子，还会让人手忙脚乱，狼狈不堪。

特别是春运时，不管是回家前还是离家时，你的行李除了装得满满的行李箱，还外加充满爱意的大包小包，东西总是多到令人不知所措。

也许，回家的时候你还要带上个女（男）朋友，但因为本腾不出手去牵，

说不定在路上就被人顺走了……想要优雅又轻松地出行,想要解放双手,但现实是"骨感"的,经常是这样的。

(带行李不变的gif动图)

想让包和行李箱长在一起,一只手就能轻松带走所有行李?!

这款将实用性与时尚完美融合的行李固定包,将大包小包统统绑定到拉杆箱上,让拉杆箱和其他一切包袋合二为一,解放双手!

兔妈解析

《文案训练手册》说过,文案的第一句话只有一个目的,就是吸引顾客读文章的第二句话。这篇推文以自问自答的问句开头,就实现了这个目的。

接下来"不管出差还是旅游,背包、电脑包、礼物袋、零食袋……不仅扛得肩膀疼、勒得手上全是红印子"这是目标人群普遍、高频的痛点。

你发现了吗?其实,这段就是**典型的SCQA开头法**。S是从目标人群熟悉的场景旅行、春运等切入,戳中痛点。C冲突是带上大包小包,就不能解放双手,并且幽默地说"腾不出手牵女(男)朋友的手,说不定在路上就被人顺走了"。Q提出问题:有没有一只手就能轻松带走所有行李的方法?A给出解决方案:行李固定包。

三、讲事实摆证据,证明对顾客有益

很多时候,把产品成功地卖给顾客,就像和女生谈恋爱把自己推销给女生是一样的。当你吸引了女生的注意力,并让女生对你产生了初步好感。接下来,就要证明你就是她要找的"真命天子"了。只有这样,女生才会与你结婚。那么,如何证明这款行李固定包能帮顾客解决问题呢?

方法一:事实证明

原文:

先来看一看行李固定包的原理:利用三角形稳定原理,设计了一个稳固的Y型固定织带,稳稳锁住额外的行李。

再也不用担心背包、手提包、公文包、衣服还有给七大姑八大姨的礼物无处安放了,只要用上行李固定包,轻松把大小包袋固定在了行李箱拉杆上!

解放了双手后，你就能握紧女（男）朋友的手啦！碰上着急赶火车、赶飞机、赶地铁……要是行李一多难免手忙脚乱，顾不上其他的大包小包，要是不小心，很可能就会出现"惨剧"。这时候要是用上行李固定包，你就能解决这个问题了。

为了证实行李固定包真的很稳固，特意请了 80 公斤的壮汉对它进行了"暴力"晃动测试。试验结束后，包包仍安然地固定在拉杆上。

兔妈解析

首先，推文简单解释了行李固定包的原理。紧接着，将重心聚焦在描述给顾客带来的好处上，这也是我们经常强调的获得感文案，并给出 gif 动图让顾客眼见为实。

这段有个技巧，我们也可以在以后写推文中直接套用，就是**负面场景 + 事实证明**。先描述顾客在没有行李固定包的情况下，急着赶飞机、赶地铁、高铁时可能遇到的不方便和尴尬事。紧接着，通过 gif 动图展示出拥有行李固定包后优雅出行的形象。一正一反形成强烈的视觉冲击，让顾客的痛点更痛，也更进一步激发顾客解决问题的欲望——购买产品的欲望。

延伸知识点：gif 动图

顾客不买你推荐的产品往往有四个理由：一是不感兴趣。二是没有钱。三是不信任。四是信任你的方法，却担心不适合自己。而事实证明是写卖货推文时必用的获取顾客信任的方法。就像让顾客在线下购买产品时，亲自看一看、摸一摸、揉一揉一样，事实证明就相当于让顾客间接体验验证了一下，常用的方法就是 gif 动图。

gif 动图的底层逻辑就是先设置一个规则或挑战，然后通过 gif 动图向目标顾客可视化演示出来，完成规则或挑战，进而证明产品的某个卖点。

gif 动图可以从三个角度考虑：第一，产品效果演示图，比如要证明卸妆乳卸得干净，就现场卸个眼影、粉底，甚至浓妆试一下。第二，研发生产图，比如蜂蜜是零添加、纯天然，就可以把蜂农采蜜的过程制作成 gif 动图呈现出来。第三，挑战试验过程，比如拖鞋的核心卖点是防滑，就可以把拖鞋放在涂了油的斜板坡上试一次，让顾客亲眼看到拖鞋是防滑的。

接下来，我来举个例子。

卖凉席：

1. 高低温环境测试

在室温 28.9℃的环境中，放置好各种凉席，用温枪测试结果显示为：

云母凉席——26.9℃

老粗布凉席——27.6℃

冰丝席——27.6℃

竹凉席——27.6℃

藤席——27.6℃

打开空调将室温调至 20.4℃，再次用温枪测试。

2. 透气性测试

找来一个加湿器，将不同款凉席分别盖在上面，看看测试结果如何。只有盖上云母凉席时，加湿器的水汽能够正常冒出来。

3. 吸湿性测试测试

分别在藤席、冰丝席、老粗布凉席、云母凉席上注入一胶头滴管的水。半小时以后，将纸巾放到每款凉席上按压擦拭，结果是云母凉席和冰丝席上的纸巾几乎是干的，吸水性较好。

以上三个 gif 动图的对比都用了 gif 动图的第三个方法——挑战试验，就是验证产品某个卖点的实验过程。通过真实呈现，打消顾客的顾虑。所以在展示产品时，可以想一下可以从哪个角度来证实产品的卖点，具体可以参考产品测评章节的内容。

方法二：彩蛋卖点

原文：

除此之外，行李固定包的正上面有一个磁吸的收纳袋，里面有多个小隔袋设计的结构。

不仅能够放证件、车票、充电宝等随身物品，还能将物品进行细分收纳。

🐰 兔妈解析

什么是彩蛋卖点？就是产品在满足基本功能的前提下存在的其他亮点，就像平时玩寻宝游戏的"挖彩蛋"一样，起到增加顾客购买欲望的效果。

这里需要说明的是，彩蛋卖点只是锦上添花，但经常有学员找我做咨询时，误把彩蛋卖点作为核心价值诉求。顾客最大的问题得不到解决，肯定很难促使其下单。简单一句话就是，核心卖点是顾客最愿意花钱满足的点。其他超值惊喜的卖点，才是彩蛋卖点的范畴。比如，行李固定包的核心卖点是固定行李，与此相比，能够存放证件就是超值的惊喜，也就是彩蛋卖点。

方法三：制造反差

原文：

当别人还在到处翻找车票进站时，你触手可及。当别人还在各种手忙脚乱收物品时，你早已潇洒拉箱而去。

🐰 兔妈解析

这句话描述了顾客生活中两个普遍、高频的场景，一是找车票进站时，二是手忙脚乱收拾物品时。但巧妙的是，推文先描述出没有行李固定包的人存在的糟糕情境，再衬托你拥有行李固定包的方便。一正一反形成强烈反差，激发顾客的购买欲望。

这个制造反差的句式在写其他推文时也可以直接套用，提炼出来就是：

当别人还在……你……

我来举个例子：

当别人还在饿着肚子、强忍着痛苦跑步时，你早已瘦掉了 10 斤肥肉，穿上性感的 S 码公主裙。

需要强调的是，在用这个句式制造反差时，前半句要突出目标人群的痛点，后半句要给出可以量化的价值，痛点越具体价值利益越大，顾客购买欲望才会越强。

方法四：化解顾虑

原文：

行李箱的种类不一样，会不会出现不兼容的状况呢?!

行李固定包采用的是可伸缩调节的魔术贴设计，可以匹配市面上大部分（90%以上）的拉杆箱（除单根拉杆外）。

兔妈解析

很多人怕顾客提问题，其实有问题才更有利于成交。就像这篇推文，主动提出顾客下单前可能存在的各种顾虑并主动解决，彻底打消顾客的购买疑虑。所以，写卖货推文的过程也是解决顾客异议的过程。

四、强调好处，引导下单

原文：

任你大包小包再多，行李固定包都能轻松固定，让拉杆箱和其他一切包袋合二为一。不再需要肩挑手提、不再狼狈，解放双手，轻松出发。

将实用性与时尚完美融合，

简单三步轻松固定，

行李固定包！

兔妈解析

在一篇卖货推文中，开头和结尾是非常关键的。当顾客要做出购买决策时，你要让他看到这个产品给他带来的价值，或者让他意识到如果不及时购买将要承受的代价。这篇推文就用了前者，再次强调产品给顾客出行时带来的价值利益，刺激顾客马上下单。

> **兔妈总结**
>
> 第一个知识点："负面场景+事实证明"一起用，激发顾客下单的欲望。首先，描述出顾客在没有产品的情况下，生活中可能出现的痛点和不便。紧接着，通过gif动图展示出拥有产品后的美好状态。一正一反形成反差，让顾客痛点更痛，购买欲望才会更强。
>
> 第二个知识点——gif动图的三个维度：第一，产品效果演示图。第二，研发生产图。第三，挑战试验过程。
>
> 第三个知识点——反差句式：当别人还在……你……，前半句突出目标人群的痛点，后半句明确指出可以量化的价值。前后反差，激发顾客的购买欲望。

3.4.3 《单篇推文73.5万元销售额，这款酵素"起死回生"的文案秘诀竟是……》

关键词：减肥、顾客案例、原理解释、身份信号

爆款详情：单价128元，销售额73.5万元

爆款标题：《睡觉也能变瘦？日本女生人手一袋的夜间酵素，睡前吃几粒，躺着就能瘦！网红明星都在吃！！》

先来回忆一下，平时去逛街，你有没有这样的经历：有A、B两家相邻的服装店，A店有很多人在试穿，B店冷冷清清，你会下意识地走进A店。甚至一个人拿不定主意时，还会偷偷拍下来，发到闺蜜群征求意见，如果得到闺蜜们肯定的答案，就会毫不犹豫地买下来。

其实，很多人在网上买东西时，基本是不看详情页的，而是直接进去看顾客评论。如果好评比较多，并且好评非常真实可信，就会毫不犹豫地下单。这也是为什么很多商家使出浑身解数获取顾客好评的原因，比如10字好评发红包等。

就连旅游时去当地吃特色小吃店，也会选择一家排队人更多的店。因为人们相信，很多人选择的东西是不会错的。在我们的内心深处，我们既害怕

落后他人，又害怕与众不同。所以最好的选择就是和他人保持一致，选择信奉集体和大众。

这给我们的启发是，在写卖货文案时，绞尽脑汁写产品机制、写产品效果，可能产生的效果都不如一个真实的顾客案例更有打动力。本节要拆解的爆款酵素的案例，**最大的亮点就是——顾客案例**。

一、标题：解决冲突，制造流行

《睡觉也能变瘦？日本女生人手一袋的夜间酵素，睡前吃几粒，躺着就能瘦！网红明星都在吃！！》

兔妈解析

这是一个典型的解决冲突式标题。对于每个想要瘦下来的人来说，都知道少吃多动就可以瘦下来，但问题的关键是不想动、还想吃、又想瘦，这就是冲突。这个产品的价值就在于"睡前吃几粒，躺着就能瘦"，通过化解人们的冲突，凸显产品带来的结果利益，引发目标人群的好奇和欲望。

解决冲突式标题的特点是反问句和问题中藏着肯定的答案，比如"睡觉也能变瘦？"

除此之外，"日本女生人手一袋""网红明星都在吃"通过日本女生、网红明星暗示产品的畅销和流行，这种流行就像"病毒"一样带有传染性和穿透力，吸引目标顾客点击标题一探究竟。

二、开场白：戳中用户痛点，制造欲望缺口

原文：

女人最喜欢听的一句话不是"你好漂亮"，而是"你又瘦了"！毕竟，哪个女人不渴望拥有一副魔鬼身材，被人称为"衣架子"呢？而男人之间互相炫耀攀比的，也常常不是颜值，而是看谁的肌肉线条更能引起女生的大声尖叫！

在这个快节奏的时代，从一个人拥有一副好的身材便能看出，她对自己的身体管理做得有多棒。然而，现实总是残酷的！有多少人既"管不住嘴"，

也"迈不开腿"呢？"我要变瘦"的口号喊了那么多年，依然没看到任何变化。

任由肥肉在身上堆积的后果就是——搭配好的衣服再怎么遮肉也遮不住自己"富态"的身材；腹部赘肉时常被人"疑似怀孕"；撞衫的时候永远是"谁胖谁尴尬"……使尽了各种招式，难道就没有一种该吃吃、该喝喝、该睡睡、躺着不动就变瘦的方法吗？

当然有！为了让大家都能拥有完美的身材曲线，小编决定拿出撒手锏——这款火爆中日的夜间酵素，让你睡着就能变瘦的医食同源夜间酵素。

兔妈解析

喜欢听到别人的赞美，这是人性中普遍的特点。女生渴望被夸"又瘦了""天生的衣架子"，男生渴望被夸"阳光的肌肉线条"，通过描述出人们的理想状态，替顾客表达出内心的心里话，让顾客产生一种"对，我就是这样"的共鸣感。

紧接着，把顾客拉回残酷的现实——管不住嘴、迈不开腿，并指出目标人群普遍的三大痛点：第一，胖，衣服难搭配。第二，胖，被人误以为怀孕。第三，撞衫尴尬的总是胖子。通过胖子在生活中经常发生的痛苦场景，激发顾客改变的欲望。

其实，这段也是写卖货推文开场常用到的 SCQA 模型。S 背景就是现实社会关于美的评价标准，就是"瘦"。C 冲突就是管不住嘴、迈不开腿，还渴望变瘦。Q 问题就是"就没有一种该吃吃、该喝喝、该睡睡、躺着不动就变瘦的方法吗？" A 答案就是"火爆中日的夜间酵素"。

三、讲事实摆证据，证明对用户有益

通过痛点激发了顾客改变的欲望，但顾客为什么要购买你推荐的产品呢？所以，接下来就要讲述事实、摆出证据，证明这款产品的利益点可以完美解决顾客的痛点和问题。

方法一：顾客证言

原文：

小编最开始是看到某明星在小红书上推荐这个夜间酵素。她说吃了之后可以帮助加速身体新陈代谢，晚上睡觉吃几粒，白天可以放心吃东西。原来传说中的"梦中享瘦"靠的就是它！在小红书上随手翻了下关于夜间酵素的笔记，几乎一水的好评。

兔妈解析

这里给我们的启发就是：顾客证言一定要挑选能击中顾客核心需求的。**什么是核心需求，是指顾客花钱最想满足的需求**。比如，充电宝的核心需求是电量充足。如果你主打小巧，但电量不够用，顾客还是不会买。所以，才有了南孚充电宝的"小且够用"的核心诉求。同样的道理，夜间酵素的核心需求就是清肠变瘦。

其中，最打动我的顾客证言是"每年夏天都要囤的""夏天吃烤串、小龙虾怎能控制，还好有它"。

这里突出了两个核心点：第一个点是**高频使用**。第二个点是**热点场景**。这样的好处是，在撸串、吃小龙虾两大高频场景的夏天，就会让顾客产生一种行为锚定。在撸串、吃小龙虾的时候，吃几颗酵素就不用担心长肉了，进而刺激购买欲望。

方法二：权威+畅销

原文：

这个夜间酵素来自日本株式会社，它成立于2011年。经过多年的品牌沉淀，目前已成为遍及日本15 000家药妆超市、年销售额突破5亿日元的日本知名健康品牌！

品牌自成立之初就秉承着"健康生活，源于饮食"的理念，实施原料品质管理，严格按照GMP标准生产。

世界卫生组织将GMP定义为指导食物、药品、医疗产品生产和质量管理的法规。

2015年，荣获"MONDE SELECTION 世界食品品质评鉴大会"金奖。

兔妈解析

在写卖货推文中，经常利用人性两大特点，分别是对权威的盲目崇拜和从众效应。不管是买家具、装修还是买车、买房，都喜欢问专家的意见。这段就指出品牌的权威背书——药妆超市、权威 GMP 认证、品质评鉴大会金奖，并通过销售额和售卖超市的数量暗示产品畅销。

方法三：作用原理

原文：

夜间睡觉时，人体会分泌一种叫作生长激素的东西，而且它只在夜间睡觉时才分泌。尤其是在大约入睡 90 分钟后的"逆睡眠"时分泌最旺盛。

生长激素可以促进体内脂肪的燃烧，然后再把它转变成身体所需的能量。

入睡前吃夜间酵素，可以补充高浓度的复合氨基酸，促进人体生长激素的分泌增加，帮助快速燃烧体内多余的脂肪。

夜间睡觉分泌的生长激素可以促进体内脂肪燃烧，吃夜间酵素可以促进人体这种生长激素的分泌。所以，吃夜间酵素可以实现"躺着就能瘦"。

兔妈解析

不管是顾客证言还是畅销，主要是为了刺激顾客感性的情绪和欲望。此时顾客还会怀疑："睡着就能瘦是怎么实现的呢？会不会是骗人的呢？"所以，这段通过原理的解释，获取顾客理性上的认同。

注意，在解决产品原理时，这里用到了营销中常用的三段论结构。什么是三段论呢？举个简单的例子：会浮起来的香皂是好香皂。这款香皂会浮起来，所以，这款香皂是好香皂。

这段就是先指出夜间分泌的生长激素可以促进脂肪的燃烧，然后给出产品可以补充生长激素，所以这款酵素可以实现"夜间躺着就能瘦"的效果。

三段论的结构，在证明产品效果和品质时非常有效。其实，这是利用人们天生喜欢证实、不喜欢证伪的特点。当人们顺着这个三段论的思路去想，就会觉得很有道理。却很少有人考虑"为什么浮起来的香皂是好香皂"这个大前提，因为这个证伪的过程是费力、困难的，人们会潜意识选择更简单的证实。

方法四：费时费力

原文：

夜间酵素精选了水果、蔬菜、草木、海藻、谷物等232种原材料，通过传统的陶制"瓮器"，在非全封闭的环境下，经过700天以上充分发酵后，来发酵提取更优质的酵素精华。

兔妈解析

在人们的普遍认知中，认为经历时间长、花费功夫大的东西就是好东西。这里就通过描述产品原料数量和制作时长的事实，凸显产品费时费力的特点，进而让顾客觉得这款产品是值得购买的。

方法五：顾客案例+身份信号

原文：

@拜拜了奶茶：生完宝宝后腰围2尺2，体重120斤。坚持吃了3个月的夜间酵素，期间配合做了一些瑜伽，现在体重已控制在100斤左右，超级辣妈的梦终于实现啦。

@古灵精怪：最讨厌的"拜拜肉"，在这个夏天结束之前，终于和它拜拜了。强烈推荐给有跟我一样烦恼的仙女们。

@Alisa：坚持吃了3个月的夜间酵素，腿细了好多，体型看起来也更加匀称了，穿什么衣服都好看。

兔妈解析

这段给出了三个典型顾客案例，分别侧重不同的目标人群，比如瘦肚腩、瘦大腿、瘦手臂，通过三个具体的痛点释放身份信号，锁定不同的目标人群。

这样的好处是，可以让具有不同痛点的瘦身人群产生共鸣和代入感，并产生一种积极的心理暗示，觉得"吃完酵素也能达到和案例主人公一样的结果"，进而刺激购买欲望。

你发现了吗？这三个案例虽然很简练，但都满足了顾客案例的三大要素，分别是：第一，符合目标人群的身份画像。第二，突出使用前后的对比收益情况。第三，真实证据图。

四、买赠政策，引导下单

原文：

买一送一，买几袋送几袋。

现在花 1 袋的钱买 2 袋，平均下来每袋仅需 ¥62.5。

买 2 袋送 2 袋，买 3 袋送 3 袋，以此类推，超级划算。

兔妈解析

没有人想要买便宜、廉价的产品，顾客想要的是找到物超所值的感觉。所以在结尾引导下单时，小编就非常聪明，先把一袋的价格翻倍，然后告诉顾客现在花一袋的钱可以买到两袋，让顾客觉得花一袋的钱还能免费得到一袋。人性天生趋利的特点，刺激顾客马上下单。

> **兔妈总结**
>
> 第一个知识点——解决冲突式标题的两个要素：第一，反问句形式。第二，问题中藏着答案，而且一般是肯定答案。
>
> 第二个知识点——顾客案例的三大要素：第一，符合目标人群的身份画像。第二，突出使用前后的对比收益情况。第三，真实证据图。

3.4.4 《冷门菜罩 9 天卖出 1.5 万单，就凭这三招》

关键词：爆文菜罩、选品、挖掘痛点、用户思维、事实证明、省时省力

爆款详情：客单价 39.9 元，卖出 1.5 万单

爆款标题：《做好的饭菜再也不怕变凉了！用这个保温菜罩，饭菜长效保温，一秒开收，收起来薄如纸片》

很多商家经常找到我诉苦：飞行几万里、考察原产地，辛辛苦苦打磨一款产品，请设计师设计高大上的包装，请广告公司做专业的营销策略，结果一上市销量惨淡。但为什么有些人"随随便便"做个产品，请文案写篇推文，花了短短一星期的时间，一上市就成了爆品？

其实，这并不是单纯地靠运气。原因就在于：前者是先有产品再做营销，看似花了很多精力、产品也很具匠心，但只是感动了自己，顾客对产品并没有太大的需求，这也是营销中常说的卖家思维。而后者呢，看似对产品没怎么下功夫，却时刻在关注目标顾客的需求，挖掘顾客生活中的冲突，而产品只是用来填补顾客需求的道具而已。所以，想要做出爆款，必须要有用户思维，写文案也是一样。

真正的卖货高手不是与产品死磕，而是与用户需求死磕。有了用户思维，不管是选品卖货还是写卖货推文，做出爆品的概率比普通人要高出3~5倍。本节要拆解的这个保温菜罩的爆款案例，不管是**选品还是文案**，都具有特别强的用户思维。

一、标题：深入洞察，直述产品卖点

《做好的饭菜再也不怕变凉了！用这个保温菜罩，饭菜长效保温，一秒开收，收起来薄如纸片》

兔妈解析

这个标题有两个亮点：第一，惊叹词**"再也不"**深化对用户的利益和好处。另外，"做好的饭菜再也不怕变凉了"也是用户心中理想的状态和产品带来的获得感，口语化表达，说出目标用户的心里话，也更容易抓人眼球。

第二，**指出用户最关心的产品关键信息**。对于一款厨具——保温菜罩来说，有哪些关键信息是用户需要考虑的呢？①保温效果。②是否方便。③是否占地方。不需要顾客思考，把他最关心的信息直接告诉他。比如，"一秒开收""薄如纸片"用具体的时间"1秒"和"薄如纸片"的类比，量化产品的核心卖点，化解顾虑，降低顾客的决策成本。

事实上，不管你卖什么产品，都需要解决顾客关心的核心问题。我把这

个标题的方法提炼成了一个模板，在写其他推文标题时可以直接套用。

凸显产品核心卖点的标题模板：

……再也不……！用这个……＋产品的 2～3 个核心信息。

标题模板延展举例：

案例一：卖眼膜

熬夜加班再也不怕黑眼圈了！用这个韩国爆款眼膜，滋润娇嫩的眼周肌肤，轻轻一贴，眼袋、细纹也没了。

案例二：卖清火膏

吃麻辣火锅再也不怕上火爆痘了！用这个传承百年的古方清火膏，每天一杯，排毒养颜，比菊花茶管用 100 倍。

二、开场白：直击顾客痛点，激发购买欲望

原文：

天冷了，做饭就有问题。炒几个菜、熬个汤，想让一家人一起吃个热饭，结果菜炒好仅仅几分钟的时间就变冷了，几个菜炒完，等一家人开吃的时候全是冷饭，冷天炒冷饭这种事困惑了无数的厨男厨女。

肠胃是非常脆弱的器官，长期吃冷饭，会造成肠胃蠕动功能减弱，影响消化能力，刺激胃肠发生痉挛，诱发急性肠胃炎，也就是"拉肚子"。而且冷饭中亚硝酸含量突然升高，进入胃部会变成亚硝酸盐，这是胃癌和胃炎等疾病的重要致病因素。

冷饭也不好吃，谁不想累了一天了，好好吃顿热乎饭?！哪个做饭的人不希望好好的露一手，让家里人吃顿色香味俱佳的美味佳肴。吃凉饭时可能不说什么，心里却在想：忙了一天，还让我吃冷饭?！

兔妈解析

这个产品是在 12 月上市的，所以这是一款典型的借势季节热点的短期爆款。当时对于很多人来说，做饭最大的痛苦就是出锅后很快就会变凉。但如果在其他季节，做好饭后直接吃，并没有太大影响，也很难刺激顾客

做出改变。所以，聪明的小编先通过周末"想做一桌子菜和家人、朋友好好聚聚"这个高频场景，把"饭菜容易变凉"的痛点转化成不得不解决的刚需。

紧接着，指出吃冷饭的严重后果——影响肠胃蠕动和消化能力，导致急性肠胃炎、肠痉挛、拉肚子等，这些也都是生活中经常发生的事情。

如果到这里就结束了开场，部分顾客也会买单，但感觉不到你的温柔，甚至有些顾客会想"偶尔吃一次问题也不大"，也不会重视。这里就非常巧妙了，从关爱家人的感性层面打动顾客。毕竟不管是谁做饭，目的都是为了家人吃好、获得温暖。

这段就通过家人的感受，给顾客一个必须购买的理由，让顾客产生一种"这不是乱花钱，而是为了关心家人的正当消费"，降低花钱购买的难度和压力。**这就是用户思维，它觉察到了大多数做饭的家庭主妇真正的心理动态。**

三、讲事实摆证据，证明对顾客有益

但应对饭菜变凉，顾客还有其他解决方案。为什么一定要选择你推荐的这款产品呢？接下来，就要讲述事实和证据，让顾客相信这款产品才是解决问题的最佳选择。

方法一：认知对比

原文：

很多人都习惯用微波炉热饭，先炒菜做饭，然后一股脑儿塞到微波炉里加热吃。微波炉采用电磁波的方式加热，倒是没什么不好，就是什么饭菜经过微波炉过一道，本来色香味俱佳，结果都变成了一个味道——没味！

跟大锅饭做出来的差不多，白白浪费了一桌菜，这是习惯做几个拿手菜的人无论如何都无法忍受的。

🐰兔妈解析

首先指出了应对饭菜变凉最普遍的方式——微波炉加热。通过认知对比，

指出这种方式的缺点大和利益小。需要注意的是，提到微波炉加热，很多人会强调微波炉加热会致癌等。其实，这种就是典型的用力过度，会让顾客产生怀疑：如果致癌，为什么微波炉的销量还一如既往地增长呢？这完全是不合理的，甚至还会让顾客产生反感。

这里就非常巧妙，用更温柔的方式表达，先肯定微波炉能够方便加热饭菜的事实，再指出微波炉加热的缺点，就是让色香味俱全的菜变得既没色相也没味道。尤其是最后一句"这是习惯做几个拿手菜的人无论如何都无法忍受的"，替目标人群表达心声，激发购买欲望。因为对于喜欢做饭的人来说，最大的成就感就是听到家人、朋友夸赞饭菜做得色香味俱佳，这也是典型的用户思维的表现。

方法二：事实证明

原文：

经过测试，在室温 20~25℃的环境里，哪怕过了 30 分钟，饭菜也仅仅下降了 5~8℃而已，还有烫嘴的感觉呢。

兔妈解析

成功激发了顾客的欲望，在决定下单之前，他还会犹豫："这款菜罩真的能达到保温的效果吗？"甚至有些人可能已经尝试过其他同类产品，保温效果并不理想。所以，这里就要通过事实证明的试验，直接证实产品的保温效果，打消疑惑，获取信任。

方法三：化解顾虑

对于一款厨具，顾客普遍担心的问题还有是否好清洗、收纳是否方便。毕竟保温菜罩不是天天用的，如果收纳很麻烦，就会阻碍顾客下单。

所以在结尾引导下单时，小编就通过 gif 动图的演示，证实产品一冲就干净、一秒就收纳整齐的事实，凸显好清洗、好收纳的卖点，以及省时省力的价值利益，促使顾客购买下单。

> **兔妈总结**
>
> **第一个知识点——标题模板**：……再也不……！用这个……+产品的 2~3 个核心信息。前半句写出产品的获得感和价值利益，后半句写出顾客关心的核心卖点。
>
> **第二个知识点——用户思维**：打动顾客购买的过程都是从两个方面着手的，一个是感性层面，一个是理性层面。所以，写卖货推文，要多站在顾客的角度考虑问题。除了要给出生硬的事实，还要从感性层面给出顾客购买的理由。

3.4.5 《3 个月狂销 10 万单，导航支架巧用人性爆单的"小心机"！》

关键词：导航支架、畅销、惊喜暗示法、gif 动图、卖点总结式引导下单、价格锚点

爆款详情：卖出 10 万多单，销售额 500 万元

爆款标题：《火爆美国！让你远离车祸的手机支架，聪明老司机开车都用它！》

国内某知名营销专家说，普通销售和优秀销售最大的区别是：普通销售的目的很明确，就是以卖产品或服务为主，而**优秀销售则是懂得站在客户的角度，进行解决方案式的营销**。

同样，好的卖货文案也一样。每个顾客身边都不差好产品，但他们在生活中却有不同的困惑和需求，你帮他们解决问题，销售产品只是顺带的事儿。

根据马斯洛金字塔需求理论，人们都有对安全的需求。本节要拆解的手机支架的爆款案例，不但瞄准了人们对"安全"的底层需求，更懂得用解决方案式的思路写文案。

一、标题：凸显核心利益价值，社会认同激发欲望

《火爆美国！让你远离车祸的手机支架，聪明老司机开车都用它！》

兔妈解析

"火爆美国"四个字不仅体现产品畅销,而且在美国很畅销,利用了人们对国外产品的盲目崇拜,凸显产品的高含金量。这给我们的启发是,如果产品是国外生产的,一定要在最显眼的位置写出来。

但有学员会说:兔妈,如果产品不是国外生产的怎么办?其实,这里有个小技巧,**就是用整个品类来借势**。比如,这款产品就是国内生产的,但这个品类最早是在美国流行起来的,这里可以说"火爆美国"。

下半句有三个亮点,第一,加入人称代词"你",与对方产生对话的效果,快速抓住读者注意力。第二,"远离车祸",指出产品的核心价值,同时,也满足人们对马斯洛需求理论中对"安全"的基本需求。第三,"聪明老司机都用它"利用人们对权威的社会认同(聪明和老司机代表司机中的权威),激发目标人群欲望。

二、开场白:直入主题,吸引关注

原文:

对于司机而言,汽车自带的导航真的很鸡肋。

缺乏实时路况信息,触屏模式,清晰度也难以达到手机水准。

因此,每个司机都离不开手机导航,车载手机支架也应运而生,成为每个司机的必备品!

不少新老司机开始了各种疯狂的"车载支架秀"!

方向盘秀:

哥啊,你不知道安全气囊在喇叭下方么?要是出现紧急情况,气囊弹出来,你的手机和支架就成了杀手啊!

空调风口秀:

磁吸式的,手机容易被磁化,严重影响通信质量,还极难与手机分离!

还有那种卡扣的,夏天挡凉风,冬天害手机发高烧!

吸盘秀:

最怕吸盘类了,用久了就老化或是沾上灰尘,吸不住!还遮挡了驾驶视线……

开车的时候，它要是抖一抖，我们的心脏可是会跳 N 跳的！

以上支架还有一个致命的缺点：导航，要歪头看手机！

司机观看导航时目光是偏离行驶方向的！

微信或电话一来，总怕错过重要消息，视线离开马路去观看手机，甚至手离开方向盘去回复语音或接听电话……

然而，一心可以二用，但一眼不能二用，一不小心就可能造成追尾。

兔妈解析

开篇直接抛出话题"对于司机而言，车载导航很鸡肋。"明确告知顾客，本篇文章讲的是和导航有关的话题，目标人群是司机。另外，通过这句话实现两个结果：第一，同意车载导航鸡肋的司机与作者产生情绪上的共鸣，进而继续阅读原文。第二，正在使用车载导航的司机就会比较困惑，"为什么说车载导航鸡肋呢？"为了知道答案，就要继续阅读原文。

紧接着给出车载导航鸡肋的理由，并引出正确的解决方案——手机导航。然后指出手机导航不方便的事实，并通过认知对比指出传统使用手机导航的方法中存在的各种缺点和安全隐患，让冲突进一步升级，激发顾客寻找新的解决方案的欲望——购买手机支架的欲望。

三、讲事实摆证据，证明对用户有益

站在顾客的角度，他会产生这样的想法："既然传统常用的吸盘、支架等存在安全隐患，那你推荐的这款支架产品就能解决问题吗？就没有安全隐患吗？"接下来，就要讲述事实、摆出证据，并解决顾客存在的顾虑，证明推荐的这款产品能够完美解决问题，是顾客的最佳选择。只有这样，他才会快速做出购买决策。

方法一：畅销 + 价格锚点

原文：

不过，幸好有一个革命性的新生代产品出现了，就是它，最近火遍了亚马逊的车载直视支架！

该支架在美国亚马逊评论达到 2 687 条，5 星好评，名副其实的大爆款，售价 13.99 美元，约合人民币 97 元（有点小贵……今天的价格有惊喜哦）。

兔妈解析

在平时写卖货推文中，常用的畅销方法有两个"卖得多，卖得快"。这里比较巧妙的是，通过好评的数量来证明产品的畅销。这样的好处是，不仅暗示卖得多，还能凸显产品质量好。

另外，本段还提前设置了价格锚点，给顾客构建一种认知：这种车载支架是很贵的。这样在结尾给出产品价格时，顾客就会觉得很便宜、很惊喜，我把这种技巧称作"惊喜暗示法"。其实，在很多爆款推文中经常能见到这种方法，比如有些推文在开头直接说"文末有福利"，进而吸引目标读者阅读到文末。

方法二：认知对比 + 事实证明

原文：

它的最大亮点是能夹在"仪表台"，这个位置非常巧妙。安装的支架与仪表台高度协调，不突兀、不碍眼，最重要的是还不挡视线！看导航不用再歪头，直视路面更安全，万向球可 360°调整角度。

因此，横竖都可导航，还不挡视线，相对于"黏"和"插"，它更加牢固，开车再颠簸也不怕。采用耐高温材料，暴晒 6 小时后，用力掰都掰不断，放手还能立即恢复原形。

兔妈解析

与传统黏和插的支架进行认知对比，凸显产品的优点——牢固，并指出优点给顾客带来的价值利益——看导航不用歪头，开车颠簸也没有影响。

接着通过 gif 动图演示，证明产品结实耐用的卖点。gif 动图比单纯静态图片更真实，也更有冲击力，尤其适用于创新型、省事型以及美食类等的产品演示。

本文用到的是挑战产品实验过程的 gif 动图创意。那么，如何设置挑战实验呢？具体根据产品功能属性和人们常规的行为方式来设计，比如凸显塑料材质产品的安全性能，人们的常规行为就是用手掰一掰。具体可以参考第一章中产品测评的内容。

方法三：化解顾虑

原文：

适用性广，适用于市面上大部分有仪表台的汽车。

开车用上它，真正地让我们实现了眼不离路、手不离盘，最大限度地避免观看和操作手机时视线偏离路线造成的车祸！

兔妈解析

当顾客准备下单时还会存在各种顾虑和担心，比如"型号有没有限制？我的车适合吗？大车、小车都能用吗？"如果顾客的问题得不到解决，为了避免风险成本，很有可能就会放弃购买。这段就主动给出答案，明确地告诉顾客这个支架适合市面上大部分有仪表台的汽车，消除顾虑，促使顾客快速做出购买决策。

四、强化利益，引导下单

原文：

安全驾驶、稳如泰山，火爆美国亚马逊的革命性支架，聪明司机开车都带上它！

让你眼不离路，手不离盘，安全驾驶。

亚马逊卖 13.99 美元，约合人民币 97 元，车载直视支架精选首发，固定款 39 元、万向球款 49 元，买两件万向球款立减 10 元，与亲友同享安全驾驶！

兔妈解析

在付钱时顾客是比较紧张的，他会下意识地捂紧钱包。那么，如何刺激他立刻下单呢？

如果产品是日常用品，价格也不贵，给你个简单有效的引导下单方法，就是把产品核心卖点以及卖点给顾客带来的获得感和价值利益进行总结，通过明确的价值利益促使顾客下单。本推文在结尾处就用了这个方法，产品卖点有"畅销、聪明司机都在用、火爆美国"，给顾客带来的获得感和好处是"眼不离路，手不离盘，安全驾驶"。

最后，通过价格锚点，凸显产品的价格优势。总结起来就是，很多人都在用，能完美解决安全驾驶问题，而且价格还不贵，进而刺激目标顾客马上下单。

> **兔妈总结**
>
> **第一个知识点**：惊喜暗示法。就是在推文开场直接告诉顾客推文末尾的惊喜价格、福利等，以至于吸引顾客阅读到文末。
>
> **第二个知识点**：卖点总结引导下单法。对于刚需、平价产品，在引导下单时可以总结产品的核心卖点以及卖点给顾客带来的获得感，进而塑造产品的价值利益，刺激顾客下单。

3.4.6 《3小时22.5万元销售额，马桶贴15秒攻破顾客心理防线的两套猛拳》

关键词：马桶贴、挖掘痛点、认知对比、借势权威、视觉滑屏

爆款详情：3.5小时卖出4 600+单，销售额22.5万元

爆款标题：《德国神技术，2秒抵挡马桶10万细菌？20元用4年，上架热销30万贴》

如何攻破顾客的心理防线，让他对你推荐的产品感兴趣，并忍不住下单呢？答案是找准痛点，并用能理解的语言证明产品的价值。

为什么这么说呢？痛点是撬动顾客欲望的支点。痛点越痛，顾客购买产品的欲望越强烈。然而，残酷的现实是：很多人把痛点二字挂在嘴边，最后还是输在了"痛点"上。那么，如何才能快、准、狠地找到痛点，并利用痛点写出具有超强销售力的卖货推文呢？

本节拆解的马桶贴的推文案例，在挖掘痛点上做得非常到位。通过本节深度拆解，来揭秘找准痛点的小技巧。

一、标题：利益价值引发好奇，实惠畅销诱发跟风点击

《德国神技术，2秒抵挡马桶10万细菌？20元用4年，上架热销30万贴》

兔妈解析

这个标题有两个可以借鉴的亮点。

第一，前半句中关键词"德国神技术"。利用人们追求国外制造的心理，"神技术"惊叹词调动人们的情绪，诱发好奇心。"2秒抵挡马桶10万细菌"用更易引发人们关注的数字凸显产品的利益价值。而且2秒对标10万，形成强烈反差，引发人们的好奇和关注。

第二，后半句中"20元用4年，上架热销30万贴"。花小钱办大事是人的天性，即便对于富裕人士也是一样。这里就通过"实惠+畅销"，直击人性特点。而且前半句的高价值和后面的超级实惠形成鲜明对比，并利用人们的从众心理，提升阅读量。

二、开场白：戳中痛点，激发欲望

原文：

你知道吗？你家里一半的致病菌都来自卫生间。

美国科学家曾对家居用品做过检测，发现马桶蹲座上竟能藏10万个细菌！是家中藏匿细菌最密集的区域。大量细菌滋生很容易导致疾病。女性不注意会导致妇科疾病，抵抗力较弱的儿童不注意会导致感冒发烧，还可能三天两头拉肚子。

有专家建议：每三天应该清洗一次马桶垫。但是，大家都工作这么忙，自己的衣服都可能没空洗，哪能记得洗马桶垫！

🐰 兔妈解析

首先，加入人称代词"你"字，典型的好友互动式开头，快速吸引顾客关注要讲的话题，让其坐上你设置的文案滑梯。

但是细菌是看不到、摸不着的，单一强调细菌数量和恐怖，顾客是很难感知的。这个案例就非常值得借鉴，通过指出目标人群可感知的痛点症状，比如妇科疾病、孩子感冒、拉肚子，这三个点都是目标人群生活中高频发生的场景，稳准狠地击中了顾客痛点。

接下来，就要寻找解决方案。但这段没有直接告诉顾客要买这款杀菌马桶贴，那样太生硬了，而是做了巧妙的过渡。"专家建议：每三天应该清洗一次马桶垫。但是，大家都工作这么忙，自己的衣服都可能没空洗，哪能记得洗马桶垫！"

这句话暗示的含义是，如果可以做到三天洗一次，就不会产生细菌危害。但如果工作太忙，做不到三天洗一次，也没有关系，我给你推荐一个简单有效的替代方案。这样顾客就会觉得：小编不是在推销产品，而是在科普健康知识，并且真心实意地关心自己，最后选择权在顾客自己手里。但事实上，并没有人能做到三天洗一次马桶垫。推文的目的也并不是真的让顾客自己洗，而是通过这个过渡，把文案写得更温柔，让顾客更容易接受。

这里需要强调的是，你选择的痛点一定要是目标顾客生活中高频、普遍发生的点，而且是顾客可以实实在在感知到的点。 我曾经看到一篇马桶清洁产品的推文，主打痛点也是 10 万个细菌，但它把各种细菌列出来，比如大肠杆菌、金黄葡萄球菌等。然后写"当你坐在马桶上便便时，底下 10 万个细菌虎视眈眈地看着你"，虽然很有场景感，但顾客是感知不到的。而且顾客会想：蹲了几十年马桶，也没有什么影响。所以，最终结果就是不了了之，也不会购买你推荐的产品。

三、讲事实摆证据，证明对用户有益

如何证明产品可以解决顾客的痛点，是顾客的最佳选择呢？接下来，就要摆出事实和证据，证明产品抗菌性能好，可以帮顾客解决问题。

方法一：借势权威

原文：

采用德国 Sicherheit 银离子抗菌材料，也是首次把这种技术材料应用到马桶贴上。

抗菌率高达 99.9%！这可是有专门的检测证书的。Sicherheit 银抗菌技术被广泛应用于德国、芬兰等国家公立医院的抗菌环境中。它可以有效抑制真菌细菌的滋生，对大肠杆菌、金黄色葡萄球菌等常见致病菌有非常好的抑制效果。

兔妈解析

在平时购买产品时，我们并没有时间一一深入研究。所以买一个马桶贴，很少有人会研究马桶贴的抗菌原理。那人们怎么选呢？答案是跟随权威。在人们的潜意识里，权威人士或机构很专业，他们推荐的产品肯定不会错。

这段就通过德国、芬兰等国家公立医院来凸显产品材料的权威。因为人们觉得医院对环境安全和抗菌性能有着最高的要求，并摆出权威的产品证书，让顾客眼见为实。

方法二：化解顾虑

原文：

有人可能想问，这种抗菌功能是不是洗了多次以后就没了？

NO！这款马桶贴，即便经过 50 次水洗，依然能保持 99% 的抗菌率！

持续使用 4 年，也可以始终保持高效抗菌功效！（最好买几对替换着用，效果会保持得更好）

兔妈解析

这段又打出了产品抗菌效果持久的卖点，但并没有直接写出来，而是站在顾客的角度提出困惑，再给出答案。这也是文案在讲人话时常用的替顾客表达困惑的技巧。这样的好处是，通过自问自答，避免文案语言的生硬。同时，问句就像一个钩子，勾着读者继续阅读寻找答案，而且还会让顾客觉得你很懂他。

方法三：事实证明

原文：

来看看，普通马桶垫跟这款抗菌马桶贴使用后的抗菌性对比：（对比图见图3-5）

普通马桶垫细菌越积越多，这款则有很强的抑菌性。

图3-5 普通马桶垫与抗菌马桶贴对比图

兔妈解析

此时顾客还会考虑：市面上宣称抗菌的马桶垫有很多，为什么要选你推荐的这款呢？它和其他抗菌马桶贴有什么区别呢？这里就通过抗菌实验的效果对比，证明产品抗菌性能更好的事实。

事实证明，对比图片比文字对头脑的影响和冲击更大。所以在写功效型产品推文时，对比图是必须使用的技巧。

方法四：痛点+认知对比

原文：

这几天天气迅速变凉，最明显的就是每次上卫生间前都会先倒吸一口气，因为马桶太凉了……

我们家也没少买马桶垫，但都是刚用上的时候感觉挺好，没几天就感觉脏脏的，还不如不垫。

最重要的是：换普通马桶垫的时候，总是不可避免地会碰到马桶，感觉有点恶心。

现在这个马桶贴很方便，使用时1撕1贴，2秒就好了。

兔妈解析

首先，通过借势冬天的季节热点，突出"马桶凉"的普遍痛点。其次，通过认知对比，指出普通马桶垫的缺点——没几天就脏，而且使用很不方便。并给出传统马桶垫和本款马桶垫安装时的gif对比动图，凸显这款马桶垫使用方便的卖点。

另外，推文不仅指出普通马桶垫的缺点，更强调这个缺点给人们带来的影响和后果——换普通马桶垫的时候,手不可避免地会碰到马桶,感觉有点恶心。描述出了目标顾客的真实体会和心理感受,更容易引发共鸣。所以,这给我们的启发是,在写卖货推文时,真实描述顾客的心理感受比盲目恐吓更有效。

延伸知识点:专家式认知对比模板

提到认知对比,很多学员会觉得很简单,无非就是先打击竞品的缺点,再说产品的优点。但为什么有些人写出来,顾客看了不舒服,甚至还会产生反感情绪呢?答案是:推销欲太强。如何写出让读者容易接受的认知对比呢?我提炼了一个专家式认知对比模板,你可以直接套用。先来看案例:

大家都知道,正确的刷牙方式是一上一下地刷,俗称"巴式刷牙法"。但常常刷着刷着,手就不自觉地变成了左右来回,因为上下刷牙时手实在太累了。

这款电动牙刷还原了"巴式刷牙法",刷毛有5.5毫米的上下振幅。含在嘴里,让它自己动就好了,简直是懒人的福音。

兔妈解析

首先,打造专家形象,告诉顾客正确的刷牙方法是巴式刷牙法。接下来,指出用普通牙刷手太累太酸,不自觉地就会变成横着刷。需要说明的是,如果结合痛点恐惧,补充一下横着刷牙会导致刷不干净、龋齿、损坏牙釉质等,结果会更好。

第二句,凸显产品的优点——还原了巴式刷牙法,"放在嘴里让它自己动"凸显产品省事省力的卖点,进而激发目标顾客的购买欲望。

所以,认知对比不是对所有竞品盲目打击,而是先指出正确的方法和标准,塑造专家形象,再指出传统竞品在达到标准方面的困难程度,进而凸显产品更专业、更方便。

专家式认知对比模板总结:
大家都知道……但……
这款……

我再来举个例子：

红豆薏米丸的卖点是祛湿、安全方便，就可以写：

大家都知道，刮痧、拔罐可以去湿气，但不能太频繁，否则会损伤皮肤，毛孔也变得粗大，关键是还血迹斑斑的，想穿漏背装都不敢穿了。

这款红豆薏米丸方便又好吃，关键是祛湿效果也很棒。像小零食一样，每天早晚吃 1 颗，活血行瘀，利水消肿，在这潮乎乎的季节里最合适了。

方法五：认知对比 + 事实证明

原文：

当然，马桶垫最重要的一点还少不了屁屁的触感啦！这款马桶垫用的是棉绒工艺，柔软但厚实，跟皮肤接触的触感是温柔又软和的。不会给你冷冰冰的感觉，尤其天气冷的时候，绝不会让你有不敢坐下的感觉。

而且多次清洗也不会掉毛、变硬。

兔妈解析

隔着手机屏幕讲产品卖点，顾客是看不到摸不着的，难免会有感知障碍和疑虑。比如，担心产品触感不够柔软、材质不够厚实、清洗后变形变硬等，这里通过小编的测评体验，明确指出天气冷也不会冷冰冰的。并通过与其他竞品的认知对比，凸显产品不掉毛、不变硬、不怕清洗的卖点。紧接着，通过与竞品的 gif 动图演示，证实产品柔软、厚实的卖点，让顾客看到、相信，并放心购买。

四、化解顾虑 + 使用场景，引导顾客下单

原文：

因为这款马桶垫特别的形状和粘贴式设计，各种形状的马桶都适用。

家里人多的话，备几个换着用。或者给父母买几个，老人上厕所频率比较高，舒服点的马桶贴自然更好啦。稍微有点小洁癖的话，出差旅行的时候随手放包里，极轻还不占地，再也不用担心酒店的马桶不干净了！为了自己和家人的健康，一个简简单单的好的马桶贴非常必要！

🐰 兔妈解析

当顾客想要付钱下单时，内心是比较紧张、犹豫的，他会找出各种理由说服自己"先不要买"、"再看看""再比较比较"。所以，你要主动打消他所有的小疑虑，比如马桶贴的尺寸问题等。

紧接着，通过使用场景，比如父母、出差旅行等，塑造产品的价值利益，再一次激发顾客的购买欲望。这里需要说明的是，关爱家人是写卖货推文时常用到的方法，因为关爱亲近的人是每个人内心想要去做的事，这也是人类行为的原始动力。而且关爱家人的购买理由会让顾客觉得这是正当消费，而不是乱花钱的表现，会大大降低花钱难度，更容易促使其做出购买决策。

兔妈总结

第一个知识点——专家式认知对比模板：大家都知道……但……这款……

第二个知识点：关爱家人是人类行为的原始动力，能让顾客降低花钱难度，更容易使其做出购买决策。所以在写卖货推文时，要多思考用户有哪些需求，比如中年用户有老人、孩子等。

第 4 章

**爆文拆解篇:
教你 5 分钟高效拆解爆文,
零基础小白也能快速进阶高手**

4.1 拆解文案要牢记的三大误区和三个前提

如果你问我学卖货文案有没有捷径,我的答案是案例拆解。熟悉我的人都知道,我就是从拆解案例开始,被大家关注和认可的。

可以说,从没资源、没人脉、没经验的"三无小白",到短时间做出多个千万级爆款,成为商家和学员口中的"卖货高手",我逆袭的秘诀就是拆解案例。通过拆解优秀的案例,找到行之有效的套路、方法以及卖货逻辑,然后去模仿、归纳、总结,为自己所用,这是普通人掌握卖货文案的捷径,也是我验证有效的方法。

案例拆解是对卖货文案的整合训练,它能让你把学到的套路、方法和技巧串起来、打上结。

但平时很多学员咨询我:兔妈,我知道拆解案例很重要,也尝试过自己去拆解,的确能感到写文案更顺了,但转化率为啥还是上不去呢?

其实,很多人拆解案例都用错了方法,主要存在以下三大误区。

误区一:搞题海战术,换个产品就懵

经常有学员说:兔妈,我要每周拆两篇。还有人说:兔妈,我每天拆一篇。很努力,也很辛苦,但如果他刚拆完面膜的推文,你给他一款面膜让他写，他还是没思路。甚至会非常困惑，因为他不知道怎么写了，害怕写出来和拆的那篇一样。

这就像上学时刷题，你出个一模一样的题，他能做对，但换个同类型的其他题目就不会了。所以，拆解不在多，而在于你拆完有没有真正掌握这种类型产品的卖货逻辑。

误区二：只看表层套路，忽略底层逻辑

曾经有位学员说："兔妈，我报了某某老师的文案课，作业是拆解文案。我刚拆解了一篇，你能不能帮我看看拆的对不对。"然后，我看到上面用花花绿绿的字体标记出不同段落用了哪个技巧，其他就没有了。

事实上，这只是拆解的最初级阶段。俗话说："外行看热闹，内行看门道。"拆解案例就是一个看门道的过程。你能学到多少、提升多少，关键在于通过一篇推文你能看到多少真相。如果你只看到表层的套路，就永远写不出逻辑清晰、说服力强的卖货文案。

误区三：误以为拆解＝模仿，盲目记句式

很多人拆解文案只会模仿句式，就像小学生造句一样，直接套上就能写，觉得进步很大。的确，模仿句式能快速提高文字表达能力，但只起到锦上添花的作用。如果你都没找到锦在哪，花就无处存在。

拆解文案就像"庖丁解牛"，你要透过文字的皮肉看到内部的肌理筋骨，也就是卖货的框架结构、底层逻辑，这才是爆文卖货的真相。

那么，正确拆解爆文的方法是什么呢？**拆解之前，你必须搞清楚三个前提。**

第一个前提：看数据

拆解案例的目的是借鉴优秀的思路和方法，提升自己的卖货能力。所以，你首先要知道哪些案例是值得借鉴的。否则，你去拆解那些失败的案例，当然不高效。尤其是零基础小白，还有可能被错误的方法误导。

如何判断哪些是优质案例，是值得我们借鉴和学习的呢？一个重要指标

就是看数据,数据是对一篇推文的热度、关注度、优质度的直接反映。

但经常有学员说:兔妈,推文不是我写的,我也不认识内部人,拿不到数据怎么办?下面,我给你五个判断维度。

第一,阅读量。这个很好理解,但要注意的是,不能只看这篇推文的阅读量,还要看账号上其他同类型的推文和同位置的推文。比如这个文案是卖面膜的,位置在第二条。那你就要看往期卖面膜文章的阅读量,以及往期二条的阅读量。如果阅读量较高,就大概率说明是优质的,热度、受关注度都不错。

第二,点赞量。好的卖货文案是走心的,会引起目标顾客的共鸣,读完后点赞的概率也更高(现在是在看)。所以,点赞量也是一个重要的参考指标。

第三,评论量。卖货推文是没有客服的,所以,很多人下单前会在评论区咨询。一般情况下,评论量越多,说明购买的人越多。当然,也不乏个别刷评论的现象。但就是刷评论,商家也会把精力放在卖得好的产品上。

第四,投放频繁度。如果你在很多号或同一个号上多次看到某篇推文,就说明卖得还不错。因为只有转化好的文案,商家才会动用更多渠道和资金去推广。你也可以用"微信搜索"输入标题,看文案投放的频繁程度。

第五,你的心动度。如果一篇推文能打动你,大概率也会打动像你一样的其他人。如果把看完直接购买的心动度打 10 分,然后看你读完有几分。如果是 6 分、5 分,甚至更低,那你基本不会买,其他人可能也一样。

第二个前提:了解顾客群

文案是藏在键盘后面的销售。有销售就有购买者,也就是针对的顾客群。不同顾客群有不同的习惯、喜好、需求和痛点,对应的解决方案和说服逻辑也不一样。

比如卖大米的推文,你第一感觉是大米人人都要吃,人人都是目标人群。但你却忽略了这个大米卖 20 元一斤,普通家庭是消费不起的,它的顾客群是高端人士。高端人士的需求、生活场景和普通人是不一样的,推文要用的素材和说服逻辑肯定也不一样。当你考虑到文案背后那个活生生的人,你才能和作者保持同频,这样你的拆解才是高效的、有意义的。

所以在拆解之前,要先思考一下推文的顾客群是谁,以及这些人的痛点和需求是什么。否则,单看文字你可能会云里雾里,只能看到一些不错的句式和表达。如果拿去套用,效果可能会很差。

第三个前提:找到切入点

切入点是一篇推文的起点。毫不夸张地讲,拆解推文如果不看切入点,进步要慢一倍。就像走迷宫,你只有知道作者是从哪个点开始走的、怎么过渡到主题的、如何论证的,才能找到走出迷宫的路线,掌握爆文卖货的真相。

主要看什么呢?切入的思路和素材的运用。

就像我带大家拆解的考拉肺清的推文,我为啥要从一个小故事切入?又如何让读者觉得这事儿不是个例而是有很大可能发生在自己身上?为了让他相信、让他产生恐惧,我用到了哪些素材?

只有弄清楚这三个前提,你才能高度还原作者的脑回路,就像和作者一起间接参与了这个案子,你的拆解才有意义、有结果。

4.2 高效拆解爆文的五个步骤和要点

接下来,说说高效拆解爆文的五个步骤和要点。

第一步,拆解标题

拆解标题不能单单指出用了什么模板和公式,重要的是你要结合产品的顾客群,拆解标题满足了哪个行为驱动因素,以及模板的运用细节。就像我们拆解考拉肺清的标题,同样是痛点+解决方案的模板,为什么这篇文案的阅读量高。

所以,你要拆解它的痛点是如何表达的,解决方案用了哪些技巧,怎样来区隔同类竞品、吸引顾客点击的。

如果你发现它的痛点写得很具体，那还要思考如果是减肥、美白等其他产品，痛点应如何具体化。

另外，还可以从以下几个方面进行拆解思考：

第一，在抓人眼球方面用了哪些技巧和方法，是制造悬念还是蹭热点、聊八卦。

第二，在过滤目标顾客方面是怎样做的，是用痛点标签还是身份标签、年龄标签。

第三，价值是如何量化的。

第四，在煽动情绪方面，是怎样凸显紧迫感和焦虑感的。

第五，用了哪些超级词语，起到的作用是什么。

第六，和其他同类标题相比，有没有创新点？比如，鼻喷标题的"鼻炎界的印度药神"相比其他产品就是一个创新点，也被很多人模仿。

第二步，拆解开场

主要拆解开场是如何引发读者注意和兴趣，并快速切入主题的。

这里有两个要点：第一，是如何吸引读者注意的，是用新闻事件还是明星八卦，以及如何从新闻和八卦快速、巧妙过渡到主题的。第二，痛点是什么。有没有用热点来激活痛点，用的是什么热点。

痛点的拆解又有两个细节：第一，痛点是如何直白化表达的，是用了负面场景还是顾客画像故事、有画面感的动作词。第二，痛点不解决的严重后果是什么，能给目标顾客带来什么反应。

坚持这样做，拆解完一篇爆文后，你才能明白这个品类要打什么痛点，这个顾客群的核心痛点是什么。也只有这样，才能提升你对不同顾客群痛点的敏感性和洞察力。更重要的是，当你写同类产品推文时，才有灵感、有把握。

比如，很多学员说鼻喷的开场很有画面感、很有共鸣，看完觉得自己的鼻炎就要犯了。那在拆解时，你不能只说"这个开场写得好是因为有画面感"，而要拆解出它用了什么技巧来打造画面感、让读者产生共鸣的。比如，我用了用户画像故事和生活化的场景，还有一些擦、揉、擤鼻涕的动作词。

那么，你可以把这三个点记下来，并留意其他推文是如何用的。

比如这款拖鞋的开场：

"大家回到家的第一件事是做什么？"
99%的人当然跟小编一样，
包包一扔，鞋子一甩，
换上舒服的拖鞋，
整个人放松到忍不住要在房间起舞！
尤其在外面工作累了一天，
脚丫被高跟鞋挤的生疼，
或被厚皮鞋捂得臭痒，
终于挨到回家可以解放双脚啦，
一天的疲惫和焦虑在此刻得到了
全部释放！

这里描述了下班回家换上一双舒服拖鞋的正面场景。"一扔""一甩"这些动作词也很有画面感，更能带动顾客的情绪。

在讲痛点时，也是结合穿高跟鞋、皮鞋在外累一天的场景，"挤得生疼""捂得臭痒"，挤和捂这样的动词也更有力度。

所以就可以得出结论：多写顾客生活中的场景和动作词，能创造画面感，让读者产生共鸣。然后自己写的时候，就要刻意检查有没有用上这两点，这也是拆解案例的核心。

第三步，拆解证据链

主要拆解推文是怎样介绍产品的，以及如何讲事实、摆证据，证明产品对顾客的收益的。

顾客对一个产品有兴趣，但并不一定购买。所以，你要拆解推文用了什么证据来说服顾客，并让顾客相信这个产品能给他带来价值的。

这里有三个要点。

第一，在打动顾客方面，是如何展示产品价值的，以及怎样证实的。借鉴推文的思路，在你写推文时就能避免掉入自嗨式介绍产品的误区。

第二，它在介绍作用原理和产品原料时，是如何讲人话的，用了哪些技巧。把好的表达句式记下来，这样在你写推文时，就可以避免掉入写作生硬、干巴无趣的误区。

第三，它是怎样主动化解顾客顾虑的。比如提出了什么问题，又是如何解答的。这样有个好处，就是能让你更好地了解不同顾客群的顾虑和担忧，这样在写其他推文时也会考虑得更全面。

另外，要注意图片和排版。很多时候，图片能传达比文字更直白的信息。尤其是现在，顾客的注意力越来越碎片化，更要通过图片和排版来提升顾客的阅读体验。所以，你要留意好的配图和让人舒服的排版风格，比如产品图是从哪个角度拍的，动图用了什么创意，产品图出现的位置、字号、字色、行间距、字间距是怎样的，小标题和重点是如何突出的等。

第四步，拆解结尾

主要拆解推文是如何快速引导顾客付款的，用了什么技巧。

人在做出购买决策时，都会考虑成本和收益。所以，你要拆解推文用了哪些技巧来塑造产品的价值、弱化产品的成本、凸显产品的收益，以及购买产品的正当性和紧迫性的。

第五步，归纳、总结和思考

很多人以为拆解完就结束了，却常常忽略了最重要的一步，就是总结思考。拆解案例的目的是快速提升自己，更好地打造自己的爆文。所以，拆解后的思考比拆解本身更重要。

这里有三个要点。

第一，回顾梳理整篇推文的框架逻辑。从切入点、引发兴趣、引出产品到证据链和收尾，这样可以让你看到一篇推文的整体脉络，理解也更深刻。

第二，罗列出你可以借鉴的要点，以及这个点能用在什么类型的推文中，把要点和你的思考做好标记，存入素材库。

第三，角色互换。问自己一个问题，作为潜在顾客，你看完这篇推文是否会下单？为什么？你有哪些没有被解决的困惑？如果让你来写，你会怎样优化？这样当你接到同类型的推文时，就可以直接用上思考结论，会节省很多时间。

但平时经常有学员说：兔妈，掌握了高效拆解的方法，但找不到拆解素材，怎么办？

4.3 四个渠道，让你每天不缺好素材

接下来，我来推荐以下四个来源。

第一个来源：关注卖货类、种草类大号

在公众号搜"种草""好物"就会出来很多。另外，很多个人IP号、垂直领域的大号都会接软文广告，比如你想找护肤方面的推文，就可以在公众号搜关键词"护肤"。

第二个来源：电商详情页、信息流广告

很多人只盯着长文案，其实这是个误区。不管什么渠道的广告，只要成交，都是对人性和人类行为习惯的把控。所以，空闲时可以刷刷电商详情页、信息流广告等。前期我拆解的很多案例，都是详情页和朋友圈看到的信息流广告。

第三个来源：有赞商城

打开有赞商城的分销市场，输入你要找的领域，就会出来很多不同类型的案例。你可以多拆解自己研究的领域。

第四个来源：自己生活中的素材

自己生活中的素材包括的太多了，比如逛街时看到的海报、传单，刷朋友圈时看到的产品软文，别人微信群发的广告，甚至线下店销售员的推销话术等。例如，针对一张接女儿放学时收到的小卡片，我就写了一份1 500字的拆解分析。通过这样的训练，可以提升你的敏感性，也就是所谓的内行看门道。

兔妈总结

第一个知识点——拆解前必须要搞清楚的三个前提：第一，看数据。第二，了解顾客群。第三，找到切入点。明白这三个前提，你才能还原作者的脑回路，拆解才有意义、有结果。

第二个知识点：高效拆解爆文的五个步骤和要点。第一步，拆解标题。第二步，拆解开场。第三步，拆解证据链。第四步，拆解收尾。第五步，总结和思考。不管是哪一步都有一个大原则：拆解表面的套路，思考套路背后的卖货逻辑，以及举一反三用在其他产品中。

第三个知识点——拆解素材的四个来源：第一，卖货类、种草类公众号。第二，电商详情页和信息流广告。第三，有赞商城。第四，自己生活中的素材。当你掌握本节的三个知识点，并坚持刻意练习，你才能做到拆解一篇就有十篇的收获，才能触类旁通，快速完成从小白到高手的进阶。

第 5 章

进阶变现篇：
如何靠文案赚到第一桶金

5.1 朋友圈卖货：
三大狠招让朋友圈潜在顾客纷纷下单，转化翻倍

提到朋友圈，相信你肯定听过："你的朋友圈价值百万""朋友圈就是印钞机""做好朋友圈，普通人也能躺赚"……于是，你信心百倍地交了钱，做了代理，拼命发圈，然而别人一条朋友圈能卖出几十、几百单，收款几千元，你运气好的话，才有一两单。

我有位学员，是某二线城市的公务员，每月工资5 000元，不高但好在稳定。她听说别人靠朋友圈月入几万元，内心蠢蠢欲动，瞒着老公刷了8.8万元的信用卡做了代理。每天勤奋发圈，但小半年过去了，本钱还没收回来。她找我诉苦：我每天拼命卖货，一个月都赚不到千八百元，朋友圈哪里价值百万了？

为什么你发的内容没人看、没人买，甚至被拉黑？但与此同时，又总有人把朋友圈玩得风生水起、赚得盆满钵满呢？

这里就不得不提到，很多人朋友圈卖货的误区。

第一个误区：朋友圈全是产品广告。

第二个误区：没有一个鲜明的人设。

第三个误区：没有给粉丝提供价值。

第四个误区：刚加好友就群发广告。

其实，正确的朋友圈卖货逻辑，应该是先建立信任再卖货，而建立信任的第一步是打造一个鲜明的人设。

人设包含两方面：专业人设和生活人设。专业人设就是你在职业中的人物设定，比如你的职业、专业成绩、客户对你的口碑评价等。生活人设就是你的个性、特点、兴趣、生活中的形象等。

比如，我的职业是卖货文案，客户对我的评价是专业靠谱，我的个性是务实、接地气、爱好阅读。最后提炼一句话就是：兔妈是专业靠谱的卖货文案操盘手，她喜欢阅读，性格是务实、接地气。这句话就是我的人设。

第一个问题：不专业怎么办？

有些学员说：兔妈，我小白一个，不专业，怎么办？其实，专业是相对的，一是自己成为专业人士，二是让别人以为你是专业人士。

自己成为专业人士不难。买一些书，关注一些同行大咖的公众号、微博，有条件的话听听线上、线下课。经常学习、总结、归纳，一两个月，就能入门；五六个月，就能成为半个专家，起码也比普通人懂得多。

让别人以为你是专家，则要把每天学的内容通过朋友圈展示出来，让别人知道你在这个领域有见解、有研究。

比如你是卖服装的：首先，买几本穿搭和色彩搭配的书，关注一些穿搭达人的公众号，借鉴他们的观点，用自己的话表达出来。

其次，帮顾客解答问题。比如平胸怎么穿、个子矮怎么穿、苹果型身材怎么穿、商务应酬怎么穿等。

这里提供三个常用的模板。

第一，很多人问我＋常见问题＋解决方案……

第二，很多人以为＋常见误区＋解决方案……

第三，其实＋结论＋解释原因……

"很多人"就暗示你很专业、很受欢迎，这样别人遇到同类问题就会第一时间想到你。

最后，多分析案例。案例比理论更实用，也更受欢迎。我就经常发一些小案例,并给出分析思考。如果你卖服装,逛街时看到好的穿搭就可以拍下来,然后发圈分析这个风格适合什么样的人、有什么样的视觉效果等。

专业人设的核心是提供有价值的内容,所以你要知道顾客有哪些问题,也就是痛点,和写推文是一样的。你解决的问题越多,别人就越觉得你专业。

第二个问题:生活人设等于晒生活吗?

有些宝妈一天到晚晒娃,而且孩子邋里邋遢就出镜;有些人,生活中、工作上遇到不顺心的事就发朋友圈发泄;有些人占了便宜就喜欢发朋友圈炫耀。配图不是表情包,就是像素不清的照片,这也是生活化的,但会给人一种很低端的感觉。

所以,生活人设并不是把你的生活在朋友圈直播,而是要过滤筛选。

你要想清楚:你想给别人什么样的印象,然后列出关键词。比如,我希望呈现给大家的形象是正能量、积极向上、生活得还不错,围绕这个形象就可以列出以下关键词:读书、思考、自律、勤奋努力、女儿懂事、老公贴心等,然后,把生活中能体现这些关键词的细节记下来。比如,前段时间我发了一条早起的朋友圈:

昨天狠下决心,假期三天怎么也得休息陪娃一天吧。然而,4点50分就醒了,磨叽到5点,决定爬起来赶稿。做了几个压肩训练,5点20分打开电脑,到现在已经码了近3000字,好像早上的效率还更高一些。

这里就有四个点:第一,休息陪娃,说明我是职场妈妈,事业家庭兼顾得很好。第二,4点50分醒,5点起床,说明我很自律。第三,早起赶稿,说明我勤奋努力。第四,做了几个压肩动作,说明我热爱生活。

再如,前段时间我拜访很多大佬,就发朋友圈写下和大佬聊天的收获,说明我积极向上、爱思考,而且还说明我圈子不错。

当然,也可以是工作进展、线上学习、线下活动、与大佬的合影、亲情友情、成长感悟等。总之,生活人设不是简单的晒,而是通过生活细节来佐证你的人设关键词,让大家熟悉你、信任你,甚至把你当作榜样。

这也是我强调的功利性发圈法,你发的每条朋友圈都要给人设加分。这样，别人一看就知道你是干什么的，是怎样的一个人。

谋划了这么多，我们的终极目的是通过朋友圈把产品和服务卖出去。所以，你不可避免地会遇到另一个问题：产品广告怎么写才能既卖货又不伤人设？

写产品软文的常用套路和三个步骤

写产品软文有个原则：一定要"以人为核心"。产品再好，你赤裸裸地叫卖也让人觉得浮夸、不信任。正确的方法是：多写你的体验、场景利益、第三方证言或案例。真实的体验过程，让粉丝相信你是亲自用过的。场景能激发顾客的美好想象，第三方证言和案例能让顾客产生共鸣，并预期会产生同样的结果。有预期，就会有欲望。

以下是我提炼的写产品软文的三个步骤。

第一步：写下产品说明

产品说明包括你卖的是什么？要卖给谁？特色有哪些？比如卖面膜，你就可以按以下方式来写。

产品：美白面膜。

顾客：经常熬夜、想要变白的女性。

特色有：医美级美白成分，效果明显。每片22mL精华。泰国进口蚕丝等。

第二步：用不同套路，突出某个特色给顾客带来的获得感

什么是获得感？就是给顾客带来的可量化、可感知的好处。比如，你要突出"美白效果明显"这个特色，可以**用试用体验来写**：

我一般一周敷2~3次，每周坚持用，三周后和原来的照片一比，自己都被吓一跳，明显白了一个色号啊！天生的暗黄皮变得由里到外的透亮，用手指轻轻一戳就像果冻一样Q弹，连闺蜜都问我是不是偷偷去打了美白针。

另外，写试用体验时还有个小技巧，**就是你可以和其他同类产品的试用感受进行对比，凸显产品的好**。比如这样写：

我用了一周，脸上的痘印就不见了，比 SK-Ⅱ 美白面膜好用，第二天还觉得皮肤滑滑嫩嫩。

用场景利益写：

上个月公司年中总结会，每天加班到晚上 1 点多，心想坚持这么久的美白功课又要被打回原形了。但熬了一周，皮肤还是很透亮，太让我惊喜了！连一起熬夜的同事都嫉妒地说："明明一样熬夜，凭啥你的脸像没熬一样。"其实，我原来也一样，别说熬一周，一天脸就垮了，这次多亏面膜救急。

用第三方好评或案例写：

刚刚老顾客菜菜留言说，她上周六熬夜到凌晨 3 点多，一整天出门也没涂防晒，第二天以肉眼可见的速度黑了。我原本以为对她效果不明显，接着她又说，星期天晚上急救敷了一片，敷完第二天就白了一点点。我就说嘛，医美级美白成分，绝对靠谱！

但平时学员在咨询时经常会提到一个问题，没有顾客证言怎么办？正确的做法是主动向顾客要好评。

比如我的电子书发售时，就让助手去和买过的人聊天，问对他们写稿有啥帮助，就收到很多好评。

注意，你的提问要具体，不要问"觉得怎么样"，这样得到的答案十有八九是"差不多"，没啥意义。正确的方法是，问具体的某个点。比如，你觉得面膜的精华多不多？和以前用的比起来怎么样？他就会说："精华好多，比以前用得多。"这样你就可以截屏、马赛克发朋友圈。

第三步：优化表达，让文案更有吸引力

初稿写好不要着急发布，还要想一下能不能优化表达，比如用提问开头、用专家人设开头、制造悬念等。

用提问开头：

为什么网红达人都力荐这个美白成分？我亲自体验后才明白，太神奇了！

后面加上你的试用体验就可以了。

用专家人设开头：

很多人问我，面膜多久才能见到效果。

然后，后面加上你的试用体验。

用悬念开头：

这款面膜惹大祸了！连着好几个人问我是不是偷偷打了美白针！不过，可以毫不夸张地说：真的太让人震惊了！

然后，后面加上你的试用体验。

用"你"字互动：

试用体验+互动引导：你觉得我像打了美白针吗？（配上变白前后的对比图）

另外，还可以把产品特色写成小科普，比如产品原料、工艺、生产过程、产品故事、原理等。当然，不能太生硬，你可以把写文案常用的五种讲人话技巧用起来。

但还有学员说：兔妈，这些方法好像更适合实体产品。如果我要在朋友圈卖知识付费课程，转发推文的推荐语怎么写别人才愿意点击、转化率才会高呢？

这里，我总结了两个模板。

模板一：普遍痛点+文章主题+圆满结局

先指出目标人群的痛点，让他产生共鸣。然后引出文章主题，并暗示这就是你产生痛点的原因。最后，给出圆满结局。为了解决痛点，获得圆满结局，粉丝就会点击链接查看原文。这个模板对提升点击率非常有效。

举个例子，这是我转发有赞学院发表的我的一篇文章，是这样写的：

很多人写稿的状态是：收拾好桌面，冲杯咖啡，打开word，脑袋一片空白，半天憋不出一个字。其实，关键问题在于你准备工作没做好。四步准备工作，让你写稿更轻松。

模板二：我学了+学习收获+适合人群+引导行动

"我学了"是告诉朋友圈粉丝，这个课程是你学过的。"学习收获"写出你通过学习，获得的成绩和改变。"适合人群"指出课程适合的人群，让潜在顾客对号入座。"引导行动"是用限时限量、价格锚点等引导粉丝马上下单，这一步也可以放在评论区。

有位学员就用这个模板推荐兔妈的文案社群。她说发完朋友圈不到1小时，就有12个人私信她问怎么买。她的文案是这样写的：

加入兔妈文案社群已经1个月了，我是一个当全职宝妈的文案小白，开始不知道从哪里下手，现在每天用兔妈给的模板坚持练习。今天居然有客户主动找我写文案了，300元收入不高，但好开心。强烈推荐想通过文案变现、获得更多业务的朋友试试。这里的文案套路很实操，案例也非常实用。现在还是特价109元，感兴趣的赶紧上车！

其实，这个模板的本质还是顾客案例，只是这个顾客是你。粉丝看到你的收益对比，就会觉得"你学完后能获得成长，我肯定也可以"。所以，这个模板对提升转化效果很好。

最后要强调的是，不管是实体产品还是知识付费产品，每条朋友圈最好只说一个点。这样不会折叠，而且你每天都不缺素材。

当然，千万别忘了最后一步：评论区引导下单。比如某明星都在用的产品，某大咖都在推荐的课程，原价199，限时99元，明天8:00恢复原价＋购买链接。可参考引导下单的四个方法。

我建议你每天发4~8条朋友圈：干货1~2条，个人生活1~2条，科普1条，产品软文2~3条。另外，要注意发朋友圈的时间，不能什么时候有内容就什么时候发，而要选择粉丝活跃的时间段发布。主要有五个时间段：①早上7~9点的上班高峰期。②上午11点50分~下午1点半的中午休息时间。③下午3点50分~4点50分的下午茶歇时间。④下午6~7点的下班高峰期。⑤晚上8点半~10点半的晚上放松时间。

打造了人设，发了软文，就坐等订单上门吗？99%的人是这样的。但朋友圈卖货高手不会告诉你，让订单量翻倍的成交秘籍，就是私信沟通。你会发现有些人持续关注、点赞，甚至咨询，但就是迟迟不下单。所以，你要主动出击。我有个朋友，是知识分销领域的大V，不管卖什么课，别人都愿意找他买。我问他原因，他说了三个字："多聊天"。

可能你会说：兔妈，我试过，但顾客很抵触，根本聊不下去。没关系，我在这里归纳总结了与粉丝建立信任的三次沟通法则，可以助你轻松实现订单翻倍。

为什么是三次呢？统计表明：打交道三次，就能从陌生人变成半熟人，甚至熟人。

第一次：自报家门+送礼，快速破冰。

如果你们从来没说过话，对方会想"找我什么事？"他会很戒备。所以，你要先自报家门。但自我介绍不能太硬，也不能太长，要突出你的专业、成绩以及能给对方带来的价值。

然后，送上干货资料或产品小样。你可以说："经常看到你给我点赞，特别感谢。送你一份小礼品，相信能帮上你。如果你有某方面的问题，也可以问我。"

就像我这位朋友，如果分销我的课，他就给点赞的人送一份我的干货包。这样别人觉得他很真诚，而且也了解了课程的价值，就会找他买。如果你卖护肤品，就可以准备一份护肤妙招。

第二次：找到兴趣点，建立共同认知。

如何找到切入点呢？答案是看他的朋友圈。

比如一个人经常发健身、跑步的消息，你就可以说："好佩服你，平时上班那么忙，怎么做到每天跑步的？我也很想跑步，但每次都坚持不了几天"。如果对方经常晒娃，就可以说"你女儿好可爱，我女儿和她差不多大呢"。聊到差不多时，找借口说要发货等，让对方觉得你很忙，事业做得还不错，引起他的注意。

另外，这次要改称呼了。男生叫哥，比自己小就叫帅哥，女生叫美女，如果明显年纪大的，可以叫姐姐。实在不行，就称呼昵称。昵称较长的话，就简称其中某两个字。比如"飞燕小小"可以叫小小或飞燕老师。在朋友圈还要常和他互动，点赞+评论=关心。如果对方卖产品，也可以买一份。这样很快就能与对方建立情感链接。

第三次：挖掘痛点，吊足胃口。

比如你卖母婴产品，通过聊天知道对方的孩子不好好吃饭，晚上睡得也很晚。你就可以说某顾客的孩子也是这样的情况，然后你用什么方法帮他解决了，现在是什么情况等。

可能很多人会纳闷，何时讲产品呢？答案是在朋友圈！

他会对你好奇，觉得你很专业，人又贴心，还不推销产品，对你的印象就很好，甚至主动翻你的朋友圈！在需要时，他也会首先想到你。

现在不管在朋友圈卖什么，都能看到同行，而且一个微信只有5 000个深度链接好友。所以，朋友圈卖货拼的不仅是文案、人设，还有系统化、精细化的运营，这也是朋友圈卖货的真谛！

兔妈总结

第一个知识点——朋友圈卖货第一步：打造鲜明的人设，包括专业人设和生活人设。打造专业人设要多输出你的见解和观点。生活人设要列出目标形象的关键词，然后把体现关键词的生活细节展示出来。这样，才能让别人熟悉你、记住你、喜欢你、信任你。

第二个知识点——写产品软文的三个步骤：第一步，写出产品说明。第二步，确定合适的套路。第三步，优化表达，让文案更有吸引力。总结了转发推文时常用的两个推荐语模板：第一，普遍痛点+文章主题+圆满结局。第二，我学了+学习收获+适合人群+引导下单。

第三个知识点——快速与粉丝建立信任的三次沟通法则：第一次，自报家门+送礼，快速破冰。第二次，找到兴趣点，建立共同认知。第三次，挖掘痛点，吊足胃口。掌握了以上法则，你的朋友圈订单也能翻倍。

5.2 社群卖货：三个核心、六个步骤，零基础小白也能做一场收款10万元的社群发售

现在，社群是很火的一个词儿。著名财经作家吴晓波说："社群是互联网送来的最好礼物。"还有人说："社群是普通人最后崛起的机会。"

可能有小伙伴会困惑：兔妈，别说卖货收款了，我的几个群每天只有几个人发发表情，问问好，偶尔发个链接，让大家点个赞、投个票。哪里有机会呢？

别急，我先分享两个案例。

第一个案例是我的朋友涛哥，也是我的老师，他在 2019 年 1 月通过社群发售，卖自己的卖货研究社群，收费 998 元，2 天时间卖出 103 个，成交金额 10.2 万元。

第二个案例是 2019 年 6 月我的电子书上线，定价 39.9 元，很多人说比实体书还贵，也不看好，但我通过 3 天的社群发售，成交了 1 377 套，其中包括 89.9 元和 799 元的大额套餐，最后成交金额 10.7 万元，购买转化率高达 40.18%。

如果是在朋友圈，就算是顶级高手，转化率顶多也就是 10%。你可以想象一下这样的场景：你的产品要上市了，你在朋友圈发出通知，可能很多人还没看到就被刷过去了。但如果是社群，你可以像新闻发布会一样详细介绍你的产品，还可以请老顾客和大咖给你助威，而且只要有一人下单，从众效应将起作用，其他人也会跟着下单。更重要的是，社群卖货的门槛和成本很低，就算你没客户、没预算、没团队，也能通过社群卖货快速赚到第一桶金。

那么，如何做一场收款 10 万元的社群发售呢？我拆分成了三大板块，分别是建群、预热、发售。

一、两个方法，轻松建个让顾客抢着进的微信群

建群不难，难的是怎样吸引潜在顾客，并且让他们喜欢你的群，有两个常见的误区。

误区一：不打招呼，也不管别人愿不愿意，就拉进来。结果被拉进来的人很反感，没等你宣传产品就退群了。

误区二：靠红包和礼品诱惑。承诺发多少元的红包，价值多少元的礼品。的确，这样能快速吸引人，但吸引来的都是贪小利的人，效果也不好。

那么，怎样才能快速吸引目标顾客，又不会让他反感呢？我来推荐两个方法。

第一个方法：朋友圈征集。

朋友圈征集包括三方面：一是你自己发朋友圈，说要有事情了，感兴趣评论区回复1，然后拉群。二是让实力和你相当的好友帮你转发，这一次他帮你，下一次你帮他，彼此赋能。三是找拥有大量粉丝的大V借势，但前提是你要先给他提供他需要的价值，这样他才愿意帮你。

另外，你不能赤裸裸地说"我要建群发布新品了"，这样肯定没人进群。如何发才能吸引人进群呢？主要有以下四个要点。

第一，悬念反差+承诺。比如，我帮好友涛哥发布社群发售通知时就用了这个技巧：开头说"很多人邀请他开课，他拒绝了"，制造反差。然后用嘉宾身份做出承诺：都是真金白银实操出来的干货。一个微信群是500人，我这条朋友圈就帮他引流了102人。

第二，痛点+解决方案。比如你要卖面膜，可以先直击痛点：网红面膜用了很多却没效果，大牌面膜又舍不得。给出的解决方案是：让你花白菜钱用到千元品质的面膜。

第三，请求粉丝帮忙。你可以发消息说耗时多久的新品要上线了，想请大家帮忙做个小调研。感兴趣在评论区回复1，你会拉一个群，还会给参与的人送一份小礼品。实物产品送试用装，虚拟产品就送资料包。在获取好友点赞的过程中，你就完成了对准顾客的筛选。

第四，公布超值福利。在以上三个要点的基础上公布福利，比如会给一个有史以来的最低价，群外人是享受不到的，并且还会发红包和礼品。

第二个方法：讲课。

你可以借助直播平台，比如千聊、荔枝微课等。也可以通过群直播软件多群同步讲课。可以讲免费公开课，也可以讲收费课。

比如2018年10月我就做了一次免费公开课，想听课的人必须将海报分享到朋友圈并截图给我，才能获得免费听课资格。通过这个方法，吸引了900多人来听课。

在2019年发售电子书时，我做了一次收费公开课，3天课程收费9.9元。

课程主题很吸引人，性价比又很高。而且可以参与分销，每分销一个就能获得99%的分销佣金，所以就会有很多人愿意帮我分销，最后吸引了3 200多人来听课。

但不管是采用哪种方式，要学会借势种子用户快速裂变。**具体有以下两个步骤。**

第一，寻找种子用户。

种子用户是裂变传播的原动力。去哪找种子用户呢？首先，是你的朋友、同事、家人等。其次，是你混群结交的同频人、大V等。最后，是你在打造朋友圈专家人设时和你互动多的人，比如常给你点赞、评论的，你可以私信他。

第二，设计裂变海报。

课程能不能吸引人，海报是关键。**设计海报有以下六大要素。**

1. 海报主题：主题要让人看见的第一眼就能理解是干啥的，对他有啥好处。比如这两个标题：

① "我怎样帮助1 500多名小白赚取文案第一桶金？"

② "兔妈揭秘：如何从0写出卖货千万爆文，每月多赚5万多元？"

首先，用提问引发好奇。人只要被问到，就会"想知道答案"，这是天性。为了寻找答案，他就会点击付款。

其次，筛选目标人群。"1 500多名小白""文案""从0"这些关键词，精准锁定文案新手。

最后，凸显金钱获得感。"帮小白赚到第一桶金""每月多赚5万多元"，明确给出课程带来的结果利益，激发欲望。

2. 课程讲师：包括两个要点，即权威背书+案例成绩。

3. 课程大纲：不要讲生硬的课程信息，要与顾客的痛点和需求产生强关联。

4. 大咖背书：权威推荐能降低粉丝选择风险，获取信任。

5. 促使成交：价格锚点凸显价值，限时限量制造紧迫感，超值福利加强诱惑。

6. 阅读顺序：中国人习惯的阅读顺序是，从上往下、从左往右、从大到小，然后还会有选择地先读颜色不一样的文字。比如，海报中不同大小、颜色、色块的设置都是对整个阅读体验的安排。这样可以加快粉丝阅读速度，缩短决策成本。

最终总浏览人数 5 717 人，付费的有 3 267 人，转化率为 57.15%，创下业内所有活动的最高纪录。

试过两个方法后，我的建议是：收费课更利于后期转化。如果你怕收费没人进，可以把价格定低一些，比如 6.9 元、2.9 元等。

第三个方法：和有群的 KOL 合作。

这里有两个前提：第一，你和群主的关系不错。第二，KOL 群内成员的用户画像和你的目标顾客是匹配的。比如，5 月份有位好友上架了一款口红，但自己没资源，也不想自己建群，就想在我的群里发售。但我的群成员主要是学文案的，不匹配，我就拒绝了。不过我给他推荐了几个宝妈群、礼品群的群主，让他先给群主送个试用装，然后提前谈好利润分成。

这样的好处是可以省去建群的麻烦，而且有群主的信任背书，也更容易成交。但缺点是，你只能实现卖货，很难加强自己的人设。

我认为一次成功的社群发售，不仅要告知顾客买你的产品、服务，还要能让你和顾客建立链接，以便未来其他营销策略的执行。也就是说，这次活动要能为你的人设加分。

你可以根据自己的情况，选择不同的方法来建群。建议在发售前 1~2 天建群，这样可以省去很多管理成本。

二、两招快速预热，产品还没发售顾客就想买

预热的目的是建立信任感，让群成员认识你、熟悉你、认可你、信任你，这也是社群卖货成功的关键。一般来说，预热时间是 1~2 天，**主要有以下两个要素。**

第一，公布群规和管理员分工。

建好群的第一项任务就是公布群规，比如不能发广告、讲课期间禁言等，并提醒流程安排。另外，设置管理员，包括主持人、助威团等。然后，还要明确岗位分工。主要有两个原则：

一是流程话术要傻瓜化，管理员只需复制、粘贴即可。

二是激励机制要可量化，比如得票最高的管理员可获得红包奖励等。

第二，嘉宾分享＋答疑，预热造势。

准确来说，分享嘉宾是你的铁杆粉丝。但千万不能太生硬地说这个产品多好，自己多厉害，这样一看就很假。有两个要点：一是有前后对比，特别是之前的糟糕情况和之后的变化。二是有干货。

举个例子：如果你是卖减肥产品的，可以找几位减肥成功的顾客来分享，先分享之前胖的经历，再分享如何用产品成功瘦身的，并给出瘦身前后的对比图。另外，还要分享一些减肥干货，比如运动、饮食等，让粉丝觉得有收获。

通过嘉宾分享，让人对你或你的产品产生好感。更重要的是，给粉丝一种正面暗示："和我一样的普通人都做到了，我也一定能做到。"

一般设置2～3位嘉宾分享，每次分享15～25分钟。另外，嘉宾分享结束，还要解答粉丝的问题。一来让粉丝觉得有收获，二来让他参与进来，增加群的活跃度。还有个小细节，嘉宾分享前要发倒计时红包暖场。也可以穿插和产品有关的竞猜、游戏抽奖等，中奖粉丝送现金红包、产品小样、代金券等。

三、掌握发售六部曲，让订单像雪花一样下不停

第一步，痛点恐惧＋顾客案例＋理想场景，激发粉丝欲望。

先指出目标顾客普遍的痛点，再展示受益的顾客案例。并告诉粉丝："曾经他们也和你是一样的情况"。让粉丝产生积极心理暗示，"别人能做到，我也能做到"。

另外，还可以描绘出顾客心中的理想场景，比如"有了这套课程，你也能体会推文一发出去订单就蹭蹭暴涨，商家、金主主动送钱到你手里的感觉"。一正一反，形成反差，激发顾客对现状的不满、对美好生活的渴望。

第二步，讲述研发产品的故事。

通过这一步，给粉丝传达"这是一款重磅产品"，引发粉丝的好感和好奇心。常用的有两个技巧：第一，遇到的反面人物：好的故事都是有冲突的。比如，我就讲到写书时，来自朋友、家人、客户的打击。第二，付出的代价。比如，为了写书，我推掉很多合作机会。大纲被推翻了几十次，52 位编辑反复校对了 200 次，这样粉丝就会觉得"花费这么多人力物力，肯定靠谱"。

第三步，竞品对比。

顾客已经被你的故事吸引了，但付款时会想："你的故事的确很感人，但我已经买过其他产品了呀。"所以，你还要通过竞品对比指出你的产品和市面其他竞品的区别，凸显产品的独特利益，告诉他"这个产品和其他不一样"。

第四步，顾客证言。

你罗列再多好处也是自己说的，还要给出其他顾客证言，这样粉丝就会觉得"大家都说好，应该是不错的"。

而且顾客证言要选凸显产品卖点的，比如"兔妈的电子书是文案界的新华字典"，其他人就会觉得"这么厉害，买一本看看"，就能激发购买欲望。另外，还要配上好评截图或视频，让人觉得真实。

第五步，权威背书。

对不了解的产品，很多人都喜欢参考权威的意见。"大佬都说好，肯定错不了。"

但平时经常有学员咨询说："兔妈，我这款产品没有权威，怎么办？"你可以借势身边的相对权威。比如，如果你卖蛋白粉，就可以请你的健身教练试用并且推荐，然后就可以说"国家二级健身教练都推荐"。

第六步，成交收款。

假如你的发布会非常成功，有 80% 的人感兴趣，如果结尾轻描淡写地说感兴趣的朋友快下单吧，可能销量也就几单。但如果你设计一个让顾客觉得"买到就是赚到"的成交方案，可能会增加 2 倍，甚至 3 倍的销量。

这里常用的技巧有以下三个。

第一，价格锚定：比如市面上同标准的产品都是 99 元，我们的 69 元，而且群内成员只要 39 元。

第二，限时限量限身份：这里有个要点是一定要给出限时限量的理由，比如为了让大家熟悉这个品牌，我们是以成本价出售的，所以只限 300 套，而且只限群内成员，群外是不能享受这个价格的。

第三，超值赠品：赠品是促进购买的一个关键因素，能让人觉得占了便宜。当然，并不是所有赠品都可以。在选择赠品时，要注意以下四个技巧：①赠品要能让顾客更好地达成目标。比如你卖洗面奶，送干货包肯定就没吸引力，你要送洁面仪、面膜等，因为这些能让顾客的皮肤更好。②要塑造赠品价值。拍精美的照片，标出赠品价格以及给顾客带来的好处。③赠品也要限时限量，比如说仅限前 100 名下单的人。④赠品要设置门槛。比如，把下单截图发到群里，可以更快帮你安排。这样的好处是，其他顾客看到这么多人下单，从众和稀缺性起作用，也会跟着下单。

到这里就结束了吗？NO！最后还有一个非常重要的环节，就是结营仪式。然后，倒计时解散群。

首先，如果不解散群，后期管理成本会很高，而且如果有人说坏话或申请退款，就很难控场。

其次，如果草草解散群，你费尽心思引流来的人就流失了。正确的方法是举行结营仪式，主要包括四个要素：一是说出你的心里话。二是总结发售情况，凸显火爆。三是倒计时解散群，营造稀缺感和紧迫感，促使人们快速做决定。四是引导粉丝加你私人号。

兔妈总结

第一个知识点——正确建群的三个方法：第一，朋友圈征集。可以自己发朋友圈，也可以和实力相当的人互推，或者借势大V。第二，讲课，可以是免费公开课，也可以是收费课。具体有两个步骤，即找到种子用户和设计课程海报。第三，和有群的KOL合作。

第二个知识点——运营和预热微信群的三个绝招：第一，用傻瓜式的流程话术和激励政策，调动管理员的主动性。第二，请铁杆粉丝做专题分享，让粉丝熟悉你、信任你。

第三个知识点——正确发售产品的六步曲和一个注意事项：第一步，用痛点恐惧+顾客案例+理想场景，激发粉丝欲望。第二步，讲述产品研发故事，与顾客建立情感链接。第三步，与竞品对比，凸显产品独特的价值利益。第四步，顾客证言。第五步，权威背书，获取信任。第六步，三个方法，成交收款。最后，用结营仪式打造第二波成交高峰。按照这三个知识点去操作，你也能用一场发售会完成半年的销量。

5.3 文案谈判表达：
如何用卖货思维提升60%的客户成交率，涨薪3~5倍

掌握了正确的卖货文案写作方法，那么怎样提高学习效率、短期获得更大的进步呢？我的答案是：用这项技能去赚钱。

对于大多数人来说，为了"提升自己"或"对文案感兴趣"去学文案课，通常没有用，因为这个目标太虚了，不能量化，也没有反馈机制，你根本坚持不了。但如果用学到的文案写作方法去接稿、卖货、和老板谈判，发现每个月多赚了几百块、几千块，这个方法就会刻在你脑子里，想忘都忘不了。更重要的是，当你真正体会到赚钱的快感，就像被注入了源源不断的能量，你就会愿意学习更多知识。

说到接稿，很多学员经常问我一个问题："兔妈，明明我也有七八年的文案经验，自认为写得也不算差，为啥同样一篇文案，别人能收几千，甚至几万元，我只能收500元，你看我多冤枉？我明明比别人收费低、态度也不差，怎么报完价格，客户就没了下文呢？"

还有一次，一位做新媒体运营的学员问我："兔妈，我干新媒体运营差不多三年了，有经验，自认为也算衷心耿耿，每天加班到深夜，怎么升值加薪却比别人慢半拍呢？"

其实这些问题，都是对人的营销出了问题。

你自己优秀和让别人认为你优秀是两件事情。如何达成外界对你的有效认知，让别人认为你是优秀的、可靠的、有能力的、值得万元稿费或薪酬的，这是对人营销的本质。

事实上，推销自己和推销产品是一样的，你要了解目标用户是谁，他有什么样的需求和痛点，你能帮他解决什么问题，帮他达成什么样的结果，以及如何让他相信你有这个实力。

掌握了以下三个关键点，你也能轻松提升60%的客户成交率，涨薪3～5倍。

第一个关键点：要站在对方的角度贩卖希望

其实，这就是我们强调的用户思维。只是这里的用户不是购买产品的顾客，而是购买你服务的老板或商家。

那么，什么才算是站在对方的角度呢？我先来分享我在医院工作时亲身经历的两件小事。

第一件事：2017年9月，一位做小程序开发的业务员想拉我们医院的业务，当时院长安排我对接。他先从"小程序的趋势"切入，然后讲他们公司在小程序开发方面的实力，最后说如果现在不注册，很多关键词被竞争对手抢注后，想注册也注册不了。他滔滔不绝地介绍，但坐在对面的我早已没了耐心。

第二件事：2018年4月，一家自媒体广告公司的业务经理来医院谈合作，目的是让医院在他们公司开户投广告，当时除了院长和几位领导外，还有我在场。他首先说很早就看过央视对医院的几期报道，然后试探性地问现在医院开展的新媒体宣传项目除了公众号、还有哪些，紧接着指出公众号行业打开率走低的普遍痛点，最后给出新媒体广告投放的建议以及预期的收益。

你发现两者的区别了吗？第一位业务员就是站在个人角度谈自己的成功，而第二位业务经理就是站在对方的角度贩卖希望，让对方觉得用他的方法，现存的问题就有希望得到解决。如果是你，你会愿意和谁合作呢？答案显而易见。和第二位经理沟通了40分钟，院长就同意开户，并充值2万元。

所以，你不要讲自己多优秀，而要讲自己的优秀和对方有什么关系。

平时我经常看到一些学员发的自我介绍是这样的："我叫某某，任职什么岗位，曾经在某某文案训练营获得优秀学员称号，靠文案变现多少钱，期望有机会与您合作。"但客户看到会说："你是优秀学员、变现多少钱跟我有什么关系？"甚至还会引起别人的反感情绪：你不就是想赚我的钱嘛。这就是没有站在对方角度思考问题。

正确的做法是什么呢？你要讲与客户有关的事、客户关心的事。比如，先了解他们的产品是什么，有什么样的特色，以前有没有在线上投放过。如果没有，以往的宣传渠道有哪些？如果线上投放过，推广中存在的问题和难题是什么？

但这里需要注意的是，你不能生硬地问："你们的产品有哪些特色？"这样客户的回答可能不全面，你再继续问，客户就会不耐烦，沟通效率很低。正确的方法是引导性提问。比如，这类产品近几年很火，市面上这类产品也不少，大部分卖点都是什么，不知道这款产品除了这些相同点，还有哪些不同点呢？这样不仅能凸显你的专业，更重要的是打开话匣子，让对方更愿意谈产品的特色，你也能更全面地了解产品，让沟通更高效。

再举个例子，如果你去面试，你就可以先讲对公司的了解和印象，以及说出你为什么对该公司充满敬仰。毕竟面试一个对公司感兴趣、也很了解的人会让老板更加兴奋。切记：不能浮于表面地拍马屁，而要真正去公司官网研究一下，说2~3条他们引以为傲的点。另外，还要聊聊行业的趋势和痛点，以及你应聘的岗位，比如一个合格的文案人员要具备什么样的素质等。

总之，不管是与客户谈判还是求职面试，你都要讲与对方有关的内容。这就像一种"口头的握手"，让你与对方快速地建立链接。

第二个关键点：少讲大道理，多用事实说话

当对方对你这个人感兴趣了，接下来你就要说明你有能力帮他解决问题。但你不能说"我是某某第一人，我对这个项目有信心，我这个人在圈里的认可度是很高的，交给我你就放心吧"类似的话。你要给他一系列事实证据，让他相信你是真正有实力的。

比如，你帮某位客户写的推文，阅读量多少、转化多少、卖货多少、提升了多少等案例成绩。

但经常有很多学员说："兔妈，我是小白，没有成功案例，怎么办？"**教你两个方法。**

第一，抖干货，塑造专业人设。

你可以通过初步调研，了解市面上同类竞品有哪些，分别是怎样的，产品的目标人群有什么样的需求和痛点，并指出选择投放渠道时要注意哪些问题，以及现有推文中有哪些问题，调整建议和方向是什么等。

通过这些建议，让客户觉得你对卖货文案是非常有研究的，对产品分析也是很透彻的。在求职面试或与领导谈升值加薪时，也同样有效。比如，我的助手庞娜，她是刚毕业的大学生，没经验、没资源，短短 8 个月晋升运营主管。她就是在开早会时，分享跟兔妈学到的文案知识，以及帮兔妈运营社群的经验，领导看她对运营挺有研究，就任命她为运营主管，工资也由原来的 4 000 元每月涨到 1.2 万元/每月，是原来工资的 3 倍。

第二，准备好一份实验作品。

首先，选一篇你觉得有改进空间的推文，然后优化一遍。你可以把原文和优化后的文案发给客户，好坏一目了然。其次，找一篇当下比较火的爆款案例，写一篇深度拆解文。

比如我刚开始接稿时，有个美妆产品的客户找我，但当时我没有美妆案例，我就把当时非常火的洗面奶拆解一下发给他，他看过后就直接确定了合作。

其实，客户问你有没有案例，很多时候并不是真的嫌你没案例，他只是用这种方式表示出了不信任。他需要你帮他解决这个顾虑，让他坚定选你不会错的信心。所以，就算你没案例、没成绩，也可以通过这些方法，让他看到你是专业的。

第三个关键点：给客户带来的价值利益要可量化

我们买东西时，要的是产品能带来什么结果和好处。同样的道理，客户花钱找你写文案、老板花钱雇佣你，他要的也是你的文案和能力能给公司带来好的结果。比如，你可以帮公司实现什么样的目标、公众号涨粉多少、阅读量增长多少、转化率提升多少等。

可能有人会说："兔妈，这样承诺结果，会不会让别人觉得你吹牛，反而不信任你？"有可能。所以，你的表达要精准、切合实际。这里有**四个量化价值的小技巧**。

第一，不要绝对数字。

比如你说"我能让你的转化率提升50%"，可信度就不高。但如果你说"根据以往经验，通过这个方法，有80%的概率能提升30%～50%的转化率。"可信度就高了。

第二，加上次要承诺。

假如你说"我5分钟就能把产品卖出去"，客户会怀疑。但如果你补充说，"即便5分钟没有卖出去，我也能让顾客以后主动找我买"。别人就会觉得"即便核心利益（5分钟把产品卖出去）没有实现，但实现次要承诺（让顾客以后主动找我买）也不错"。

第三，参考同行案例。

你可以说："我曾经有个和你类似的客户，他的产品是什么，他当时的情况是什么样的。然后，我给他制定了什么方案，最终帮他达到了什么样的结果。"这样顾客就会产生一种积极的心理暗示，让他觉得"你帮别人做到了，也能帮我做到。"

第四，量化服务价值。

你的推文和方法能达到什么样的转化和增长，帮企业提升多少业绩，这个结果受很多因素影响，客户也是能理解的。但是，你可以量化服务价值。

就拿我来说，别人一篇推文几百元、几千元，我收一万元，我的底气在哪里？除了成功案例，另一个重要因素就是服务价值。比如我说："我会做详细的用户画像分析，还会梳理市面上竞品的情况，提炼产品超级卖点，做好产品定位。还会根据投放渠道定制不同的标题等。别人只是一篇文案，我做的相当于产品全案。你拿这个内容去做详情页，也会更省力。现在市面上广告公司的全案收费一般都在 10 万元以上。"这样客户不仅会觉得你很专业，还会感觉物超所值。

最后强调一点，很多学员经常问我怎么报价，其实没有一定的标准。很多人喜欢和同行比价，怕报低了吃亏、报高了客户流失。事实上，你只要把价值塑造出来，大多数客户是不会流失的。

我建议：起步时价格可以低一些，我开始就是一篇推文 200 元。重要的是，通过客户反馈，你知道哪里写得好、哪里写得不好。对于新手来说，这才是最重要的。当找你的客户越来越多，报价时就可以参考其他因素。比如，利润高、客户实力强、要花费更多精力、时间加急的产品可以适当收高一点。

另外，除了接稿，学习卖货文案还有哪些变现途径呢？

第一种，咨询。

比如，帮别人一对一做文案咨询、个人品牌咨询、朋友圈卖货咨询、推文卖货咨询、抖音卖货咨询。另外，你也可以根据擅长的领域，专注某个垂直细分领域，比如美妆类文案咨询、母婴类文案咨询等。像我现在一个小时的咨询费是 1 000 元。

第二种，卖货。

当你的朋友圈里有了各种各样的人以后，你可以通过卖货来赚取利润，从而变现。比如，卖家乡特产、知识付费产品等，也可以开个有赞微小店，分销别人的商品。

具体选什么产品，你可以根据自己的资源和用户构成来定。比如，你家乡盛产核桃、粉条等，口碑不错，而且你朋友圈中的好友也没有特别明显的标签，这种综合类产品就比较适合你。如果你的朋友圈中女性居多，可以卖服装、化妆品、母婴产品等；如果你的朋友圈都是爱学习的人，可以卖知识付费产品，这样还能塑造你爱学习、积极上进的人设。比如，我的朋友罗兰狗就是专门做知识产品分销的，做出了影响力，现在自己创业，帮别人设计裂变活动，收入也不错。

第三种，影响力变现。

什么意思呢？就是当你有了成功案例、有了粉丝，很多人就会主动找你合作。比如提供文案技能入股、朋友圈广告位入股，或者让你担任公司的文案顾问，这都是不错的变现途径。现在我就担任多家有赞头部商家的文案顾问。

第四种，讲课、开训练营、做付费社群。

你可以在千聊、有赞、荔枝微课等直播平台开课，也可以和知识付费平台合作，或者开自己的训练营、付费社群，教别人怎么写文案、怎么起标题、怎么写短视频脚本等。

总之，只要你把卖货文案技能学好、学精，变现方法有很多。但需要注意的是，起步阶段最好专注一种途径，这样更容易积累案例和影响力。有了案例和影响力，自然就能实现多途径变现。

兔妈总结

第一个知识点——与客户和老板谈判的三大关键点：首先，站在对方的角度贩卖希望。其次，少讲大道理，多用事实说话。最后，给客户带来的价值利益要可量化。

第二个知识点——卖货文案变现的几种常见途径：接稿、咨询、卖货、影响力变现以及讲课、开训练营、做付费社群。起步阶段，建议先专注其中一种途径，做出了案例和影响力，就能实现多途径变现。

5.4 一套影响力模型，教你打造吸金网红 IP，订单源源不断

什么是影响力呢？百度百科给出的解释是：影响力是用一种别人乐于接受的方式，改变他人思想和行动的能力。简单理解就是，一个人在某个领域的分量、信服力和号召力。这听起来好像比较抽象。

首先，我来分享一件让我感触颇深的事儿。

在筹备这本书的过程中，很多学员跑来问我："兔妈，你的书什么时候上线，在哪里可以买到？""兔妈，我要买你的书，怎么买？"甚至有人直接发来一个字："买"。

我就在思考：他们没看过目录，为什么会做出这样的决定呢？最后，我总结了三点。

第一，我长期在卖货文案领域建立起来的专家形象。很多学员知道，兔妈连续帮商家打造多个千万级爆款，在卖货文案方面是专业的。所以，她的课程肯定也是专业的。"爆款卖货文案专家"这个人设标签就是兔妈个人品牌的内涵。

第二，在往期课程中积累的信用程度。很多学员听过我在其他平台的课，他们知道我的课程都是干货，并且熟悉我的讲课风格和方式，确信听我的课能有收获。这是兔妈个人品牌的案例背书。

第三，持续在学员中的曝光度。不管是朋友圈、公众号还是社群，甚至其他平台，我都不断输出自己在卖货文案方面的见解和思考，一遍遍地告诉他们："兔妈是卖货文案专家，而且成绩还不错。"这是兔妈个人品牌的曝光度。

品牌内涵、品牌背书、品牌曝光度，就是个人品牌 IP 的三大基本要素。而影响力就等于品牌内涵×品牌背书×品牌曝光度，是三者叠加产生的结果。

全球著名管理学大师、商界教皇汤姆·彼得斯说过："我们每个人都是'自己'这家公司的首席执行官。最重要的工作就是打造那个叫作'你'的品牌"。

平时经常有学员会说："兔妈，小白也能打造自己的品牌吗？"其实，一年前我也是和你一样的小白。通过不断经营，让越来越多学员和商家知道我、认可我、信任我。我把自己逆袭的经验，总结成一套适合所有小白的影响力增强模型。

一、影响力增强模型的四个要素

所谓影响力增强模型，就是通过学习输入，形成自己的思维体系，并进行多渠道输出。然后吸引好的资源找到你，一起合作打造案例。最后复盘案例、总结经验，再进行多渠道输出。输出又会吸引新资源，然后再打造案例，这样就可以形成正向循环，让你的影响力不断增强（见图5-1）。

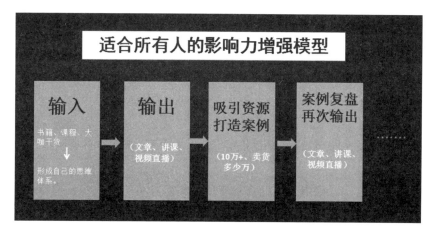

图5-1 影响力增强模型

影响力增强模型包含以下四个要素。

第一个要素：输入

输入就是通过学习，把别人的知识输入自己的大脑，提升专业技能。输入形式有很多，比如你可以买一些专业书籍、课程，也可以关注领域内前十的公众号，看大咖总结的经验文章等。

这里需要注意一个陷阱，就是不能为了学习而学习，而是要带着目的去学习。

第一，先把要学的技能拆分成不同要点，列出自己要提高的技能。

第二，想一想这个领域最靠谱的信息源在哪儿，分别找到排名前十的老师、书籍、公众号和课程。

第三，归纳、总结，形成自己的思维体系。这是需要特别注意的一点，否则，照抄别人的东西就是侵犯知识产权。可能有小伙伴会说："兔妈，我不会总结呀！"其实，没那么难。你只需要把自己的理解以及对问题的重新思考写出来。实在不行，你就把学到的内容用自己的方式和语言风格表达一遍。

第二个要素：输出

输出有三种形式：一是文字输出，就是写文章。二是语言输出，就是讲课。三是视频输出，比如抖音、快手等短视频直播。

首先是文字输出。你可以把学习的内容进行归纳、总结，发表在自己的公众号、简书、头条号上等，这样就会得到更多的曝光机会。如果你的文章写的还不错，就会有号主转载，甚至还会有出版社找你签约写书等。比如刚开始，我就每周在公众号上写一篇文章，总结自己的文案方法，就被很多平台和号主转载，当时每天都有几个人通过其他平台看到我的文章，主动加我微信。

另外，你也可以去知乎、悟空问答、果壳问答等问答平台回答专业领域的提问，用自己学到的内容帮别人解决问题。这样既帮助了别人，也打造了自己的影响力。

还有一些生活社区，比如小红书等。我有位学员，她原来是一个130斤的胖子，通过正确的方法3个月减到106斤。她就在小红书上分享自己的瘦身方法，积累了10多万个粉丝。当她在瘦身领域的影响力越来越大时，就可以开展瘦身课程，甚至卖相关的瘦身产品来变现了。

其次是讲课。你可以通过免费公开课的方式让更多人知道你，进而扩大自己的影响力。比如，在千聊、网易云课堂、荔枝微课、小鹅通等知识付费平台开通自己的直播间。你也可以自己筹备微信群分享课，让好友、公众号粉丝帮你转发，吸引对主题感兴趣的人来听你的分享。

讲课的好处有三点：第一，如果你的课有价值，听课的人会自发扩散，让越来越多人知道你。第二，一次课程是30～60分钟，在这段时间里，你就能对一群人产生影响，更容易被记住。第三，你有更多机会被领域内的KOL（意见领袖）和专业平台看到，获得合作机会。

比如2018年10月份，我在荔枝微课筹备了一次线上公开课。唯库运营负责人看到后就邀请我合作，做了一次3天文案训练营。他们帮我在唯库旗下三个公众号发了专题推文进行宣传，最终听课人数累计19 200多人。这次分享后，越来越多的平台和KOL邀请我做分享，让我获得了更多的曝光机会。

最后是视频直播。现在短视频平台拥有大量的流量，比如抖音有10亿用户、火山、快手也各有 1 亿用户。你可以把学习的内容录成小视频上传，让更多人知道你。

第三个要素：吸引资源，打造案例

只要你持续输出，就会被一些有资源的合作方看到，这样就可以获得合作机会，打造自己的案例。

比如，很多商家看到我写的文章和爆文拆解，就来找我写产品推文，这样我就积累了越来越多的案例。很多专业平台和社群 KOL 看到我的分享能力，也来请我做分享。

再如，有一位叫彭妮子的学员，她经常写关于化妆的文章，有平台看到后就邀请她讲化妆方面的课程。还有一个时尚类公众号和她签了长期合作协议，她在美妆领域的影响力也越来越大。

第四个要素：案例复盘，再次输出

什么意思呢？就是你做出案例之后，还要及时复盘，总结好的经验，然后再通过写文章、讲课的形式输出。只有把案例说出去，你的成绩才能累积到个人品牌上，你的影响力才会越来越强。

但经常有学员会说："兔妈，成绩不亮眼怎么办？"很多人有个误区，以为必须做出千万级案例才算案例，其实不是的，普通人也可以有光环。比如你帮别人写的文案，阅读量虽然只有 1 000，但相比于原来也提升了 1.5%，你就可以说："帮客户推文打开率提升 1.5%。"类似的还有：一篇文案销售 5 万元的产品、一个月服务过××位商家、20 万粉丝公众号签约作者、XX 知名品牌推文作者等。

比如有位叫暖心的学员，她用我教的方法帮朋友写了一条果冻橙的朋友圈文案，5 分钟卖掉了 8 箱。我让她复盘发出来，当晚精准涨粉 16 人，并链接到了两个客户，付费找她做朋友圈文案。

当你一点点积累案例、一次次复盘输出，就会不断吸引更多、更好的资源，然后正向循环。在这个过程中，你的影响力也会越来越强。

很多人会担心："这个过程是不是需要很长时间？"其实，只要你用心执行，也就几个月的事。不过，我会教你一些方法，来尽量缩短这个过程。

二、用两招借势，打造影响力事半功倍

第一，加入圈子。

加入圈子可以让你掌握最新的趋势和方法，更重要的是借助高势能人群提高自身势能。你可以付费加入一些垂直学习社群、线下活动交流群、商务行业社群等，这些社群可以通过行业网站、公众号等获得进群方式。除此之外，还可以加入一些付费课程和训练营等。

为什么推荐付费方式呢？因为这里的成员养成了为知识付费的习惯，更优质。

但注意的是，光加入还不行，你还要抢占圈子的头部。只有这样，你才有机会被更多人看到。如何抢占头部呢？这里给你三点建议。

首先，在圈子里持续输出干货。比如有位叫悟空的学员，她每天在我的社群输出干货文章。我看到后觉得不错，就邀请她做个专题分享，最后有500人来听她分享。

其次，情商高一点，活跃一点，勤快一点。比如，主动关注群主接下来要做什么、哪些是你可以帮他做的。他推出了课程，你可以帮他发朋友圈宣传。他做用户调研，你积极参与。另外，很多群主比较忙，不可能天天泡在群里，你可以担任助手的角色，解答成员问题，维持群内秩序，让群主看到你的价值。

最后，多参加比赛。很多社群为了提升活跃度，会举办一些比赛，比如文案大赛、分销大赛等。你不要怕自己不行，要多参加。因为主办方会对比赛进行宣传，这样你就有更多机会曝光。比如学员罗兰猗，他付费加入很多社群，不但情商高、活跃，还主动参加各种分销大赛。现在已经是分销领域的头部 IP，越来越多大咖主动与他合作。

第二，链接牛人。

学会借助牛人势能帮你快速打造自己的影响力。比如我的助手庞娜，一个95后陕西姑娘，她大学毕业一年，没有运营经验，但多次提出帮我管理社群，我记住她了。所以，在四五个人中最后选了她做助理。她成了兔妈多个学习社群的群主，很多学员主动加她微信，也让更多人知道她、记住她。

总之，当你影响力不大时，你可以多给没有能量的人提供价值，让别人喜欢你。在有能量的牛人面前，多展现自己的价值，让他愿意给你机会、帮你赋能。

另外要注意的是，你还要建立自己的核心粉丝群。通过聚集群友，让自己成为群里的意见领袖，扩大自己的影响力。比如，有位学员叫西湖玉贝，她通过加入圈子、输出价值，链接一些粉丝，建立了读书打卡群，经常推荐自己看过的好书、分享读书心得。这样在给别人提供价值的同时，也扩大了自己的影响力。

掌握了正确的方法，就能打造出影响力吗？不一定。经常有学员说："兔妈，我要写100篇文章"。"兔妈，我要出两本书"。目标很远大，但就像跑步，你刚开始能跑10公里，但一上来就要跑42公里，非但完成不了，还会产生挫败感，最后往往是不了了之。

三、三个要点合理规划目标，小步快走让个人品牌越来越闪亮

首先，你要明白目标的三个标准，分别是可量化、有一定难度和有评估反馈。

可量化，就是目标要包含具体的任务和时间数字，以便知道完成了多少。目标需要有一定难度的原因是，完成后会带来更多成就感。有评估反馈，就是任务完成后，要评估效果以及如何调整。

举个例子：你要成为文案讲师。可以先设置这个目标：2个月时间，输出15篇干货文章，进行1次微课分享，实现精准涨粉300人、听课人数200人。

第一个标准是可量化，就是：2个月时间，15篇干货文章，1次微课分享，涨粉300人，听课200人。

第二个标准是有一定难度，体现在：实现精准涨粉300人，听课人数200人。

第三个标准是有评估反馈，主要是评估：涨粉和听课人数达到了吗？如果没有达到，问题出在哪里？甚至可以发红包给粉丝和大咖，让他帮你提建议。如果达到了，与对标榜样相比，哪方面还可以提升，如何调整等。

设定目标是成长的重要手段，越精确、越严密，达到的效果越好。在正

向激励和反馈中，慢慢完成自己的升值和影响力提升。

兔妈总结

第一个知识点——影响力增强模型的四个要素：第一，通过书籍、课程不断输入知识，形成自己的思维体系。第二，通过文章、讲课、视频直播，持续输出自己的见解和观点。第三，吸引来好资源，打造案例成绩。第四，复盘案例，总结经验，再通过文章、讲课等方式输出。

第二个知识点——打造影响力的两个加速器：第一，加入圈子，并努力挤入圈子的头部。第二，主动链接大咖，提供价值。学会借牛人势能，你也能做到事半功倍。

第三个知识点：用可量化、有难度、有评估反馈三个要点规划目标，小步快走，让你的个人品牌越来越闪亮。当你产生10倍的影响力，就能获得收入的10倍增加。